U0090012

民國文化與文學研究文叢

初編

李 怡 主編

第12冊

母語與現代詩（上）

顏同林 著

國家圖書館出版品預行編目資料

母語與現代詩（上）／顏同林 著 -- 初版 -- 新北市：花木蘭文化出版社，2012〔民101〕

序 2+ 目 2+156 面；19×26 公分

（民國文化與文學研究文叢 初編；第 12 冊）

ISBN：978-986-254-889-9（精裝）

1. 新詩 2. 方言 3. 詩評

541.26208 101012601

民國文化與文學研究文叢

初 編 第十二冊 ISBN：978-986-254-889-9

母語與現代詩（上）

作 者 顏同林

主 編 李 怡

企 劃 北京師範大學民國歷史文化與文學研究中心（籌）
四川大學民國文學暨海外漢學研究中心（籌）
現代中國文化與文學研究中心

總 編 輯 杜潔祥

印 刷 普羅文化出版廣告事業

出 版 花木蘭文化出版社

發 行 人 高小娟

聯絡地址 新北市永和區中正路五九五號七樓
電話：02-2923-1455／傳眞：02-2923-1452

網 址 http://www.huamulan.tw 信箱 sut81518@gmail.com

初 版 2012 年 9 月

定 價 初編 18 冊（精裝）新台幣 30,000 元

《民國文化與文學研究文叢》總序

李　怡

這是一套試圖從新的角度——民國歷史文化的視角重新梳理分析中國現代文學的叢書，計劃在數年內連續推出百餘種相關主題的論述，逐漸形成關於現代中國文學的新的學術思路。爲什麼會提出這樣的設想？與最近一些年大陸中國悄然出現的「民國熱」有什麼關係？最終，我們又有怎樣的學術預期呢？

近年來大陸中國的「民國熱」折射出了諸多耐人尋味的社會心理：對於一種長期被遮蔽的歷史的好奇？市民情懷復蘇時代的小資心態？對當前社會文化秩序的厭倦與不滿？或許，就是這幾種心理的不同程度的組合？作爲生活在「民國熱」時代的我們，自然很難將自己與這些社會心理切割開來，不過，在學術自身的邏輯裡追溯，我們卻不得不指出，作爲文學史敘述的「民國」概念，無疑有著更爲深遠的歷史，擁有更爲豐富的內涵。

一

迄今爲止，在眾多中國現代文學史的敘述概念中，得到廣泛使用的有三種：「新文學」、「近代／現代／當代文學」、「二十世紀中國文學」。值得注意的是，這三種概念都不完全是對中國文學自身的時空存在的描繪，概括的並非近現代以來中國具體的國家與社會環境，也就是說，我們文學眞實、具體的生存基礎並沒有得到準確的描述。因此，它們的學術意義從來就伴隨著連續不絕的爭議，這些紛紜的意見有時甚至可能干擾到學科本身的穩定發展。

「新文學」是第一個得到廣泛認可的文學史概念。從 1929 年春朱自清在清華大學講授「中國新文學」、編訂《中國新文學研究綱要》到 1932 年周作人在輔仁大學講演新文學源流、出版《中國新文學的源流》，從 1933 年王哲甫出版《中國新文學運動史》到 1935 年全面總結第一個十年成就的《中國新文學大系》的隆重推出，從 1950 年 5 月中央教育部頒佈的教學大綱定名為「中國新文學史」到 1951 年 9 月王瑤出版《中國新文學史稿》（上冊），都採用了「新文學」這一命名。此外，香港的司馬長風和臺灣的周錦先後撰寫、出版了同名的《中國新文學史》。乃至在新時期以後，雖然新的學科命名——近代文學、現代文學、當代文學——已經確定，但是以「新文學」為名創辦學會、寫作論著的現象卻依然不斷地出現。

以「新」概括文學的歷史，在很大程度上來源於這一時段文學運動中的自我命名。晚清以降中國文學與中國文化的動向，往往伴隨著一系列「新」思潮、「新」概念與「新」名稱的運動，如梁啓超提出「新民說」、「新史學」、「新學」，文學則逐步出現了「新學詩」、「新體詩」、「新派詩」、「新民體」、「新文體」、「新小說」、「新劇」等。可以說，鴉片戰爭以後的中國進入了一個「求新逐異」的時代，「新」的魅力、「新」的氛圍和「新」的思維都前所未有地得到擴張，及至五四時期，「新文學運動」與「新文化運動」轟然登場，「新文學」作為文學現象進入讀者和批評界的視野，並成為文學史敘述的基本概念，顯然已是大勢所趨。《青年雜誌》創刊號有文章明確提出：「夫有是非而無新舊，本天下之至言也。然天下之是非，方演進而無定律，則不得不假新舊之名以標其幟。夫既有是非新舊則不能無爭，是非不明，新舊未決，其爭亦未已。」〔註 1〕今天，學界質疑「新文學」的「新」將其他文學現象排除在外了，以至現代的文學史殘缺不全。其實，任何一種文學史的敘述都是收容與排除並舉的，或者說，有特別的收容，就必然有特別的排除，這才是文學研究的基本「立場」。沒有對現代白話的文學傳統的特別關注和挖掘，又如何能體現中國文學近百年來的發展與變化呢？「新」的侷限不在於排除了「舊」，而在於它能否最準確地反映這一類文學的根本特點。

對於「新文學」敘述而言，真正嚴重的問題是，這一看似當然的命名其實無法改變概念本身的感性本質：所謂「新」，總是相對於「舊」而言，而在不斷演變的歷史長河中，新與舊的比照卻從來沒有一個確定不移的標準。從古文經學、荊公新學到清末西學，「新學」在中國學術史上的內涵不斷變化，「新文學」亦然。晚清以降的文學，時間不長卻「新」路不定，至「五四」已今非昔比，「新」能夠在多大的範圍內、在多長的時間中確定「文學」的性質，實在是一個不容

〔註 1〕汪叔潛：《新舊問題》，《青年雜誌》1915 年第 1 卷第 1 號。

忽視的學術難題。我們可以從外來文化與文學的角度認定五四白話文學的「新」，像許多新文學史描述的那樣；也可以在中國文學歷史中尋覓「新」的元素，以「舊」爲「新」，像周作人的《中國新文學的源流》那樣。但這樣一來，反而昭示了「新」的不確定性，爲他人的質疑和詬病留下了把柄。誠如錢基博所言：「十數年來，始之以非聖反古以爲新，繼之歐化國語以爲新，今則又學古以爲新矣。人情喜新，亦復好古，十年非久，如是循環；知與不知，俱爲此『時代洪流』疾卷以去，空餘戲狎懺悔之詞也。」〔註2〕

更何況，中國文學的「新」歷史肯定會在很長時間中推進下去，未來還將發生怎樣的變動？其革故鼎新的浪潮未必不會超越晚清－五四一代。屆時，我們當何以爲「新」，「新文學」又該怎麼延續？這樣的學術詰問恐怕不能算是空穴來風吧。

「新」的感性本質期待我們以更嚴格、更確定的「時代意義」來加以定義。「現代」概念的出現以及後來更爲明確的近代／現代／當代的劃分似乎就是一種定義「意義」的方向。

「現代」與「近代」都不是漢語固有的語彙，傳統中國文獻如佛經曾經用「現在」來表示當前的時間（《俱舍論》有云：「若已生而未已滅名現在」）。以「近代」、「現代」翻譯英文的 modern 源自日本，「近代」、「現代」係日文對 modern 的經典譯文。「現代」在一開始使用較少，但至遲在 20 世紀初的中國文字中也開始零星使用，如梁啓超 1902 年的《新民說》。〔註3〕只是在當時，modern 既譯作「現代」與「近代」，也譯作「摩登」、「時髦」、「近世」等。直到 30 年代以後，「現代」一詞才得以普遍使用，此前即便作爲時間性的指稱，使用起來也充滿了隨意性。「近代」進入文學史敘述以 1929 年陳子展的《中國近代文學之變遷》爲早，「現代」進入文學史敘述則以 1933 年錢基博的《現代中國文學史》爲先，但他們依然是在一般的時間概念上加以模糊認定。尤其是錢基博，他的「現代」命名就是爲了掩蓋更具有社會歷史內涵的「民國」：「吾書之所爲題『現代』，詳於民國以來而略推跡往古者，此物此誌也。然不

〔註2〕錢基博：《現代中國文學史》，長沙：嶽麓書社，1986 年，第 506 頁。

〔註3〕《新民說》有云：「凡此皆現代各國之主動力也，而一皆自條頓人發之成之，是條頓人不啻全世界動力之主人翁也。」參見《梁啓超全集》第 2 冊，北京：北京出版社，1999 年，第 658、659 頁。關於日文中「近代」、「現代」一詞的來源及使用情況可以參見柳父章：《翻譯語成立事情》，日本岩波書店 1982 年 4 月出版。

題『民國』而曰『現代』，何也？曰：維我民國，肇造日淺，而一時所推文學家者，皆早嶄露頭角於讓清之末年，甚者遺老自居，不願奉民國之正朔；寧可以民國概之？」〔註4〕也就是說，像「民國」這樣直接指向國家與社會內涵的文學史「意義」，恰恰是作者要刻意迴避的。

在「現代」、「近代」的概念中追尋特定的歷史文化意義始於思想界。1915年，《青年雜誌》創刊號一氣刊登了陳獨秀兩篇介紹西方近現代思想文化的文章：《法蘭西人與近世文明》和《現代文明史》，「近代（近世）」與「現代」同時成爲對西方思想文化的概括。《青年雜誌》〔註5〕後來又陸續推出了高一涵的《近世國家觀念與古相異之概略》（第1卷第2號）和《近世三大政治思想之變遷》（第4卷第1號）、劉叔雅的《近世思想中之科學精神》（第1卷第3號）、陳獨秀的《孔子之道與現代社會》（第2卷第4號）和《近代西洋教育》（第3卷第5號）、李大釗的《唯物史觀在現代歷史學上的價值》（第8卷第4號）。《新潮》則刊發了何思源的《近世哲學的新方法》（第2卷第1號）、羅家倫的《近代西洋思想自由的進化》（第2卷第2號）、譚鳴謙的《現代民治主義的精神》（第2卷第3號）等。1949年以後，大陸中國文學研究界找到了清晰辨析近代／現代／當代的辦法，更是確定了這幾個概念背後的歷史文化內涵，其根據就是由史達林親自審查、聯共（布）中央審定、聯共（布）中央特設委員會編的《聯共（布）黨史簡明教程》和由蘇聯史學家集體編著的多卷本的《世界通史》。《聯共（布）黨史簡明教程》於1938年在蘇聯出版，它先後用67種文字出版301次，是蘇聯圖書出版史上印數最多的出版物之一。就在蘇聯正式出版此書的二三個月後，該書的第七章和結束語就被譯成中文在《解放》上發表，隨後不久，在中國就出現了4種不同的中文譯本：由博古任總校閱、中國出版社1939年2月出版的「重慶譯本」，由吳清友翻譯、上海啓明社1939年5月出版的「上海譯本」，由蘇聯外文出版局主持翻譯和出版、任弼時等人擔任實際翻譯工作的「莫斯科譯本」，以及解放社於1939年5月出版的「延安譯本」。「上海譯本」多流行於上海和新四軍活動區域，陝甘寧邊區和華北各抗日根據地擁有「莫斯科譯本」與「延安譯本」，大後方各省同時流行「重慶譯本」與「莫斯科譯本」（見歐陽軍喜《論抗戰時期〈聯

〔註4〕錢基博：《現代中國文學史》，第9頁。

〔註5〕1916年9月第2卷第1號起，《青年雜誌》改名爲《新青年》，文中爲了表述連貫，不作明確指出。

共（布）黨史簡明教程〉在中國的傳播及其對中國共產黨宣傳工作的影響》，載《黨史研究與教學》2008 年第 2 期）。早在延安時代，《簡明教程》就被列入「幹部必讀」書，建國之後，《簡明教程》中的三章加上「結束語」曾被指定爲廣大幹部學習的基本教材，在中國自己編寫的「國際共運史」教材面世之前，它也是高校馬列主義基礎課程的通用教材，直接參與構築了新中國教育的基本歷史觀念。作爲「學科」的中國現當代文學就是在這樣一種歷史觀念的形成中生成的。中譯本《世界通史》第一卷最早由生活・讀書・新知三聯書店於 1959 年初版，至 1978 年出版到第八卷，第九、第十卷由吉林人民出版社分別於 1975、1978 年出版，第十一卷繼續由三聯書店於 1984 年出版，第十二、十三卷由東方出版社 1987、1990 年出版，可以說也伴隨了 1990 年代之前中國的歷史認識過程。

就這樣，馬列主義的五種社會形態進化論成爲劃分近代與現代的理論基礎，由近代到現代的演進，在蘇聯被描述爲 1640 年英國資產階級革命－十月社會主義革命的重大發展，在中國，則開始於淪爲「半殖民地半封建」的 1840 年鴉片戰爭，完成於標誌著社會主義思想傳播的「五四」。大陸中國的史學家更是在「現代」之中另闢「當代」，以彰顯社會主義與共產主義社會的到來，由此確定了中國文學近代／現代／當代的明確格局——這樣的劃分，不僅在時間分段上不再模糊，而且更具有明確的思想內涵與歷史文化質地：資產階級文學（舊民主主義革命文學）、新民主主義革命文學與社會主義文學就是近代－現代－當代文學的歷史轉換。

當然，來自蘇聯意識形態的歷史劃分與西方學術界的基本概念界定存在明顯的分歧。在西方學術界，一般是以地理大發現與資本主義經濟及社會文化的興起作爲「現代」的開端，Modern Times 一般泛指 15～16 世紀地理大發現以來的歷史，這一歷史過程一直延續到今天，並沒有近代／現代之別，即使是所謂的「當代」（Late Modern Time 或 Contemporary Time），也依然從屬於 Modern Times 的長時段。〔註 6〕「現代」的含義也不僅與「革命」相關，而且指涉一個相當久遠而深厚的歷史文化的變遷過程，並包含著歷史、哲學、

〔註 6〕代表作有阿克頓主編的 14 卷本的《康橋近代史》（*The Cambridge Modern History , Cambridge university press .1902-1912*），後來康橋大學出版社又出版了克拉克主編的 14 卷本的《新編康橋近代史》（*The New Cambridge Modern History. Cambridge university press .1957-1959*），這套著作的中文譯本於 1987 年起，由中國社會科學出版社陸續出版，名爲《新編康橋世界近代史》。

宗教等多方面的資訊。德國美學家姚斯在《美學標準及對古代與現代之爭的歷史反思》中考證，「現代」一詞在 10 世紀末期首次被使用，意指古羅馬帝國向基督教世界過渡時期，與古代相區別；而今天一般將之理解爲自文藝復興開始尤其是 17、18 世紀以後的社會、思想和文化的全面改變，它以工業化爲基礎，以全球化爲形式，深刻地影響了世界各民族的生存與觀念。

到了新時期，在大陸中國的國門重新向西方世界開放以後，「走向世界」的強烈渴望讓我們不再滿足於革命歷史的「現代」，但問題是，其他的「現代」知識對我們而言又相當陌生，難怪汪暉曾就何謂「現代」向唐弢先生鄭重求教，而作爲學科泰斗的導師也只是回答說，這是一個「很複雜」的問題。〔註 7〕1990 年代，中國學術界開始惡補「現代」課，從西方思想界直接輸入了系統而豐富的「現代性知識」，這個「與世界接軌」的具有思想深度的知識結構由此散發出了前所未有的魅力。正是在「現代性知識」體系中，對現代、現代性、現代化、現代主義的辨析達到了如此的深入和細緻，對文學的觀照似乎也獲得了令人激動不已的效果和不可估量的廣闊前程，中國現代文學史至此有望成爲名副其實的「現代性」或「現代學」意義上的文學史敘述。

應當承認，1990 年代對「現代」知識的重新認定，的確爲我們的文學史研究找到了一個更具有整合能力的闡釋平臺。例如，藉助福柯式的知識考古，我們固有的種種「現代」概念和思想得到了清理，現代、現代性、現代化這些或零散或隨意或飄忽的認識，都第一次被納入一個完整清晰的系統，並且尋找到了在人類精神發展流程裡的準確位置。最近 10 年，「現代性」既是中國理論界所有譯文的中心語彙，也幾乎就是所有現當代文學史研究的話語支撐點。

但是，從另一角度來看，我們的「現代」史學之路卻難以掩飾其中的尴尬。無論是蘇聯的革命史「現代」概念還是今日西方學界的「現代」新知，它們的闡釋功效均更多地得力於異域的理論視野與理論邏輯，列寧與史達林如此，吉登斯、哈貝馬斯與福柯亦然。問題是，中國作家的主體經驗究竟在哪裡？中國作家背後的中國社會與歷史的獨特意義又何在？在革命史「現代」觀中，蘇聯的文學經驗、所謂的「現實主義」道路成爲金科玉律，只有最大程度地符合了這些「他者」的經驗才可能獲得文學史的肯定，這被後來稱爲

〔註 7〕汪暉：《我們如何成爲「現代的」？》，《中國現代文學研究叢刊》1996 年第 1 期。

「左」的思想的教訓其實就是失去了中國主體經驗的惡果。同樣，在最近 10 餘年的文學史研究中，鮮活的現代中國的文學體驗也一再被納入到全球資本主義時代的共同命題中，兩種現代性、民族國家理論、公共空間理論、第三世界文化理論、後殖民批判理論……大清帝國的黃昏與異域的共和國的早晨相遇了，兩個不同國度的感受能否替換？文學的需要是否就能殊途同歸？他者的理論是否眞讓我們一勞永逸？中國文學的現代之路會不會自成一格？有趣的甚至還有如下的事實：在 90 年代初期，恰恰也是其中的一些理論（現代性質疑理論）導致我們對現代文學存在價值的懷疑和否定，而到了 90 年代中後期，當外來的理論本身也發生分歧與衝突的時候（如哈貝馬斯對現代性的肯定），我們竟又神奇地獲得了鼓勵，重新「追隨」西方理論挖掘中國文學的「現代性價值」——中國文學的意義竟然就是這樣的脆弱和動搖，只能依靠西方的「現代」理論加以確定？

除了這些異域的「現代」理論，我們的文學史家就沒有屬於自己的東西嗎？如我們的心靈，我們的感受，能夠容納我們生命需要的漢語能力。

現代，在何種意義上還能繼續成爲我們的文學史概念？沒有了這一通行的「世界」術語，我們還能夠表達自己嗎？

問題的嚴重性似乎不在於我們能否在歷史的描述中繼續使用「現代」（包括與之關聯的「近代」、「當代」等概念），而是類似的辭彙的確已被層層疊疊的「他者」的資訊所塗抹甚至污染，在固有的中國現代文學史敘述框架內，我們怎樣才能做到全身而退，通達我們思想的自由領地？

中國有「文學史」始於清末的林傳甲、黃摩西，隨著文學史寫作的持續展開，尤其是到了 1949 年以後，「現代」被單獨列出，不再從屬於「中國文學史」，這彷彿包含了一種暗示：「現代」是異樣的、外來的，不必納入「中國文學」固有的敘述程式。

「二十世紀中國文學」是中國文學研究界學術自覺，努力排除蘇聯「革命」史觀影響，尋求文學自身規律的產物。正如論者當年意識到的那樣：「以前的文學史分期是從社會政治史直接類比過來的。拿『近代文學史』來說，從一八四〇年鴉片戰爭到一八九八年戊戌變法，半個多世紀裡頭，幾乎沒有什麼文學，或者說文學沒有什麼根本的變化。……政治和文學的發展很不平衡。還是要從東西方文化的撞擊，從文學的現代化，從中國人『出而參與世界的文藝之業』，從文學本身的發展規律，從這樣的一些角度來看文學史，才比較準確。」「『二十世紀中國文學』這一概念首先意味著文學史從社會政治史的簡單比附中獨立出來，意味著把文學自身發生發展的階段完整性作爲研究的主要對象。」〔註 8〕這樣的歷史架構顯然具有重大的學術價値，「二十世紀中國文學」直到今天依然是影響最大的文學史理念，然而，它也存在著難以克服的一些問題。姑且不論「二十世紀」這一業已結束的時間概念能否繼續涵蓋一個新世紀的歷史情形，而「新世紀」是否又具有與「舊世紀」迥然不同的特徵，即便是這種歷史概括所依賴的基本觀念——文學的世界性、整體性與「現代化」，其實也和文學的「現代」史觀一樣，在今天恰恰就是爭論的焦點。

「二十世紀」作爲一個時間概念也曾被國外史家徵用，但是正如當年中國學者已經意識到的那樣，外人常常是在「純物理時間」的意義上加以使用，相反，「二十世紀中國文學」更願意準確地呈現文學自身的性質。〔註 9〕這樣一來，「二十世紀」的概念也同我們曾經有過的「現代」一樣，實際上已由時間性指稱轉換爲意義性指稱。那麼，構成它們內在意義的是什麼呢？是文學的世界性、整體性與「現代化」——這些取諸世界歷史總體進程的「元素」，它們在何種程度上推動了我們文學的發展，又在多大的程度上掩蓋了我們固有的人生與藝術理想，都是大可討論的。例如，面對同樣一個「世界」的背景，是遭遇了「世界性」還是我們自己開闢了「世界性」，這裡就有完全不同的文學感受；再如，將「二十世紀」看作一個「整體」，我們可能注意到「五四」與「新時期」在「現代化」方向上的一致：「我是從搞新時期文學入手的，慢慢地發現好多文學現象跟『五四』時期非常相像，幾乎是某種『重複』。比如，『問題小說』的討論，連術語都完全一致。我考慮比較多的是美感意識的問題。『傷痕』文學裡頭有一種很濃郁的感傷情緒，非常像『五四』時期的浪漫主義思潮，我把它叫作歷史青春期的美感情緒。」「魯迅對現代小說形式的問題很早就提出一些精彩的見解。我就感覺到當代文學提出的很多問題並不是什麼新鮮問題。」〔註 10〕但是，這樣的「整體性」的相似只是問題的一方面，認眞區分起來，「五四」與「新時期」其實更有著一系列重要的分歧。文

〔註 8〕黃子平、陳平原、錢理群：《二十世紀中國文學三人談》，北京：人民文學出版社，1988 年，第 36 頁、25 頁。

〔註 9〕黃子平、陳平原、錢理群：《二十世紀中國文學三人談》，第 39 頁。

〔註 10〕黃子平、陳平原、錢理群：《二十世紀中國文學三人談》，第 29～30、31 頁。

學的意義恰恰就是建立在細節的甄別上，上述細節的差異不是可有可無的，它們標識的正是文學本身的「形態」的差別，既然「形態」已大不相同，那麼粘合的「整體」的也就失去了堅實的基礎。

更有甚者，雖然已被賦予一系列「現代性」的意義指向，「二十世紀」卻又無法終結人們對它的「時間」指稱。新的問題由此產生：人們完全可能藉助這樣的「時間」框架，重新賦予不同的意義，由此在總體上形成了「二十世紀」指義的複雜和含混。在 80 年代，「二十世紀中國文學」的提出者是以晚清的「新派」文學作爲「現代性」的起點，努力尋找五四文學精神的晚清前提與基礎，但是近年來，我們卻不無尷尬地發現美國漢學界已另起爐竈，竭力發掘被五四文學所「壓抑」的其他文學源流。結果並不是簡單擴大了文學的源頭，讓多元的聲音百家爭鳴，而是我們從此不得不面對一個彼此很難整合的現代文學格局，在晚清的世俗情欲與「五四」的文化啓蒙之間，矛盾的力量究竟是怎樣被「整合」的？如果說，「五四」的文化啓蒙壓抑了晚清的世俗情欲，而後者在中國其實已有很長的歷史流變過程，那麼，這樣壓抑／被壓抑雙方的歷史整合就變得頗爲怪異，而「五四」、二十世紀作爲文學「新質」的特殊意義也就不復存在，我們曾引以自豪的新文學的寶貴傳統可能就此動搖和模糊不清。難道，一個以文學闡釋的「整體性」爲己任的學術追求至此完成了自我的解構？

我們必須認眞面對「二十世紀中國文學」這一概念，包括其並未消失的價値和已經浮現的侷限。

二

我們對近現代以來中國文學史的幾大基本概念加以檢討，其目的並不是要在現有的文學描述中將之「除名」，而是想藉此反思我們目前文學研究與文學史敘述的內在問題。「新文學」力圖抓住中國文學在本世紀的「新質」，但定位卻存在很大的模糊空間；「現代文學」努力建立關於歷史意義的完整觀念，但問題是，這些「現代」觀念在很大程度上來自異域文化，究竟怎樣確定我們自己在本世紀的生存意義，依然有太多的空白之處；「二十世紀」致力於「文學」輪廓的勾勒，但純粹的時間概念的糾纏又使得它所框定的文學屬性龐雜而混沌，意義的清晰度甚至不如「新文學」與「現代文學」。這就是說，在我們未來的文學史敘述中，有必要對「新文學」、「近代／現代／當代」、「二十世紀中國文學」等概念加以限制性的使用，盡可能突出它們揭示中國文學現象獨特性的那一面，盡力壓縮它們各自表意中的模糊空間。與此同時，更重要的是重新尋找和探測有關文學歷史的新的敘述方式，包括新的概念的選擇、新的意義範圍的確定，以及新的研究範式的嘗試等。

「新文學」作爲對近百年來白話文學約定俗成的稱謂，繼續使用無妨，且無須承擔爲其他文學樣式（如舊體文學）騰挪空間的道德責任，但未來的文學發展又將如何刷「新」，新的文學現象將怎樣由「新」而出，我們必須保留必要的思想準備與概念準備；「現代」則需要重新加以清理和認定，與其將西方資本主義文化的種種邏輯作爲衡量「現代性」的基礎，還不如在一個更寬泛的角度認定「現代」：中華帝國結束自我中心的幻覺，被迫與其他世界對話的特殊過程，直接影響了中國人與中國作家的人生觀與自我意識，催生了一種區別於中國古代文學的「現代」樣式。這種「現代」受惠與受制於異域的「現代」命題尤其是西方資本主義的命題，但又與異域的心態頗多區別，我們完全不必將西方的「現代」或「現代性」本質化，並作爲估價中國文學的尺度。異域的「現代」景觀僅僅是我們重新認識中國現象的比照之物，也就是說，對於「現代」的闡述，重點不應是異域（西方）的理念，而是這一過程之中中國「物質環境」與「精神生態」的諸多豐富形態與複雜結構。作爲一個寬泛性的「過程」概念的指稱，我們使用側重於特殊時間含義的「現代文學」，而將文學精神內涵的分析交給更複雜、更多樣的歷史文化分析，以其他方式確立「意義」似乎更爲可行；「二十世紀」是中國文學新的「現代」樣式孕育、誕生和發展壯大的關鍵時期，因爲精神現象發生的微妙與複雜，這種時間性的斷代對文學本身的特殊樣式而言也不無模糊性，而且其間文學傳統的流變也務必單純和統一，因此，它最適合於充當技術性的時間指稱而非某種文學「本質」的概括。

這樣一來，我們似乎有可能獲得這樣的機會：將已粘著於這些概念之上的「意義的斑駁」儘量剔除，與其藉助它們繼續認定中國文學的「性質」，不如在盡力排除「他者」概念干擾的基礎上另闢蹊徑，通過對近現代以來中國文學發生與發展歷史情景的細緻梳理來加以全新的定義。

一個民族和國家的文學歷史的敘述，所依賴的巨大背景肯定是這一國家歷史的種種具體的歷史情景，包括國家政治的情狀、社會體制的細則、生存方式的細節、精神活動的詳情等等，總之，這種種的細節，它來自於歷史事實的「還原」而不是抽象的理論概括。國家是我們生存的政治構架，在中國式的生存中，政治構架往往起著至關緊要的作用，影響及每個人最重要的生存環境和人生環節，也是文學存在的最堅實的背景；在國家政治的大框架中又形成了社會歷史發展的種種具體的情態：這是每個個體的具體生存環境，是文學關懷和觀照的基本場景，也是作爲精神現象的文學創造的基礎和動力。

從文學生存的社會歷史文化角度加以研究，並注意到其中「國家政治」與「社會背景」的重要作用，絕非始於今日。在「以階級鬥爭爲綱」的年代，就格外強調社會歷史批評的價值，新時期以後，則有「文化角度」研究的興起，90 年代至今，更是「文化批評」或「文化研究」的盛行。不過，強調「國家歷史情態」與這些研究都有很大的不同，它是屬於我們今天應當特別加強的學術方式。

傳統的社會歷史批評以國家政治爲唯一的闡釋中心，從根本上抹殺了文學自身的獨立性。在新時期，從「文化角度」研究文學就是要打破政治角度的壟斷性，正如「二十世紀中國文學」倡導者所提出的「走出文學」的設想：「『走出文學』就是注重文學的外部特徵，強調文學研究與哲學、社會學、政治學、民族學、心理學、歷史學、民俗學、文化人類學、倫理學等學科的聯繫，統而言之，從文化角度，而不只是從政治角度來考察文學。」〔註 11〕這樣的研究，開啓了從不同的學科知識視角觀察文學發展的可能。「文化角度」在這裡主要意味著「通過文化看文學」。也就是說，運用組成社會文化的不同學科來分析、觀察文學的美學個性。與基於這些「文化角度」的「審美」判斷不同，90 年代至今的「文化研究」甚至打破了人們關於藝術與審美的「自主性」神話，將文學納入社會文化關係的總體版圖，重點解釋其中的文化「意味」，包括社會結構中種種階級、權力、性別與民族的關係。「文化研究」更重視文學具體而微的實際經驗，更強調對日常生活與世俗文化的分析和解剖，更關注文學在歷史文化經驗中的具體細節。這顯然更利於揭示文學的歷史文化意義，但是，「文化研究」的基本理論和模式卻有著明顯的西方背景。一般認爲，「文化研究」產生於 50 年代的英國，其先驅人物是威廉姆斯（R.Williams）與霍加特（R.Hoggart）。霍加特在 1964 年創辦的英國伯明罕當代文化研究中心是第一個正式成立的「文化研究」機構，從 80 年代開始，「文化研究」在加拿大、澳大利亞及美國等地迅速發展，至今，它幾乎已成爲一個具有全球影響的知識領域。90 年代，「文化

〔註 11〕黃子平、陳平原、錢理群：《二十世紀中國文學三人談》，第 61 頁。

研究」傳入中國後對文學批評的影響日巨，但是，中國「文化研究」的一系列主題和思路（如後殖民主義批判、文化／權力關係批判、種族與性別問題、大眾文化問題、身份政治學等等）幾乎都來自西方，而且往往是直接襲用外來的術語和邏輯，對自身文化處境獨特性的準確分析卻相當不足。〔註12〕

突出具體的歷史情景的文學研究充分肯定國家政治的特殊意義，但又絕對尊重文學自身的獨立價值；與80年代「文化角度」研究相似，它也將充分調動哲學、社會學、政治學、民族學、心理學、歷史學、民俗學、文化人類學、倫理學等學科知識，但卻更強調具體國家歷史過程中的「文學」對人生遭遇「還原」；與「文化研究」相似，這裡的研究也將重點挖掘歷史文化的諸多細節，但需要致力於來自「中國體驗」的思想主題與思維路徑。

傳統的中國文學詮釋雖然沒有「社會歷史批評」這樣的概念，但卻在感受、體驗具體作家創作環境方面頗多心得，形成了所謂「知人論世」的詮釋傳統，正如章學城在《文史通義・文德》中說：「不知古人之世，不可妄論古人之辭也。知其世矣，不知古人之身處，亦不可以遽論其文也。」這都是我們今天跳出概念窠臼、返回歷史感受的重要資源。不過，中國現代文學的歷史敘述需要完成的任務可能更爲複雜，在今天，我們不僅需要爲了「知人」而「知世」，而且作爲「世」的社會歷史也不僅僅是「背景」，它本身就構成了文學發展的「結構」性力量，正是在這個意義上，我們更傾向於使用「情景」而不是「背景」；挖掘歷史的我們也不僅要以「世」釋「人」，而且要直接呈現特定條件下文學精神發展的各種內在「機理」，這些「機理」形成了中國文學的「民國機制」，文學的民國機制最終導致我們的現代文學既不是清代文學的簡單延續，也不是新中國文學的前代榜樣。

新的文學史敘述範式將努力完整地揭示近現代以來中國文學生存發展的基本環境，這種揭示要盡可能「原生態」地呈現這個國家、社會、文化和政治的各種因素，以及這些因素如何相互結合、相互作用，並形成影響我們精神生產與語言運行的「格局」，剖析它是如何決定和影響了我們的基本需求、情趣和願望。這樣的揭示，應盡力避免對既有的外來觀念形態的直接襲用——雖然我們也承認這些觀念的確對我們的生存有所衝擊和浸染，但最根本的觀念依然來自於我們所置身的社會文化格局，來自於我們在這種格局中體驗人生和感受世界的態度與方式。眾說紛紜、意義斑駁的「現代性」無法揭開

〔註12〕參見陶東風：《社會轉型與當代知識份子》，上海：上海三聯書店，1999年。

這些生存的「底色」。我們的新研究應返回到最樸素的關於近現代以來中國國家與社會的種種結構性元素的分析清理當中，在更多的實證性的展示中「還原」中國人與中國作家的喜怒哀樂。過去的一切解剖和闡釋並非一無是處，但它們必須重新回到最樸素的生存狀態的分析中——如中外文化的衝突、現代資本主義文化的入侵、現代民族國家的建立、現代性的批判、全球化時代的文化趨勢等。我們需要知道，這些抽象的文化觀念不是理所當然就覆蓋在中國人的思想之上的，只有在與中國人實際生存和發展緊密結合的時候，它們的意義才得以彰顯。換句話說，最終是中國人自己的最基本的生存發展需要決定了其他異域觀念的進入程度和進入方向。如果脫離中國自己的國家與社會狀況的深入分析，單純地滿足於異域觀念的演繹，那麼，即便能觸及部分現象甚至某些局部的核心，也肯定會失去研究對象的完整性，最終讓我們的研究和關於歷史的敘述不斷在抽象概念的替代和遊戲中滑行。近百年來中國文學研究的最深刻教訓即在於此。今天，是應該努力改變的時候了。

作爲生存細節的歷史情景，屬於我們的物質環境與精神追求在各個方面的自然呈現。不像「ｘｘ文化與中國現代文學」式的特定角度進行由外而內的探測（這已經成爲一種經典式的論述形式），歷史情景本身就形成了文學作爲人生現象的構成元素。如在「政治意識形態與中國文學」的研究模式中，我們論述的是這些政治觀念對中國文學的扭曲和壓抑，中國作家如何通過掙脫其影響獲得自由思想的表達，而在作爲人生現象的文學敘述中，一切國家政治都在打造著作家樸素的思想意識，他們依賴於這些政治文化提供的生存場域，又在無意識中把國家政治內化爲自己的思想構成，同時，特定條件下的反叛與抗爭也生成了思想發展的特定方向——這樣的考察，首先不是觀念的應用和演繹，而是歷史細節、生活細節的挖掘和呈現，我們無須藉「文化理論」講道理，而是對這些現象加以觀察和記錄。

國家歷史情態的意義也是豐富的，除了國家的政治形態之外，還包括社會法律形態、經濟方式、教育體制、宗教形態以及日常生活習俗以及文學的生產、傳播過程等，它們分別組成了與特定國家政治相適應的「社會結構」與「人生結構」。我們的研究，就是在「還原性」的歷史敘述中展開這些「結構」的細部，並分析它們是如何相互結合又具體影響著文學發展的。

作爲一種新的文學史敘述方式，我們應特別注意那種「還原性」的命名及其背後的深遠意義，比如「民國文學史」的概念。

1999 年，陳福康藉助史學界的概念，建議中國文學的「現代」之名不妨「退休」，代之以民國文學之謂。近年來，張福貴、湯溢澤、趙步陽、楊丹丹等人都先後提出這一新的命名問題，〔註 13〕我之所以將這樣的命名方式稱之爲「還原」式，是因爲它所指示的國家社會的概念不是外來思想的借用——包括時間的借用與意義的借用——而是中國自己的特定生存階段的眞實的稱謂，藉助這樣具體的歷史情景，我們的文學史敘述有可能展開過去所忽略的歷史細節，從而推動文學史研究的深入。

三

肯定「民國文學」式的還原性論述，並不僅僅著眼於文學史的概念之爭，更重要的是開啓一種新的敘述可能。國家歷史情態的諸多細節有可能在這樣的敘述中獲得前所未有的重視，從而爲百年中國文學轉換演變的複雜過程、歷史意義和文化功能提出新的解釋。

學術界曾經有一種設想：藉助「民國文學」這樣的「時間性」命名可以容納各種各樣的文學樣式，從而爲現代中國文學的宏富圖景開拓空間。這裡需要進一步思考的問題包括兩個方面：其一，「民國文學」是否就是一種單純的時間性概念？其二，文學史敘述的目標是否就是不斷擴大自己的敘述對象？顯然，以國家歷史情態爲基準的歷史命名本身就包含了十分具體的社會歷史內容，它已經大大超越了單純的「時間」稱謂。單純的時間稱謂，莫過於西元紀年，我們完全可以命名「中國文學（1911～1949）」，這種命名與「民國文學」顯然有著重大的差異。同樣，是否眞的存在這麼一種歷史敘述模式：沒有思想傾向，沒有主觀性，可以包羅萬象？正如韋勒克、沃倫所說：「不能同意認爲文學時代只是一個爲描述任何一段時間過程而使用的語言符號的那種極端唯名論觀點。極端的唯名論假定，時代的概念是把一個任意的附加物加在了一堆材料上，而

〔註 13〕參看張福貴《從意義概念返回到時間概念——關於中國現代文學的命名問題》（香港《文學世紀》2003 年第 4 期）；湯溢澤、郭彥妮《論開展「民國文學史」研究的必要性與可行性》（《當代教育理論與實踐》2010 年第 2 卷第 3 期）；湯溢澤、廖廣莉《論開展「民國文學史」研究的迫切性》（《衡陽師範學院學報》2010 年第 2 期）；趙步陽、曹千里等《「現代文學」，還是「民國文學」？》（《金陵科技學院學報》2008 年第 1 期）；張維亞、趙步陽等《民國文學遺產旅遊開發研究》（《商業經濟》2008 年第 9 期）；楊丹丹《「現代文學史」命名的追問與反思》（《長春師範學院學報》2008 年第 5 期）。

這材料實際上只是一個連續的無一定方向的流而已；這樣，擺在我們面前的就一方面是具體事件的一片渾沌，另一方面是純粹的主觀的標簽。」「文學上某一時期的歷史就在於探索從一個規範體系到另一個規範體系的變化。」〔註 14〕

在此意義上，作爲文學史概念的辨析只是問題的表面，更重要的是我們新的文學史敘述需要依託國家歷史情態，重新探討和發現近現代以來中國文學的「一個規範體系到另一個規範體系的變化」。面對日益高漲的「民國文學史」命名的呼籲，我更願意強調中國文學在民國時期的機制性力量。忽略國家歷史情態，我們對現代中國文學發展內在機理的描述往往停留在外來文化與傳統文化二元關係的層面上，而對中國現代歷史本身的構造性力量恰恰缺少足夠的挖掘；引入「民國文學機制」的視角，則有利於深入開掘這些影響——包括推動和限制——文學發展的歷史要素。

在歷史的每一個階段，文學之所以能夠出現新的精神創造與語言創造，歸根結底在於這一時期的國家歷史情態中孕育了某種「機制」，這種「機制」是特定社會文化「結構」的產物，正是它的存在推動了精神的發展和蛻變，最終撐破前一個文化傳統的「殼」脫穎而出。考察中國文學近百年來的新變，就是要抓住這些文化中形成「機制」的東西，而「機制」既不是外來思想的簡單輸入，更不是「世界歷史」的共識，它是社會文化自身在演變過程中諸多因素相互作用的最終結果。

強化文學史的國家與社會論述，自覺挖掘「文學機制」，可能對我們的研究產生三個方面的直接推動作用。

首先，從中國文學研究的中外衝撞模式中跨越出來，形成在中國社會文化自身情形中研討文學問題的新思路。百年來，中外文化衝突融合的事實造就了我們對文學的一種主要的理解方式，即努力將一切文學現象都置放在外來文化輸入與傳統文化轉換的邏輯中。這固然有其合理性，但是，在實際的文學闡釋與研究當中，我們又很容易忽略「衝突融合」現象本身的諸多細節，將中外文化關係的研究簡化爲異域因素的「輸入」與「移植」辨析，最終便在很大程度上漠視了文學創作這一精神現象的複雜性，忽略了精神產品生成所依託的複雜而實際的國家與社會狀況，民國文學機制的開掘正可以爲我們展開關於國家與社會狀況的豐富內容。我們曾倡導過「體驗」之於中國現代

〔註 14〕韋勒克、沃倫：《文學理論》，劉象愚等譯，北京：三聯書店 1984 年，第 302、307 頁。

文學研究的意義，而作家的生命體驗就根植於實際的國家與社會情景，文學的體驗在「民國文學機制」中獲得了最好的解釋。

其次，對「文學機制」的論述有助於釐清文學研究的一系列基本概念，如「現代」、「現代化」、「民族」、「進化」、「革命」、「啓蒙」、「大眾」、「現實主義」、「浪漫主義」、「現代主義」等概念，都將獲得更符合中國歷史現實的說明。在過去，我們主要把它們當作西方的術語，力圖在更接近西方意義的層面上來加以運用，近年來，為了弘揚傳統文化，又開始對此質疑，甚至提出了回歸古典文論、重建中國文論話語的新思路。問題在於，中國古典文論能否有效地表達現代文學的新體驗呢？前述種種批評話語固然有其外來的背景，但是，一旦這些批評話語進入中國，便逐步成了中國作家自我認同、自我表達的有機組成部分，在看似外來的語彙之中，其實深深地滲透了中國作家自己的體驗和思想。也就是說，它們其實已經融入了中國自己的話語體系，成為中國作家自我生命表達的一種方式。當然，這樣的認同方式和表達方式又都是在中國現代社會文化的場域中發生的，都可以在特定國家歷史情態中獲得準確定位。經過這樣的考辨和定位，中國現代學術批評的系列語彙將重新煥發生機：既能與外部世界對話，又充分體現著「中國特色」，真正成為現代中國話語建設的合理成分。

再次，對作為民國文學機制具體組成部分的各種結構性因素的剖析，可以為近百年來中國文學的研究提供新的課題。這些因素包括經濟方式、法律形態、教育體制、宗教形態、日常生活習俗以及文學的生產、傳播過程等等。作為文學的經濟方式，我們應注意到民國時期的民營格局之於中國近現代的出版傳播業的深刻影響，一方面，出版傳播業的民營性質雖然決定了文學的「市場利益驅動」，但另一方面，讀者市場的驅動本身又具有多元化的可能性，較之於一元化思想控制的國家壟斷，這顯然更能為文學的自由發展提供較大的空間；作為文學的法律保障，民國時期曾經存在著一個規模龐大的法律職業集團，這樣一個法律思想界別的存在加強著民國社會的「法治」意識，我們目睹了知識份子以法律為武器，對抗專制獨裁、捍衛言論自由的大量案例，知識者的法律意識和人權觀念在很大程度上保證了爭取創作空間的主動性，這是我們理解民國文學主體精神的基礎；民國教育機構三方並舉（國立、私立與教會）的形式延遲了教育體制的大統一進程，有助於知識份子的思想自由，即便是國立的教育機構如北京大學，也能出現如蔡元培這樣具有較大自主權力並且主張「兼容並包」、「學術自由」的教育管理者；也是在五四時期，知識份子形成了一個巨大的生存群落，他們各自有著並不相同的思想傾向，有過程度不同的文化論爭，但又在總體上形成了推動文化發展的有效力量。歐遊歸來、宣揚「西方文明破產」的梁啓超常常被人們視作「思想保守」，但他卻對新文化運動抱有很大的熱情和關注，甚至認爲它從總體上符合了自己心目中的「進化」理想；甲寅派一直被簡單地目爲新文化運動的「反對派」，其實當年《甲寅》月刊的努力恰恰奠定了《新青年》出現的重要基礎，後來章士釗任職北洋政府，《甲寅》以周刊形式在京復刊，與新文化倡導者激烈論爭，但論戰並沒有妨礙對手雙方的基本交誼和彼此容忍；學衡派也竭力從西方文化中尋找自己的理論支援，而且並不拒絕「新文化」這一概念本身；與《新青年》「新文化派」展開東西方文化大論戰的還有「東方文化派」的一方如杜亞泉等人，同樣具有現代文化的知識背景，同樣是現代科學文化知識的傳播者——正是這樣的「認同」，爲這些生存群體可以形成以「五四」命名的文化圈創造了條件。而一個存在某種文化同約性的大型文化圈的出現，則是現代中國文化發展十分寶貴的「思想平臺」——它在根本上保證了新的中國文化從思想基礎到制度建設的相對穩定和順暢，所有這些相對有利的因素都在「五四」前後的知識份子生存中聚集起來，成爲傳達自由思想、形成多元化輿論陣地的重要根基。我們可以這樣認爲五四新文化運動第一次呈現了「民國文學機制」的雛形，而這樣的「機制」反過來又藉助五四新文化運動的思想激蕩得以進一步完善成型，開始爲中國文學的自由創造奠定最重要的基礎。

「民國文學機制」在中國現代文化後來的歷史中持續性地釋放了強大的正面效應。我們可以看到，無論生存的物質條件有時變得怎樣的惡劣和糟糕，中國文學都一再保持著相當穩定的創造力，甚至，在某種程度上，由國家與社會各種因素組合而成的「機制」還構成了對國民黨專制獨裁的有效制約。中國在20年代後期興起了左翼文化，而且恰恰是在國民黨血腥的「清黨」之後，左翼文化得到了空前的發展，並且以自己的努力、以影響廣大社會的頑強生命力抵抗了專制獨裁勢力的壓制。抗戰時期，中國文學出現了不同政治意識形態的分區，所謂的「國統區」與「解放區」。有意思的是，中國文學在總體上包容了如此對立的文學思想樣式，而且一定程度上還可以形成這兩者的交流與對話，其支撐點依然是我們所說的「民國文學機制」。民國文學的基礎是晚清－五四中國知識份子的文化啓蒙理想，在文化結構整體的有機關係中，這樣的理想同時也流布到了左翼文化圈與中國共產黨人的文化論述當中，雖然他們另有自己的政治主張與政治信仰。過去文學史敘述，往往突出了意識形態的不可調和性，也否認社會文化因素的有機的微妙關係，如「啓蒙」與「救亡」的對立面似乎理所當然地壓倒了它們的通約性。只有依託中國文學的具體歷史情景，在「民國文學機制」的歷史細節中重新梳理，我們才能發現，在抗戰時期的文壇上，至少在抗戰前期的文學表達中，「啓蒙」並沒有因爲「救亡」而消沉，反而藉「救亡」而興起，這就是抗戰以後出現的「新啓蒙運動」。

引入「民國文學機制」的觀察，我們還可以進一步發現，中國文學在「民國時期」呈現了獨特的格局：國家執政當局從來沒有眞正獲得文化的領導權，無論袁世凱、北洋政府還是蔣介石獨裁，其思想控制的企圖總是遭遇了社會各階層的有力阻擊，親政府當局的文化與文學思潮往往受到自由主義與左翼文化的多重反抗，尤其是左翼文化的頑強生存在很大程度上形成了民國文學爭取自由思想的強大推動力量，民國文學的主流不是國民黨文學而是左翼文學與自由主義文學。有趣的是，在民國專制政權的某些政策執行者那裡，他們試圖控制文學、壓縮創作自由空間的努力不僅始終遭到其他社會階層的有力反抗，而且就連這些政策執行者自己也是矛盾重重、膽膽突突的。例如，在國民黨掌控意識形態的宣傳部長張道藩所闡述的「文藝政策」裡，我們既能讀到保障社會「穩定」、加強思想控制的論述，也能讀到那些對於當前文藝發展的小心翼翼的探討、措辭謹愼的分析，甚至時有自我辯護的被動與無奈。而當這一「政策」的宣示遭到某些文藝界人士（如梁實秋）的質疑之後，張道藩竟然又再度「退卻」：「乾脆講，我們提出的文藝政策並沒有要政府施行文藝統治的意思，而是赤誠地向我國文藝界建議一點怎樣可以達到創造適合國情的作品的管見。使志同道合的文藝界同仁有一個共同努力的方向。」「文藝政策的原則由文藝界共同決定後之有計劃的進行。」〔註 15〕由「文藝界共同決定」當然就不便於執政黨的思想控制了，應該說，張道藩的退縮就是「民國文學機制」對獨裁專制的成功壓縮。

強調「民國文學機制」之於文學研究的意義，是不是更多侷限於強調文學史的外部因素，從而導致對於文學內部因素（語言、形式和審美等）的忽略呢？在我看來，之所以需要用「機制」替代一般的制度研究，就在於「機制」是一種綜合性的文學表現形態，它既包括了國家社會制度等「外部因素」，

〔註 15〕張道藩：《關於「文藝政策」的答辯》，《文化先鋒》1942 年第 1 卷第 8 期。

又指涉了特定制度之下人的內部精神狀態，包括語言狀態。例如，正是因爲辛亥革命在國家制度層面爲中國民眾「承諾」了現代民主共和的理想，「民主共和國觀念從此深入人心」，〔註16〕以後的中國作家才具有了反抗專制獨裁、自由創造的勇氣和決心，白話文最終成爲現代文學的基本語言形式，也源自於中國作家由「制度革命」延伸而來的「文學革命」的信心。所以，「民國文學機制」的研究同樣包括對民國時期知識份子所具有的某種推動文學創造的個性、氣質與精神追求的考察，這就是我們今天所謂的「民國範兒」。我認爲，「民國範兒」既是個人精神之「模式」，也指某種語言文字的「神韻」，這裡可以進一步開掘的文學「內部研究」相當豐富。

不理解「民國範兒」的特殊性，我們就無法正確理解許多歷史現象。如今天的「現代性批判」常常將矛頭直指「五四」，言及五四一代如何「斷裂」了傳統文化，如何「偏激」地推行「全盤西化」，其實，民國時期尚未經過來自國家政權的大規模的思想鬥爭，絕大多數的論爭都是在官方「缺席」狀態下的知識界內部的分歧，「偏激」最多不過是一種言辭表達的語氣，思想的討論並不可能眞正形成整個文化的「斷裂」，就是在新文化倡導者的一方，其儒雅敦厚的傳統文人性格昭然若揭。在這裡，傳統士人「身任天下」的理想抱負與新文明的「啓蒙」理想不是斷裂而是實現了流暢的連接，從「啓蒙」到「革命」，一代文學青年和知識份子眞誠地實踐著自己的社會理想，其理想主義的光輝與信仰的單純與執著顯然具有很大的輻射效應，即便在那些因斑斑劣跡載入史冊的官僚、軍閥那裡，也依然可以看到以「理想」自我標榜的情形，如地方軍閥推行的「鄉村建設運動」和「興學重教」，包括前述張道藩這樣的文化專制的執行人，也還洋溢著士大夫的矜持與修養。總之，歷史過渡時期的現代知識者其實較爲穩定地融會了傳統士人的學養、操守與新時代的理想及行動能力，正是這樣的生存方式與精神特徵既造就了新的文明時代的進取心、創造力，又自然維持了某種道德的底線與水準。

一旦我們深入到歷史情景的「機制」層面，就不難發現，僅僅用抽象的「現代化」統攝近現代以來的中國文學史，的確掩蓋了歷史發展的諸多細節。從某種意義上看，「民國文學機制」的出現和後來的解體恰恰才在很大程度上分開了20世紀上下半葉的文學面貌，從根本上看，歷史的改變就在於曾有過的影響文化創造的「機制」的解體和消失；不僅是社會的「結構」性因素的

〔註16〕見《建國以來毛澤東文稿》第4冊，中央文獻出版社，1990年，第546頁。

消失和「體制」的更迭，同時也是知識份子精神氣質的重大蛻變。

自然，我們也看到，還原歷史情景的文學史敘述同樣也將面對一系列複雜的情形，這要求我們的研究需包含多種方向的設計，如包括民國社會機制之於文學發展的負面意義：官紳政權的特殊結構讓「人治」始終居於社會控制的中心，「黨國」的意識形態陰影籠罩文壇，扭曲和壓制著中國文學的自然發展，作家權益遠沒有獲得眞正的保障，「曲筆」、「壕塹戰」、「鑽網」的文化造就了中國文學的奇異景觀，革命／反革命持續性對抗強化了現代中國的二元對立思維，在一定程度上妨礙了現代文化思想的多維展開。除此之外，我們也應當承認，國家與社會框架下的文學史敘述需要對國家與社會歷史諸多細節進行深入解剖和挖掘，其中有大量的原始材料亟待發現，難度可想而知。同時，文學作爲國家歷史的意義和作爲個體創作的意義相互聯繫又有所區別，個體的精神氣質可以在特定的國家歷史形態中得到解釋，但所有來自環境的解釋並不能完全洞見個體創造的奧妙，因此，文學的解讀總是在超越個體又回到個體之間循環。當我們藉助超越個體的國家歷史情態敘述文學之時，也應對這一視角的有限性保持足夠的警惕。

以上的陳述之所以如此冗長，是因爲我們關於文學歷史的扭曲性敘述本來就如此冗長！今天，呈現在讀者諸君面前的這一套文叢試圖重新返回民國歷史的特殊空間，重新探討從具體國家歷史情景出發討論文學的可能，當然，離開民國實在太久了，我們剛剛開始的討論可能還不盡圓熟，對一些問題的思考有時還會同過去的思想模式糾纏在一起，但是我想，任何新的研究範式的確立均非一朝一夕之功，每一種思想的嘗試都必然經過一定時間的蹣跚，重要的是我們已經開始了！從「民國文化與文學研究文叢」第一輯出發，我們還會有連續不斷的第二輯、第三輯……時間將逐漸展開我們新的思想，揭示現代中國文學研究在未來的宏富景觀。

這一套規模宏大的學術文叢能夠順利出版，也得益於花木蘭文化出版社，得益於杜潔祥先生的文化情懷與學術遠見，我相信，對歷史滿懷深情的注視和審察是我們和杜潔祥先生的共同追求，讓我們的思想與「花木蘭文化」一起成長，讓我們的文字成爲中華文明的百年見證。

二○一二年三月五日，農曆驚蟄

母語與現代詩（上）

顏同林　著

作者簡介

顏同林，男，1975 年出生於湖南漣源市。四川大學文學博士，北京師範大學博士後。現爲貴州師範大學文學院教授，主要從事 20 世紀文學與文化研究。

曾發表詩歌、散文百餘首（篇），在《文學評論》等五十餘種刊物上發表學術論文八十餘篇；出版學術著作有《方言與中國現代新詩》、《現代新詩與文化研究論集》、《被召喚的傳統：百年中國文學新傳統的形成》（合著）、《思想的盆地》等四本，參與主編或著述三種。曾獲省級人民政府社科優秀成果獎三次，貴州省青年創新人才獎一次；主持國家社科基金一項，省廳級課題七項。

提　　要

本書主要從母語這一語言學視角來切入民國時期現代詩，可概述爲對方言入詩的詩學考察，重點在於論述母語與現代詩的複雜關係。

全書分爲上下兩篇，上篇按歷時性維度梳理方言入詩現象與史實，主要以白話詩語言爲綱，以現代詩流派、詩潮、個案爲骨架，呈現了白話詩中發生、發展以及演變過程中被遮蔽的歷史細節，突出方言入詩在民國不同時期的特色、作用、意義，以及方言進入現代詩歌的途徑、效果等相關內容。民國文學時期整個民族國家都處於國語發展不甚理想與不均衡狀態，受此深刻影響的現代詩人話語特徵呈現出方言化色彩，方言與現代詩的關係由此錯綜多變。下編則以方言入詩的社會、文化與語言背景，方言入詩與聲音的詩學，方言入詩與現代詩去方言化之間張力形成及其實質淵源等命題爲主。主要觀點如方言入詩是中國詩歌傳統的潛流；方言入詩與白話新詩的發生密切相關；母語方言化影響現代詩歌創作的思維與話語方式，現代詩的白話化與方言化有同構性；「化土」與「化古」、「化歐」三足鼎立是現代詩語言發展衍變的常態；方言入詩存在「正名」問題；方言入詩具有未完成性等等，都是論著闡述較爲深入之處。

代序：方言、國語與中國新文學

李　怡

中國新文學的建構是在諸多矛盾性的需求和目標中展開的，這一情形的存在使得我們今天對「五四」、對白話文學的許多責難常常流於一相情願的猜測與比附，眞正的中國新文學研討需要最充分地注意到歷史事實的種種複雜。

比如方言運動與國語運動。前者來源於我們對「人民性」與「民間性」文化與文學資源的發掘，後者生發自現代民族國家建設的種種需要，前面的目標與後面的需要在有些時候是一致的，但在另外一些時候卻並不一致。從歷史演化的軌迹來看，20 世紀上半葉是方言運動與國語運動在交織中共同推進的時期，而 20 世紀下半葉則是國語運動逐漸佔據絕對主導並對「方言」形成很大擠壓的時期。

這種因爲國語運動的主導而對「方言」形成極大擠壓的效果在文學研究中也有明顯的體現。比如我們今天的中國新文學研究，從總體上說更多地被闡釋爲一次文學的國語運動，而在新文學發生發展過程中曾經產生了重要影響的方言運動卻長期被人們有意無意地忽略了。學術的忽略顯然掩蓋了文學史上的諸多重要事實，以四川作家爲例，李劼人、沙汀、艾蕪的文學傑作都莫不與他們對四川方言的恰當運用關係至深，當李劼人、沙汀、艾蕪將自己的母語——巴蜀方言融會爲文學表達的有機組成部分之時，他們的文學便獲得了個性與生命，反之，當二十世紀下半葉的川渝作家努力剔除這樣的母語元素而彙入時代一統——普通話寫作亦即「國語」寫作之時，我們的四川文學也就失去了曾經的輝煌與影響。

如何在與作爲文化主流的「國語運動」的分歧矛盾中把握「方言」的文學史意義，這一「被壓抑」的話題需要我們充分地展開。顏同林博士的這一研究可以說是這方面較早的成果之一，雖然它主要涉及的還是中國現代新詩，但由此衍生的學術意義卻顯然可以擴展到整個中國現當代文學領域。

方言與中國現代文學的關係，這個課題曾經一直盤踞在我內心，但一直不敢觸碰，因爲，能夠選擇並完成這樣的課題，需要研究者很好的藝術感受能力與語言感受能力，對此，我自己並沒有完全的把握。顏同林博士過去致力於中國新詩評論多年，有很好的藝術鑒賞能力，他大膽涉足這一領域，我是支持的，作爲博士論文，我覺得完成得很不錯，基本上達到了在這一研究空間拓荒的目的。作爲他寫作過程的見證人，我爲他今天所取得的成果感到由衷的高興！

當然，就像我多次與顏同林博士所討論到的那樣，學術研究是一個漫長而艱苦的過程，藝術感覺能力的優勢也不總是可以利用的，對「方言」課題的研究也是如此，更紮實有效的成果依然需要研究者多方面的學術積累與學術能力，特別需要論者的耐性與潛思，這也就是說，顏同林博士也不要爲這一可喜的成果而自滿，我們都期待他能夠取得更大的學術成績。

李　怡

二〇〇八年六月二十五日於北京

目次

引言：緣起、背景與視角

一

本著作的研究對象是中華民國文學時期母語方言與中國現代詩的複雜關係，主要內容圍繞以下兩個方面展開：一是站在一直被遮蔽的母語方言一端，去重新審視現代白話詩的發生、發展、演化等過程，考察母語方言在其中演變的線索、扮演的角色與擔當的歷史使命，乃至因自身優劣而導致不斷論爭的各種現象及其原因。二是從中國現代詩一端來返觀母語方言被納入到現代詩語言體系之後，兩者之間出現的動態性變遷過程，以及呈現出來的歷史細節。

返回一個民族和國家的文學歷史現場，離不開它所依賴的國家歷史的種種具體情態。就二十世紀上半葉這一歷史時段中的文學而言，曾先後有學者如陳福康、張福貴、丁帆、秦弓、湯溢澤、趙步陽等人在反思大陸既有的主流現代文學敘史模式時，呼籲創建民國文學史敘事框架；近年來大陸學界對「民國文學機制」新概念的進一步推進與提煉，對「國家歷史情態」與文學史敘述的重大思考，〔註1〕顯然都更吻合於民國時期的文學實際，極爲有效地釋放出新的學術生長空間。民國文學的概念與現代文學的概念在內涵與外延上均有差異，其研究的時間範圍大致爲1912年到1949年，其間的文學現象、作家作品或文體文類都會有所擴容，譬如舊體文學、通俗文學等便會自然吸納進來。對中國傳統文學而言，以斷代爲標識進行文學階段的劃分是治文學史的常態；重新採取斷代敘史觀念則是對常態的回歸。新的思維帶來新的轉

〔註1〕李怡：《民國機制：中國現代文學的一種闡釋框架》，《廣東社會科學》2010年6期；《辛亥革命與中國文學「民國機制」的國體承諾》，《鄭州大學學報》2011年5期；《中國現代文學史的敘述範式》，《中國社會科學》2012年2期。

型，國家政治的情狀、社會體制的細則、生存方式的細節、精神活動的詳情，都被重新納入民國現代學術的視野。跨學科的交叉發展得以加速，組成國家歷史情態的結構性因素得以重組並煥然一新。其中，政黨文化、經濟方式、法律形態、教育體制、宗教形態、風俗民情、語言生活，乃至文學生產、流通、消費等等，都是最爲生動的內容。在民國文學時期，就語言生活而言，雖然有國語運動貫穿始終，但事實上它對普通國民的日常生活沒有實質性影響，以不同方言爲基礎的不同母語，天然地佔據日常語言交際的要津，同時在書面語的書寫中普遍而大量存在。〔註 2〕全國幾大方言區以及各方言區內部錯綜複雜的次方言區背後，都生活著數以千萬計的中國民眾。來自不同方言區的作家，自然帶著各自的母舌鄉音生存於這樣的語言現實之中，母語生活是他們不可迴避的現實圖景。五四初潮的白話詩人俞平伯古典文學修養非常深厚，但他始終重視並張揚母語在文學創作中的價值：「我有一信念，凡眞的文學，不但要使用活的話語來表現它，並應當採用眞的活人的話語。……我覺得最便宜的工具畢竟是『母舌』。」〔註 3〕劉半農則「認爲國語與方言是並立的：方言是永遠不能消滅的。方言既不能消滅，在方言中就有了語言的教育。」〔註 4〕「我們要說誰某的話，就非用誰某的眞實的語言與聲調不可；不然，終於是我們的話」。「我們做文做詩，我們所擺脫不了，而且是能運用到最高最眞摯的一步的，便是我們抱在我們母親膝上時所學的語言：同時能使我們受最深切的感動，覺得比一切別的語言分外的親密有味的，也就是這種我們的母親說過的語言。這種語言，因爲傳佈的區域很小（可以嚴格地收縮在一個最小的地域以內），而又不能獨立，我們叫它方言。從這上面看，可見一種語言傳佈的區域的大小，和它感動力的大小，恰恰成了一個反比例。這是文藝上無可奈何的事。」〔註 5〕劉氏對方言與小說的關係也抱同樣的觀點，

〔註 2〕參看倪海曙：《推廣普通話的歷史發展》，《倪海曙語文論集》，上海：上海教育出版社，1991 年版，第 165～194 頁。劉進才：《語言運動與中國現代文學》，北京：中華書局，2007 年。黃曉蕾：《民國時期政府方言政策概述》，《中國社會科學院研究生院學報》2006 年 4 期。

〔註 3〕俞平伯：《〈吳歌甲集〉序》，顧頡剛等輯、王煦華整理：《吳歌・吳歌小史》，南京：江蘇古籍出版社，1999 年版，第 16～17 頁。

〔註 4〕劉半農：《〈四聲實驗錄〉序贅》，《半農雜文》，石家莊：河北教育出版社，1994 年版，第 154 頁。

〔註 5〕劉復：《瓦釜集代自序》，見《語絲》第 75 期，1926 年 4 月 19 日。此外，他在此文中交代寫方言詩歌的動機，是「起於一年前讀戴季陶先生的《阿們》

如《讀〈海上花列傳〉》中認爲此小說記事用「普通的白話」，記言用「蘇白」，不得不讓人佩服作者的斟酌盡善，因爲口白中包有著「地域的」神味；方言文學非但「可以存立」而且「必須提倡」，即使「方言文學作品不能博得多數人的瞭解與賞鑒」也「無須顧慮」。〔註 6〕諸如此類論述，在民國文學時期屢見不鮮。換言之，在二十世紀上半葉中華民國三十多年的歷史時段裏，整個國家的語言生活基座是充分母語化，母語方言佔據強勢位置；人們不得不承認這樣的事實，一方面是國語生存空間的極其狹窄，一方面是不同母語方言的雜花生樹。訴諸於文學創作之中，俞平伯所言的母舌的力量，劉半農所稱道的地域的神味，普遍存在民國文學之中則是不爭的事實。

在本著作不同對象、範圍的論述中，不論是方言、土語，還是母語，幾乎沒有作現代語言學的辨析，在內涵上基本相同或相似，雖然「方言」概念的使用更廣泛，但沒有影響到彼此的替換，在筆者選擇取用時僅僅顧及到當時書寫、討論的不同語境而已。同理，現代詩、白話詩、新詩等概念也會在書中不同語境下出現，均指向民國時期以白話爲載體的現代詩歌本身，它僅僅與舊體詩相對立，因此不同稱謂之間沒有實質性差異。

在此基礎上，我們從母語方言的角度，切入民國文學的發展與演變，特別是現代詩的語言流變與形態，就會看到鮮活的民國歷史情態。方言在現代詩中存在的方式、形態各異，現代詩中的母語成分，或多或寡，雜色紛呈。在民國文學歷史長河中，母語時刻在場，它以一種活在人們嘴唇上的口語身份，在社會上當作工具被廣泛地交流使用。不論是口頭的還是書面的，母語這一流動不居的活語都是詩中不可避免的存在。然而，母語進入詩歌，以及別的文學樣式，卻一直被主流正統文學圈子在習焉不察中忽略乃至歧視，雖然不斷有人爲它正名，典型的如有論者曾大膽地建議把「國語的文學，文學的國語」修正爲「方言的文學，文學的國語」，〔註 7〕爲「方言的文學」擂鼓助威。又如郭沫若、茅盾等民國文學領軍人物在四十年代末爲方言文藝所作的論辯，其激濁揚清的方式是：郭沫若稱方言文學爲「人民路線」的文學，「方言文學的建立，的確可以和國語文學平行，而豐富國語文學。」〔註8〕茅盾則

詩，和某君的《女工之歌》。」

〔註 6〕劉半農：《讀〈海上花列傳〉》，《半農雜文》，石家莊：河北教育出版社，1994年版，第 243～246 頁。

〔註 7〕伯韓：《方言的使用和研究》，《文化雜誌》2 卷 3 號，1942 年 4 月。

〔註 8〕郭沫若：《當前的文藝諸問題》，王錦厚等編：《郭沫若佚文集》（下冊），成都：

不但指出「凡以北方語而外的地方語寫作小說詩歌等等的，都被稱爲『方言文學』」這一流行著的錯誤觀念，而且還明目張膽地宣稱整個「白話文學就是方言文學」這一觀點。〔註9〕實際上，這些代表性言論均可被歸納爲爭取方言文學的合法化。但儘管如此，包括方言詩在內的方言文學往往積弊難除，方言也因自身價值的不確定性、極其蕪雜性，以及始終未改的底層化身份，難以在全國流通的弊端，始終得不到主流正統文化一以貫之的重視與實事求是的評估。具體到文學體裁中的詩歌文體而言，人們習慣於以「雅言」爲詩語正宗的傳統觀念，詩歌語言本身所要求的「詩到語言爲止」式的「純化」的語言方式；以及接受、闡釋共同體強化全國性受眾意識與詩歌民族化、經典化等諸多訴求；加上隨政治時局變遷而屢變的政治意識形態等外部因素的介入，這一切，都經常阻截母語方言對現代詩大面積、長時段的滲透。

另一方面，五四前後，不同方言納入白話後，它成爲現代詩的語言源泉及其推動力，這是客觀存在的事實。作爲活躍的語言元素之一，方言自有其鮮明的特色與地位。只要平心靜氣地重審現代詩的創作與理論，梳理各個不同時期豐富而零碎的第一手材料，我們便能發現不同語境下方言與現代詩相互生發、支撐等方面的聯結。在兩者的對照與互動中，我們不僅容易把握方言對現代詩的催生、滋養、牽引等作用，而且還能展現出兩者遭遇時所可能涉及到的許多詩學命題。顯然這一層面上存在的事實及其優勢，跟上段論述中各種不利於方言融入詩歌的因素，是在矛盾中交錯著的，這也影響了研究者伴著這一過程而採取的隨之起伏的認知態度。客觀地說，到目前爲止，我們發現兩者本身的許多問題，在學術界還沒有進行過廣泛而又深入的學理探討。基於此，我們提出的關鍵問題是：爲什麼這樣豐富複雜的客觀事實容易被忽略，其忽略的理由與背景各是什麼呢？假如重新認識、檢討母語與現代詩這一課題，其意義與價值到底何在？除了有一般意義上所說的填補現代詩研究中的一些盲點與空白之外，究竟我們應作什麼樣的理性分析？也就是說，母語與現代詩的關係，爲什麼會成爲在詩歌創作與研究中經常提及並不得不面對的問題，一個不得不經常需要在後顧與前瞻中回答的命題？

從搜集掌握的資料與學術界的現實情況分析，論者選擇此課題作爲研究對象，主要出於以下思考：第一，就現代詩歌研究現狀而言，從語言學角度

四川大學出版社，1988年版，第211頁。

〔註9〕茅盾：《再談「方言文學」》，《大眾文藝叢刊》第一輯，1948年3月。

來專門研究的論著並不多見，而在不斷發展的現代語言學理論觀照下，從母語角度對現代詩這一具體而豐富的語言藝術進行研究，到目前爲止還沒有出現成體系的論述。這是一個跨學科視野中的學術荒地，與母語融入詩歌本身的豐厚、複雜、不曾斷流等特徵大不相符。二十世紀九十年代以來，在回到「新詩本體」的訴求下，〔註 10〕也曾有不少學者關注被忽略的盲點，進行了一些補課式處理，但就母語與現代詩關係這一論題而言，仍然遠遠不足。研習方言學的語言學家因視角與學術興奮點不同，以致他們一般限於從語言取材、舉爲例證等方面偶爾有所引證；而研究現代詩的學者，或對母語方言本身並不太瞭解，或關注的焦點不同而導致這樣的情況出現：即缺乏相應而持久的學術興趣。因此，像任何研究領域都可能存在薄弱環節一樣，對母語與現代詩這一聯繫的剖析與審視，在詩歌研究中是相當薄弱的，這現狀之冷清無疑與這一重大學術問題本身存在相當的差距。事實上，站在現代語言學這一高度對現代詩進行審視與反思，我們就會明顯發現現代詩歌研究的一些內在癥結，如與古代漢語相比，現代白話爲什麼歷史地充當了這一利器，同時它又爲什麼被理解爲缺乏相應的詩性，經常被人用「非詩化」這一帶有某種貶義的概念來框定限制？五四時期白話詩之所以自足爲詩的內在依據是什麼？流動背景下的非詩語言與詩性語言如何區別與判定，書面語與口語之間的張力如何形成，兩者之間的縫隙又如何彌合？現代詩人如何在未定型的現代漢語語境下，像古人一樣通過煉字煉句來推敲句子、咀嚼詩意？又如語言變革與現代詩之關係，現代詩納入外來詞的模式及緣由，「復活」文言辭彙與吸收方言辭彙如何具體把握，其中糾纏著哪些值得探究的主客觀因素？諸如此類問題中，我們認爲就存在一些值得可以深入持久思考的學術熱點。在研究界對此還缺乏集中而深入探討的現實面前，論者試圖通過對這一系列提問的回答，來重審母語方言與現代詩歌之勾連，從而既力求在新詩與舊詩之間劃出一道界線，又通過方言來返觀現代詩歌語言的現代性歷程。

其次，母語進入現代詩歌本身的豐富蕪雜而又零碎化的史料，以及它在現代詩發展的十字路口所帶來的各種啓示與意義，則是本論著研究頗爲堅實的基礎。它們既可支撐論著的骨架，充當論著的血肉，又可以供人從中梳理、

〔註 10〕參見李怡：《中國現代新詩與古典詩歌傳統》，重慶：西南師範大學出版社，1999 年版；李怡：《新時期十五年中國現代新詩研究之斷想》，《中國現代文學研究叢刊》1995 年 1 期。

總結出現代詩發展道路中的經驗教訓。母語方言與地域、歌謠、民間等眾多概念密切相關，「眞詩乃在民間」作爲一種理念也早已深入人心。從語言原生態角度看，五四前後，土白、歌謠乃至白話詩存在普遍聯繫，其中歷史脈絡既龐雜又較爲清晰。不管是知識精英、還是底層民眾身份的詩作者，往往都與母語方言這一語言資源保持水乳交融的關係，構成一種原生態的雜語共生狀態。具體地說，自晚清梁啓超、黃遵憲等人提倡「詩界革命」以來，針對舊體詩歌加以「革命」的各種聲音便彌漫開來，如黃氏的「我手寫我口，古豈能拘牽」，〔註 11〕梁啓超的「頗喜撏扯新名詞以自表異」〔註 12〕等主張，就包括詩歌用語不避俗語方言反而依賴於它們來推動詩界革命的詩學觀念。他們主張以鮮活的或陌生化的、流動的語言去沖刷、更新日益僵化或老化的舊詩語言體系，加速終結了舊體詩詞爲詩歌正宗、古漢語爲詩語唯一正宗並久居主流地位而愈加退化的歷史命運。詩界革命這一趨勢，在後來居上者的胡適等五四白話詩人們手中得到了新的質變。——活文學代替死文學，活的語言代替僵死的語言，這一任務已因迫在眉睫而不得不有意輔以人工大力去完成。不避文之文字，主張方言俗語入詩，力求詩歌的口語化，這些名異實同的詩學主張，在五四時期集於「白話」一身，這樣白話才得以順利地充任了文學的惟一工具，以此語言之利器來清理新文學發展道路上的各種障礙，可謂得心應手。其中，不論冠名與否，母語方言融入詩歌則都是一項實質性的舉措；它以自身語言資源的優勢，在十字路口關鍵性地替詩歌發展擔負著造血與輸血的角色，隨後在中國現代詩發展史中普遍存在。譬如，初期白話詩人群，在他們以現實性見長的詩作中，紛紛湧現出作者各自家鄉母語的成分；湖畔詩人群作品的吳語特色較爲鮮明；劉半農的江陰方言詩歌，對當時詩壇影響頗大；聞一多、徐志摩等新月派詩人群，「土白入詩」則是他們體制與音節試驗的途徑之一，在韻式、詞藻、句法等各方面均有突出的表現。再由此追溯，我們不難發現，現代詩歌史上既有偶然嘗試方言詩或在無意識中滲透進方言的詩歌流派，也有專門把寫方言詩當作風格來經營的詩人群體。在當時提倡國語有心但產生的實際社會效果甚微的語境下，各地詩人攜帶著母舌

〔註 11〕黃遵憲的詩《雜感》其二，見《人境廬詩草箋注》（錢仲聯箋注），上海：上海古籍出版社，1981 年版，第 42 頁。

〔註 12〕梁啓超：《飲冰室詩話》（舒蕪校點），北京：人民文學出版社，1998 年版，第 49 頁。

的柔韌性，不但在作品創作中充分凝聚著母語的成分，而且在作品的出版、傳播、編撰、接受和歷史評價等流程中，又把這一信息反饋給了整個詩歌界。不論是詩人私下之間相互吟誦作品，還是社團舉行的大型讀詩、朗誦詩活動，均可聽到土腔土調的試驗與運用，以示探索現代詩歌的音韻特色，其中不乏因語言習慣而身不由己之舉。在民國文學不同時期，詩人們對國語、普通話本身還普遍陌生，或者僅僅借方言來試驗新詩的音節，或者根據受眾情況而企圖把不同程度方言化的詩歌介紹給民眾，以便起到開啓民智、啓蒙救世、深入社會底層及廣大民間等作用。

仔細考察其中的原因，最主要的一點是當時社會整個語言生活充分母語化或方言化。現代詩人來自各方言區，絕大多數從小就在家鄉求學、生活，自然離不開方言母語。〔註 13〕如郭沫若 20 歲以前沒有離開過家鄉，一直接觸的主要是四川樂山方言，臧克家 18 歲以前一直生活在膠東半島的農村裏，打交道用的是山東諸城方言。等到背負這樣母舌背景的詩人們長大成人，出外求學、工作，還會遇上不同的方言環境，如江浙上海的吳語、湖南的湘語、兩廣的粵語、福建的閩語、江西的贛語，以及客家話之類。即使在當時流通較廣的藍青官話中，也有北方方言、西北方言、西南方言的大片區劃分法則，當時北平的京白、西南的川話，與現代詩聯繫最爲密切。生命個體牙牙學語時習得的語言，不可磨滅地影響乃至左右了他們的語言能力及其語言觀念。一方面，本地母語無意識地潛入他們的作品中，在作品中深淺不一地留下母語的痕迹；另一方面，工作生活環境被異質形態的方言所包圍。這爲他們運用各種方言資源埋下了伏筆，不過比較而言仍以前者爲主。如劉半農《瓦釜集》中的江陰方言詩與京白詩，徐志摩的硤石土白詩與京白詩，等等，便是典型例證。到了三十年代、特別是抗戰期間，在提倡詩歌大眾化與民族形式的宏闊背景下，方言可以入詩伴隨著方言文學的流行與爭論，時時形成一時的熱點，湧現出一些寫作方言詩的個體與一批以本地方言爲主的典型，如蒲風的客家方言詩，華南地區的粵語詩創作潮，重慶陪都沙鷗、野谷、老粗等

〔註 13〕參見本人整理、設計的《附錄：方言語境下的現代詩人地域分佈概況》（見全書結尾處），據表中所錄，來自整個北方方言區的現代詩人爲：華北東北方言區 47 人、西北方言區 10 人、西南方言區 46 人、江淮方言區 26 人，共 129 人；吳方言區 61 人；粵方言區 14 人；客家方言區 11 人；閩方言區 17 人；湘方言區 8 人；贛方言區 8 人。一共收錄詩人 248 人，全國性意義上的代表詩人基本囊括其中。

人的四川方言詩寫作，袁水拍、倪海曙等人摻雜上海方言唱的山歌，川陝一帶強勁的方言詩潮等。在詩歌方言化的潮流中，不僅產生了一批質量較高的作品，而且還引起了持續數年的詩學爭論，一起豐富了中國現代詩學的思想庫存。

總而言之，在民國文學時期，詩人們儘管對不同母語所持的價值立場、立足點、名目稱謂有所不同，但本質上均可納入「母語入詩」的理論中加以探討，考慮到「方言入詩」〔註 14〕這一理論歸納由來已久，本書中則以「方言入詩」相統一。方言入詩，概括地說是不同母語如何被納入、融化、整合到現代詩語言系統中去，這牽涉到現代詩語言怎樣方言化的問題。值得注意的是，這一問題實踐上又沒有獲得滿意的解決，往往在前一時期還剛剛爭論得相當激烈，後來又在不同的主客觀條件下展開不無重複的駁議。到了 1949 年新生的共和國成立後，在大陸快速推進普通話成為國策，普通話寫作成為抵制方言寫作的導向工具，整個社會對文學的方言化都存在一種整合、鉗制的趨勢，難以發起更多平等、自由、客觀的爭論，自然其結果的傾向性也就可想而知了。即使這樣，方言也在文學中頑強地發展演化，在現代詩中時時隱現。由此可見，方言入詩呈現出富於歧義而又眾說紛紜的特徵，它是各種主客觀因素綜合妥協的結果，也是一種積澱著豐富歷史意蘊的複雜存在。

如果說方言本身地位的不確定性，方言與現代漢語聯繫的複雜性，詩歌文體的雅言化傳統，以及政治意識形態中對母語方言的遮蔽……使得方言入詩比方言入文更加難以把握的話，那麼它本身的豐富存在，像方言小說、方言劇在當下遍地開花一樣，又時時在敞開中發出一種召喚之聲。儘管在目前的學術研究現狀中，有切入論題與言說的艱難，但沈默並不意味著真正失語。放在上述語境下，我們發現方言入詩本身不但存在一個去蔽的必然性與可能性問題，而且它內在的貯存與質地，也規定了它所具有的無可替代的價值，它像一束隱匿的光芒一樣，一直照亮的是現代詩發展演變之路。這條路一直頑強地向前延伸、生長，向著無限未來而昂首天外。

〔註 14〕「方言入詩」作為一個詩學上的詞條性術語，最早可見〔宋〕費袞撰的《梁谿漫志》之中，在《方言入詩》一標題下有以下內容：「方言可以入詩。吳中以八月露下而雨，謂之淋露，九月霜降而雲，謂之護霜。竹坡周少隱有句云：『雨細方淋露，雲疏欲護霜。』方言又有『勃姑、鵓舅』，『槐花黃，舉子忙。促織鳴，懶婦驚』之類，詩人皆用之。大抵多吳語也。」見〔宋〕費袞：《梁谿漫志・卷七》，欽定四庫全書子部第 864 冊，臺灣商務印書館，1983 年版，第 741 頁。

綜上所述，本文以母語與現代詩的關聯作爲研究對象，對象的確定，也大致圈定了它的範圍，主要內容包括方言入詩的現象、史實的系統梳理，以及方言入詩所產生的一系列詩學難題。該選題的目的在於呈現出現代詩歌史上存在的現代新詩與活的母語之間的各種複雜關係，把握住方言入詩的動機、途徑與詩性力量，並在各種可能中，反思現代新詩在語言資源層面上的界限。其次、論者通過考察方言入詩的節奏音韻試驗，對現代白話詩另外提供一個參照系，評析現代流動的活的語言對詩歌文體的支撐性，特別是音節理論；以及裁決包括方言詩在內的白話詩的歷史合法性。也就是說，與文言爲詩相比，廣義上的現代白話是否可以在詩歌轉型中完成自身的歷史使命。再次、通過對方言地理學與地域文化的考察，論者探討白話詩與地域母體文化的結合與互動情況，並站在這一平臺上，力求對曾經板結的一些結論產生質疑。換一角度，從選題意義來看，也主要出於以下考慮：本書將開創性地系統從「母語方言」角度衡量現代詩的語言創造，梳理其脈絡，清理其詩學思想，這一切應是有開創意義與學術價值的。以此爲中心，再一一旁及相關的問題，方言入詩展開的層面具有豐富性與多樣化的特徵，這有利於對現代詩發展道路作出清醒而理性的判斷，尤其是對於一些歧義疊出的普遍見解，如清末民初開始後，當時的新詩是否完全受外來影響啓發而發生質的嬗變，新詩反傳統立場的徹底性；現代詩歌的整個路子是否走錯等等。通過對這些現象與過程的細緻考察，多少會矯正一些俗常的習見。二是突破既有的新詩生成、發生理論觀念，在線性的歷史描述中增添研究對象本身所具有的豐富性與包容性；啓發與強化地域文化研究意識，另外對日常生活詩意化的審視也存在某種美學上的參考價值。

二

緊跟著本課題緣起的這一部分，論者將主要清理目前學術界相關的研究現狀，並試圖作出合乎實際的評估。前一部分論者曾指出方言入詩是現代詩研究的盲點，這一說法主要是針對研究與創作不對稱而言的，實際上也不可能全部一片空白。在論著中偶然涉及到方言入詩的，也還是一直斷續著存在的。

歷史地看，在整個新詩研究史上，對方言入詩的研究一般具有零星性、偶然性、附帶性等特點。下面逐一展開論述：言其零星性，主要是針對論述的規模、深度而言。現代新詩的研究與它的創作本來一直並行不悖，在兩者互動中推動著現代詩向前發展、演化。由於方言入詩一直處於被遮蔽狀態，標舉方言詩創作的思潮，僅僅處於潛流乃至末流位置，因此在時評性的單篇論文中，對此也零散地涉及到某些方面。通常的方式是在跟蹤式的詩人論或詩作評說等性質的論文中，在文章的相關段落中匆匆一筆帶過，如反對初期白話詩者對白話詩「土語」性質的界定，蘇雪林對劉半農《瓦釜集》《揚鞭集》中方言因素所作的評論，便是典型的例子。其次，對方言入詩的論述具有偶然性，主要指缺乏自覺意識與文體意識。縱觀相關資料，除了聞一多、徐志摩在《晨報副刊》標舉格律詩化、土白化期間，有饒孟侃《新詩話・土白入詩》〔註 15〕等若干篇專門而深入的論文之外，就只有 40 年代當沙鷗、野谷、老粗等人專心創作四川方言詩之際，在重慶《新華日報》、《時事新報》等當地報紙上展開過相關的爭論，出現過一些較爲自覺性的論文。〔註 16〕在 40 年代的華南方言文藝運動中，方言詩也是其中一個醒目的爭議對象。以延安爲中心的解放區，也是方言入詩的主陣地。除此之外則很少見到自覺而深入的論述文章。至於它的附帶性特徵，主要來自於對這一現象的概括，即在具體論述其他文學演變、思潮流派等情況時，往往對方言入詩附帶一筆加以論述。如胡適在爲《吳歌甲集》作序時，在強調民間歌謠時，順便對徐志摩《一條金色的光痕》做出肯定的評論；又如一些論者在提倡現代詩的歌謠化傾向時，在強調文學大眾化道路時，在附和政治意識形態時，一般對現代詩中的方言因素附帶積極性評述。這方面比較典型的是站在群眾語言高度對汲取民間語彙、句式、精神的大膽肯定，如對李季的《王貴與李香香》的時評，對《馬凡陀山歌》的討論。由於有一個時尙與態度問題，加之處於政治意識形態影響下，因此論述者在具體評述時，筆墨花得並不太多就輕輕滑離開去，沒有深入探討其中的是非得失。諸如此類的現象較爲瑣碎，這裡就不一一羅列了。〔註 17〕

〔註 15〕饒孟侃：《新詩話・土白入詩》，《晨報副刊・詩鐫》（第八號）1926 年 5 月 20 日。

〔註 16〕如葉逸民：《方言詩的創作問題》，《新華日報》1946 年 8 月 15 日第四版；邵子南：《沙鷗的詩》，《新華日報》1946 年 8 月 19 日第四版；沙鷗：《關於方言詩》，《新詩歌》第 2 號，1947 年 3 月 15 日；羅泅：《關於方言詩》，《藝風》月刊創刊號，1946 年，《再談方言詩——論方言詩的命題、方言、形式》，《時事新報・青光》1946 年 7 月 4 日、6 日第四版；雪蕾：《談談方言詩歌》，《時事新報・青光》1946 年 6 月 29 日、7 月 2 日第四版。

〔註 17〕因顧及到整個方言文學的歷史討論，這裏也列舉筆者所見到且較爲重要的若換一個時間段，即站在新時期以來的學術背景下宏觀考察，我們可以找出從語言角度立論的一些論著，雖然沒有具體落實到方言入詩這一話題上，但因語言本身的角度，多少有一些內在的聯繫。從專著來看，從現代漢語「話語」這個角度切入新詩歷史，切入現代詩理論和創作的研究，目前已陸續有學者在研究這一工作，如張桃洲的博士論文一部分《現代漢語的詩性空間——新詩話語研究》（北京大學出版社，2005 年版），向天淵的博士論文《現代漢語詩學話語（1917～1937）》（西南師大出版社，2002 年版）便是。前者主要以單篇的論文見長，其中涉及到新詩的語言、格律、語境、解詩學等內容，後者主要以詩學話語的存在樣態、生成理路爲研究對象，著重宏觀把握。但是這一類著作基本還籠統地框定在現代漢語語言身上，觸及方言的內容不多，細化得也不夠充分。除此之外，高玉在博士論文基礎上擴充出版的《現代漢語與中國現代文學》（中國社會科學出版社，2003 年版）、劉進才在博士後研究成果基礎上修訂出版的《語言運動與中國現代文學》（中華書局，2007 年版）是代表性著作。前者從語言學和語言哲學的角度來觀照現代漢語與中國現代文學的關係，提出了一些新的看法，如語言的「兩層面性」，現代漢語對現代文學的本質規定性，翻譯文學的「異化」與「歸化」作用，等等，富有啓發性，參考價值也頗突出；後者系統地把語言運動、現代文學與國文教學納入一個互動共生的文化整體，闡釋現代文學的語言動力機制，探討現代漢語書面語爲何以及如何建立的內在脈絡，創見較爲豐富。但兩書都是出於對現代漢語、現代文學的整體考慮，至於母語與現代詩歌方面的內容在其中沒有多少份量。

其次，就某位研究者零星單篇論文來看，也有一些立論公允、鮮明而又獨特之作，如朱曉進探討新詩語言形式的《從語言的角度談新詩的評價問題》（《文學評論》1992 年 3 期）一文，鄭敏從語言角度反思新詩歷史的系列文章如《世紀末的回顧：漢語語言變革與中國新詩創作》（《文學評論》1993 年 3 期），何

干代表性文獻：（1）伯韓：《方言的使用和研究》，《文化雜誌》2 卷 3 號，1942 年 4 月；（2）黃楚青：《論文學上的語言運用》，《文化雜誌》3 卷 2 號，1942 年 12 月；（3）茅盾：《雜談「方言文學」》，《群眾》周刊 2 卷 3 期，1948 年 1 月；（4）王了一：《漫談方言文學》，《觀察》5 卷 11 期，1948 年 11 月；（5）田仲濟：《關於方言文學》，《新中華》12 卷 15 期，1949 年；（6）華嘉：《論方言文藝》，人間書屋，1949 年版；（7）黃繩：《方言文藝運動幾個論點的回顧》，載《方言文學》第一輯，香港新民主出版社，1949 年版；（8）靜聞（鍾敬文）：《方言文學運動的新階段》，出處同（7）。

錫章、王中從方言與普通話寫作角度勾勒的《方言與中國現代文學初論》(《文學評論》2006 年 1 期）一文，劉進才從國語與方言關係論述方言運動的合理性及其限度的論文《從「文學的國語」到方言創作》(《文學評論》2006 年 4 期）等等。此外，新時期以來論述現代詩人語言特色抑或全局性的論文，也有從語言個性化如何體現、其口語化與現代語言之關係等角度加以論證的零星文字，因這方面的例證過於散佚，恕不詳舉。總而言之，論者們或者從語言角度立論，來研究新詩語言變革的得失及其對詩歌的影響；或者從方言文學角度來清理史實，都程度不一地涉及到相關層面的某些問題，但均因不是具體針對方言與新詩立論，一般沒有充分深入而又自成體系地展開論述。

針對目前研究的客觀情況，筆者認爲有以下幾點值得進一步思考。首先，在方法上，必須吸納當下學術界關於民國文學機制的最新成果，將中華民國文學作爲一個自足的整體加以考察，還原民國文學的歷史面貌與發展脈絡，還原民國文學的社會文化背景。其次，注重從語言內部去把握現代詩歌發展脈絡，加大對現代詩歌語言本體研究的力度，探討語言內部本身的豐富性與蕪雜性。現代詩作爲一門語言藝術，避免不了這種可能，即從語言還原的角度去審視它的活力與質地，恢復並呈現它作爲語言藝術的特質。再次，對研究對象似乎還應縮小範圍，研究者應通過細化與具體化來進行微觀層面的深入討論，而不是止步在一個宏闊的背景下來展開一些較爲空泛的論題。這一事實反過來看，以此來立論申說，從側面反映出研究者對母語與現代詩這一研究對象，還存在普遍把握不夠全面與深入的弊端。當然承上而來的問題也可能產生：如果客觀強調，又會產生什麼樣的結局，客觀還原，是否脈絡清晰？尤其在今天大陸大力提倡普通話的時代語境下，強調母語、方言與現代詩的關係，是否會與現存文化秩序及意識形態宣傳產生某種內在衝突而增添論述上的束縛。我想對於這樣的難題，研究界對它避而不談或談得很少，可以設想它除了內在原因之外，外部條件不夠成熟恐怕也是其中原因之一。

因此，儘管從方言入手來研究現代詩，切入現代新詩歷史，基本上處於空白、散亂狀態，而且這一點與現代詩歌史上方言入詩的現象、貢獻，以及各個歷史時期以此爲議題所進行的熱烈而持久的爭論很不相稱。但是，前人畢竟作出過有益的探討，這是不可忽視的原始材料，也是本論著言說的有力鋪墊。本書將以上述各方面研究所取得的成果作爲知識背景，從前人所忽視或論述不充分的地方入手，希望在一個比較寬闊的言說背景下，具體從母語或方言入詩這一切入口切入現代詩歌及其歷史，對民國文學初期起步的白話新詩的發生、發展模式與存在形態作出較爲客觀、具體的描述與分析，力求呈現被忽略過的現代詩內容與歷史形象。

三

上述言及的衹是選題緣起的交代、相關背景的梳理及其反思；下面再具體從對象的預設與分析、方法論的選取與評估等方面略作補充論述。

母語、方言與現代詩的歷史聯繫，是本書鎖定的研究對象，顧名思義，這項研究包括兩個主要支柱：一是母語、方言，一是中國現代詩，即從母語方言的角度來審視它「遭遇」中國現代詩的方式、途徑、原理，以及它背後所含納的文藝思潮、社會背景等外部因素；或者也可以說是站在中國現代詩一端，重審母語方言介入其語言系統之利弊，並將方言化放在現代詩語言的白話化走向上，去呈現不同的歷史細節。這是本書試圖解決主要問題的基本視點。

由於本課題研究對象的鎖定，因此論者的視線重點逡巡於「母語、方言」與「現代詩」這兩端之間。從「母語、方言」這一端來看，對這一概念內涵的辨析似乎很難界定。在一般的理解中，人們較爲熟悉的是大陸 1949 年以後普通話語境中的概念，〔註 18〕如果置於中華民國這一歷史語境下，我們就會發現對這一術語的闡釋，在不同歷史語境下差異甚大。其中最根本的是當時的民族「共同語」還處於虛擬狀態，學術界普遍對以北平話爲基礎來構建國語還頗有爭議。像普通話概念內涵的不斷添加一樣，方言的內涵與人們對它的理解，同時呈現出鮮明的時代差異性與變異性。〔註 19〕如果從還原民國歷

〔註 18〕「一種語言的地方變體。在語音、辭彙、語法上各有其特點，是語言分化的結果。如漢語的北方話、吳語、粵語、閩南話等。方言在部落語和部族語裏不斷產生和發展，在一定條件下還可能發展成爲獨立的語言。在民族語言裏，方言的作用逐漸縮小，隨著共同語影響的擴大而趨向消失。」見辭海編輯委員會編：《辭海》，上海：上海辭書出版社，1979 年版，第 3534 頁。

〔註 19〕譬如二十世紀二十年代當時的方言調查會對「方言」的界定爲「方言，是一國內各地方不同的語言，它的聲音可以用音標表現出來，它的意義，一部分可以借漢字表現出來。」此外，當方言調查會開成立會時，對於會的命名，原擬「方音」「方言」並列，後經審議刪掉「方音」，但仍有不少學者提議把「方言」改爲「方音」，以爲「方音」可以支配方言。因方音不同，足以使一個地方的語音避難就易而製成特別的方言。均見董作賓：《爲方言進一解》，《歌

史、重返歷史現場這一原則出發，完全站在今天的概念基礎與歷史語境上，我們對母語方言與中國現代詩關係的理解就會存在較大的偏差。基於此，筆者自覺並努力地站在現代語言學基礎上，從語言工具論轉換到語言本體論，並在這一本體論觀照下返回歷史現場、重審方言。〔註 20〕由此而來，我們發現方言也具有本體論性質，它不僅是工具，而且構成人的行爲本身；它既是思想本體，又是語言的首要規定性。人的思維過程即語言過程，人的世界即語言的世界，其中方言是語言之源，是存在之家。「方言詩」「成了一種獨特的文學形式」，「方言的運用表現出一種與詩中所寫、所想息息相關的思維方式。」〔註 21〕從方言作爲語言獨立系統本身來說，從技術層面分析也是語音、辭彙、語法三位一體。這三個方面構成本書選擇的三個小的切入點，如語音方面主要考察押方音韻、聲韻調配合情況與新詩音節等內容；辭彙方面主要是辨析地域性辭彙的構成、結構、形式、組合以及語彙與語義場、規範化與反規範化等方面的複雜情形；語法方面則集中於詞類的劃分、句法成分與結構的分析、以及句法與修辭的闡述等層面的內容。

另一方面，爲「中國現代詩」這一端起見，本書便把時間跨度大致限定在 1912 年至 1949 年這一時段。這一時段的預設與框定，還出於以下考慮：其一、「現代詩」中的「現代」概念，大致在晚清便開始出現，與目前大陸學界習見的現代文學之「現代」概念，有相當一部分的重疊。中國文學結束自己的古典機制，逐漸形成「民國文學機制」，走上現代化的過程，有兩個重要的理論據點，一是 1911 年的辛亥革命，一是 1917 年開始的五四新文化運動。辛亥革命以民族國家體制的基礎，爲民國文學的發展作了堅實的鋪墊。五四新文化運動，則是新的文化思想、結構與精神空間的開端。在這一意義上，它是一個符合朝代更替而又有歷史積澱意義的時間概念。不過，爲了此論題自身發展的歷史邏輯與演變淵源，也便於梳理詩歌某些舊質向新質的蛻變，同時考慮其歷史形象的完整性等原因，論述時在主要時間段裏前後均有延伸：1912 年之前延伸進晚清「詩界革命」，1949 年之後的觸角則延伸到大陸共和國成立以後提倡普通話寫作這一大的歷史語境中。其二、在這數十年現代白話詩發生、發展推進過程中，

謠》周刊 49 號，1924 年 4 月 6 日。

〔註 20〕參見高玉：《現代漢語與中國現代文學》中「緒論」部分，北京：中國社會科學出版社，2003 年版。

〔註 21〕〔美〕蘇珊・朗格：《情感與形式》，劉大基等譯，北京：中國社會科學出版社，1986 年版，第 251 頁。

現代新詩與方言的關係形成了自身的特徵。時代環境與意識形態等外部因素的牽制，方言入詩在語言維度上失去自我宰制後的反覆沈浮，以及方言入詩的合法性危機與認同焦慮等，都是重要的論題。

通過上面的簡要勾勒，母語方言與中國現代詩可簡略地概括爲對方言入詩的詩學面面觀諸問題。方言入詩有它現實上的必然性與理論上的可行性，在演化過程中具備了現實性、多樣性與個性化相雜糅的美學品格。通過「母語、方言」這一楔子打入中國現代新詩內部勾連起諸多方面，本課題的研究思路也由此一一顯露，即通過對不同時期方言入詩的方式、程度、原因、個案，它與詩人的目的、動機以及讀者、社會環境的接受和評價等諸多環節的綜合考察，來探討「方言入詩」在現代詩歌史上所佔據的位置。大致上說，具體的寫作可分爲以下二個部分，因二部分本身內容的差異與討論角度的不同，因此也相應納入上下兩編：

上篇按歷時性這一線性角度，把本課題本身所涉及的歷史時段範圍內的「方言入詩」截分爲三個小的時段，即分別是 1912～1925，1926～1937，1937～1949，對它本身的事實作出一個符合其客觀實際的歷史描述。關於時段的劃分，將在各個章節部分中加以詳細論證，這裡從簡：1912～1925 年這一時段不但誕生了白話新詩，而且還是白話詩成立的關鍵時期，白話新詩能這樣迅速地得以成立，晚清的詩界革命也是一個鋪墊。在此一階段，我傾向於交錯使用白話詩、新詩概念；過了這一時期，新詩之「新」僅僅以空殼形式存在，新詩概念便基本上退出了我的敘述視野，雖然在引錄文字中也還少量存在。1926～1937 年這一時段則是現代詩創格與各自發展的時期，相對於白話詩的發生與成立而言，它是拓展、延伸，是自然的生長，是轉軌與深入，現代詩本身也呈現出不同風格、路子相互輝映的整體格局。而 1937～1949 年時段的劃分，則強調抗日戰爭與解放戰爭這一語境對現代詩歌的深刻影響，這一階段奏響的主要是文藝服務戰爭這一主旋律，在生與死的戰爭考驗下，包括現代詩在內的文學自身的演變、綜合與深化也與此密切相關。顯然，這一人爲的劃分既以歷史史實爲據，也是考慮其中的主導因素。在劃分的三個小的歷史時段中，分別來探討不同時段的特色與面貌，一般的處理模式是先總後分，在總述部分清理現代詩歌發展的脈絡，突出方言在內的語言因素在不同時期的特徵、作用，以及它入詩的途徑、效果等相關內容。在分述部分則是以個案爲主，考慮到原始性資料的殘缺，在分述部分標舉有代表性的詩集或詩人，企圖以個案見長。值得說明的是，這些選取的個案倒不是隨意拈來的，它們一般具有材料豐富、影響顯著，以及具備完成或開端意義等特徵，同時向代表性地域方言稍爲傾斜，這樣力求展示各主要方言區語言與現代詩的聯繫。

下編的基礎是上編，如果說上編偏重於歷史性的線性描述以及方言入詩現象的話，那麼下編則不以時間邏輯爲重，討論重點也挪移到了對理論歸納與問題意識的解決上，呈現出論者出於宏觀性、結構性、整體性考慮所進行的思考。它涉及到的領域，主要有方言入詩的社會文化背景與文學語言背景，方言入詩的審美與社會效果，方言入詩與去方言化之間張力形成及其實質成因等相關內容，具體論題如文體優劣比較、歌謠語言影響，方言音韻意義與價值、方言化與去方言化之消長，以及文化認同焦慮與否，諸如此類，將是下篇各章討論的重點。

上　　編

第一章　白話入詩：從潛流到激流（1912～1925）

白話詩從發生到正統以立，大致在 1912 年至 1925 年這一歷史時段完成。正是這一時期，中國詩歌的正統主流最終完成了從古典形態向現代形態的歷史過渡與轉型，結果是舊體詩逐漸邊緣化，屈居末流地位，而白話詩迅速站穩腳跟後問鼎整個詩壇的正統之尊。由此，不論其後的局部退潮或各種詩學論爭如何交錯更疊，一切都無礙於這一歷史格局。

白話詩的先驅者們，繼承晚清詩壇「新學詩」、「新派詩」、「新體詩」等理論遺產，沿著晚清民初更朝換代的時代車輪，沿著新的白話文運動與思想革命的軌道，毫不遲疑地推進詩體大解放，否定格律與文言的絕對權威，以革命的話語及其方式，決絕地換來了古老詩國煥然一新的面貌。詩歌語言的白話化與白話為詩的正統化，是當時白話詩眞正開創屬於自己新紀元的關鍵環節。從歷史長時段來看，它經歷了從潛流到激流再到主流的過程；在這一過程中，白話詩逐步鞏固並擴大原有的領地，逐步形成自己異質性的傳統。白話詩人在新的主流中尋找包括語言方式在內的詩歌話語方式，塑造各自在詩歌史上的歷史形象。

第一節　方言入詩與中國新詩的發生

大凡以新詩史為標題性質的專著，討論到現代新詩的發生時，一般願意把筆墨引向徽語區出身的白話詩人胡適身上。追溯其中帶有源頭性質的典型事例，是 1918 年 1 月胡適最先在《新青年》雜誌發表四首白話詩，另外還有沈尹默、劉半農二人也一共發表了五首白話詩。與胡適相比，沈尹默後來既沒有白話詩集問世，又埋頭於舊體詩詞創作的老路之中；劉半農的作品則結集較晚，自我歷史形象的塑造也大爲遜色。而胡適本人從創作與理論兩個維度強勢延續了這一努力，既堅守了不斷創作白話詩的勁頭，自覺出版了民國詩歌史上第一本個人白話詩集《嘗試集》，更重要的還有被譽爲「差不多成爲詩的創作和批評金科玉律」〔註1〕的《談新詩》這樣高屋建瓴式的相關敘述。他在不少場合也重複描述過自己獨自嘗試白話詩的歷史情景。篳路藍縷之力、首開風氣之功，與其身份地位，顯然吻合無間。

出於對歷史源頭的還原，二十世紀八十年代以來研究現代新詩的一些學者，越過胡適的自述以及初期白話詩相應的起訖時限，把筆觸延伸到晚清「詩界革命」那兒，相應地延伸了新詩的歷史，擴大了新詩源頭的含混性質，也豐富了新詩歷史。晚清詩界革命陣營中梁啓超、夏曾祐、譚嗣同、黃遵憲、丘逢甲、康有爲、蔣智由，甚至南社詩人柳亞子、馬君武、高旭等一大批半新半舊的詩人與白話新詩的發生似乎都有某種內在的歷史聯繫。統一在籠統的「詩界革命」這一旗幟下，「新學詩」、「新派詩」、「新體詩」等概念及其實體與「新詩」緊密相連。〔註2〕歷史的糾結與事實的參差，帶來不少疑惑：到底怎樣看待這些富於歧義的歷史劃分與聯繫呢？從新學詩到初期白話新詩，一路途經新派詩、歌體詩、新詩體這些帶有異質性特徵的發展階段，其演變的價值究竟作何估計？儻若從語言角度來重審現代新詩的發生，帶有活語、口語性質的白話，如何包容方言，而方言又是怎樣在與舊詩決裂中發揮自己的力量，幫助白話詩從舊形式中「脫胎」出來呢？事實上，這些相關的疑問往往糾結成團，至今仍沒有完全論說清楚。

一

從歷史事實看來，胡適並不是「發明」新詩的第一人，〔註3〕但他在前人

〔註1〕朱自清：《中國新文學大系・詩集・導言》，上海：上海良友圖書印刷公司，1935年版，第2頁。

〔註2〕典型的如龔喜平：《新學詩・新派詩・歌體詩・白話詩——論中國新詩的發生與發展》，《西北師院學報》（哲社版）1988年3期；郭延禮：《「詩界革命」的起點、發展及其評價》，《文史哲》2000年2期。注明：凡本書中引用高校學報上的文獻，均指人文社科版或哲社版，不再加注。

〔註3〕參見陸耀東：《中國新詩史（1916～1949）》第一卷，武漢：長江文藝出版社，

基礎上作出了具有戰略意義的調整，把新詩的臍帶從「白話」處及時而又果斷地剪斷。另一方面，新詩從舊形式中「脫胎」而出，也是一個自然孕育、瓜熟蒂落的過程，帶有自然進化的意味。正是在這一意義上，語言變革的演化，在新詩的發生中起到了關鍵的催產作用。「一首詩中的時代特徵不應去詩人那兒尋找，而應去詩的語言中尋找。我相信，眞正的詩歌史是語言的變化史，詩歌正是從這種不斷變化的語言中產生的。而語言的變化是社會和文化的各種傾向產生的壓力造成的。」〔註 4〕這裡所引論述中的「一首詩」，應視爲具有劃時代轉型意義的詩歌時代的某一樣本，通過這一樣本可以把捉語言的深層次變革軌迹，由此而引發對複雜線索的梳理與歷史現場的考察，則是具有標誌性意義的。

對於我國詩歌文類的歷史演變，魯迅曾斷言「我以爲一切好詩，到唐已被做完」。〔註 5〕這句話對詩人們來說顯得相當現實而又殘酷，但值得反問的是唐朝詩人們做完的是什麼活？後人怎樣接著做來解決自身的「失業」問題？如果細究的話，我認爲魯迅所說的是包括語言、結構、情感、題材處於類型化的文言舊體詩歌體系中，講究感性、推重人倫、強調格律爲維度的一脈舊體詩已達到某種巔峰而已。它構成一種巨大的歷史壓力，一個直接的結果是逼著後續詩歌潮流開始了自我矯正與疏離母體的新航向，如宋人以文爲詩並以詞爲重，元以曲爲文學之正宗，明清聳起白話小說高峰並融詩入文。向前流動的現實生活必然出現新的題材、內容，更重要的是出現新的書寫模式，藝術手法也在長久調整後會經歷突變而出現轉捩點。面對歷史壓力形成的無形包袱，讓後來者越到後來越難以背負；另一方面求變求新的願望則越緊迫。如何「變」，「變」到哪裡去，依託什麼支撐點與基礎來變革並求得創新，這些問題則是詩壇後來者日常思考的重大問題。言及到此，便可納入到傳統這一框架下進行申說。

中國傳統文化的主體是詩歌，古典詩歌形成了什麼樣的傳統，回答這個問題便離不開對傳統本身的打量。與傳統有主流與支流等概念相對的是，根

2005 年版，第 9～10 頁。

〔註 4〕F·W·貝特森：《英詩和英語》，這裏引自〔美〕雷·韋勒克、奥·沃倫：《文學理論》，劉象愚等譯，北京：生活·讀書·新知三聯書店，1984 年版，第 186 頁。

〔註 5〕魯迅：《341220 致楊霽雲》，《魯迅全集》第 13 卷，北京：人民文學出版社，2005 年版，第 307 頁。

據西方人類學家的區分，文化傳統可以分爲大傳統與小傳統。〔註 6〕大傳統指的是上層知識份子的精英文化，其背景是國家想像共同體，他們憑藉並依附權力來予以貫徹實施，如我國封建王朝中對史書經籍的欽定，對科舉制度、綱常倫理的設置與限定。而小傳統是指民間，特別是窮鄉僻壤的廣大山村流行的活潑自然而又通俗易懂的草根文化，它依託於底層民眾數量上的極其龐大與生命本身的不竭活力，在統治階級與文人力量影響相對薄弱的邊緣地帶自由自在地生長，如歌謠、小調、傳說、故事等，便相應承載著底層群眾及其社會的倫理道德、生活信仰與審美情趣等內涵。大傳統與小傳統之間既有過渡地帶，兩者也互相滲透、糾結乃至部分重疊。從語言角度來看，大傳統有兩套並行不悖的語言，立文言爲宗，雅手而俗口；小傳統則只有一套語言，看不懂、聽不懂文言，以「俗口」爲源泉，活在口裏的語言就是廣泛意義上的方言白話，它低俗易懂、因地而易，與日常勞動、生活本身密切相關。再具體一點，就是各地土話方言這一地域性口頭語言作爲媒介在支撐著小傳統的傳承。

以這一視角來具體考察小傳統滲透並影響大傳統這一現象，古典詩詞中方言入詩便是一個極具歷史淵源的詩學現象。不但《詩經》之前只有方言性歌謠、民歌等民間藝術形式普遍存在，而且在歷朝歷代的文人化精英化詩詞曲一側，小傳統範疇內的韻文絡繹不絕。自《詩經》、《楚辭》列爲經書之列後，它本身攜帶的方言即經文人潤飾與儒家闡釋後變成經典，其中的方言性質沒有被抽空而是被經典化後有意遮蔽，方言入詩由大傳統轉入小傳統圈子運行後，代之而起的是文言作爲雅言這一傳統的強勢化與中心化。文言具有頑韌、強大的統一性與穩定性，掩蓋了它易於僵化而表現力不斷遞減的弱勢，也阻截小傳統向它滲透蔓延的趨勢，讓後者不斷後退回縮，向曠野山村開疆闢土，在底層民眾中生存繁衍下來。因此大而言之，中國詩歌的發展演變，既經過由詩而詞而曲，由四言而五言而七言的正統衍變（即胡適所說的詩體大解放），又經過了由詩而散文、戲曲、傳奇等文體演化。在這些衍變與演化中，小傳統無時不在發揮作用，相比於大傳統的文字記載，它只不過主要以口耳相傳的方式延續著，是承載生命的另類藝術形式。

〔註 6〕人類學家雷德斐（Robert Redfield）的觀點，本文引自余英時：《中國文化的大傳統與小傳統》，《內在超越之路》，北京：中國廣播電視出版社，1992 年版，第 192～193 頁。

與以文言為雅言的大傳統代代相承一樣，小傳統則通過方言口耳相傳從古流貫到今，籠統的「白話」這一語言形態，借助於方言又掩蓋了方言。胡適所著白話文學史追溯這一歷史，也衹是有限地勾勒了一部分。一路追蹤下來，問題也由此而來，在白話／文言、俗語／雅言、口頭語／書面語這樣二元對立的緊張中，帶有方言性質的白話抑或口頭語又如何融入文學這一陣營來證實一下自己的豐富存在呢？作為天然地貼上低級庸俗、下里巴人標簽的它又如何「雅」起來呢？對於前者，古典詩詞中的元白傳統部分地滿足了方言入詩這一願望；對於後者，則通過某種程度的以俗為雅、化俗為雅的方式得以實現。下面以楚辭為例，楚辭作者屈原生活在楚地，其作品大量吸收楚地方言，方言口語入詩典型的是帶「兮」字句式的廣泛運用。「兮」字相當於今天的「啊」字，屬於口語中的虛詞，它在楚辭中所起的作用大概為表情達意、調節語氣與節奏。據考證，「楚辭」中還處處可見明顯的方言語彙，典型的是有數十處之多。另外「楚辭」中摻雜著不少虛詞，如之、其、而、也、以、曰、雖、夫、惟、乎、焉、哉等，這些虛詞在散文中常見，在詩語中少有，但正是它們的大量出現，使得《楚辭》迥然不同於《詩經》，在兩者之間劃出了界線。正如有人所言：「楚詞是民間詩體的擴大。……春秋戰國以來的散文和所謂新體詩，其實都是白話。」〔註7〕再舉中國詩歌史上的大家為例，如豪放飄逸的詩仙李白，以格律嚴謹著稱的詩聖杜甫，被貶南方數地的蘇東坡……他們也善於在創作中吸收口語，以方言入詩來追蹤流動的現實生活。如李白《蜀道難》一詩中的四川方言色彩，杜甫「耶娘妻子走相送」、「牽衣頓足攔道哭」（《兵車行》）這樣帶方言性質的詩句……李白杜甫們或攜帶家鄉的方言，或在被貶的仕途中耳濡目染另外的土語，因此其詩詞中不乏各地方言成分。其原因之一，不外乎高度雅化的語詞長期沿襲使用，會日益陳腐不堪，不能表達新生事物層出不窮的當下生活；而民間的方言俗語，一則新鮮、物有所指，二則表現力強，是跟著生活本身流動的，它適當滲透在文言語彙陣列中，有助於啓動語言本身的活力，在俗與雅兩端中取得某種平衡。另外值得一提的是，中國詩史上還出現過王梵志、寒山、拾得這樣以白話詩創作為主的詩人。他們在唐時默默無聞，在宋朝詩人那裡得到了推崇，因為宋時的詩歌時尚，對俗字俚語入詩持積極態度。

〔註7〕郭沫若：《新詩的語言問題》，王錦厚編：《郭沫若佚文集》（上冊），成都：四川大學出版社，1988年版，第405頁。

二

儘管中國詩史上不缺少以上所簡要例舉論述的方言入詩之例，但必須承認它是大傳統偶爾借境小傳統的「出格」行爲，不但占的比重少，而且在歷朝詩話性質的論述中大多飽受非議。這一趨勢，隨著封建王朝的更替持續了幾千年，在統治模式上並沒有出現本質變化的背景下，大傳統依舊如《圍城》中方家那架自鳴鐘一樣運行著，衹是舊體詩日趨沒落已成爲一個不爭的事實。最後終於在大清王朝這樣一個王朝權勢淪落而不得不正視世界格局這一去中心化的歷史進程中，傳統內部原有的運行規則才得到了根本的逆轉。

不可否認詩界革命之所以能興起，一個最主要的原因是19世紀末國運的徹底衰落，在睜眼看世界時發現與外國各方面相比相差太遠。「自從與外人接觸，在物質生活方面，發現事事不如人，這種發現所予民族精神生活的負擔，實在太重了。」〔註8〕正是這種「百事不如人」的切身恥辱感，徹底改造了整個民族心理機制，也改變了大傳統與小傳統的照例運行軌道，雖然不是馬上徹底變得面目全非，但脫離既有軌迹進入眞正意義上的轉型場域，已是沒有選擇的歷史事實。關於這一過程，大致有以下具體階段。

詩界革命的起點較爲大致的說法是1895年的「新學詩」，在當時晚清的暮氣沈沈之際，是年秋冬，梁啓超、夏曾祐、譚嗣同經常在北京討論詩歌革新問題並在創作實踐中加以貫徹落實，其特點是梁啓超後來所概括的「蓋當時所謂新詩者，頗喜撏扯新名詞以自表異」，〔註9〕當時的新名詞就是指佛、孔、耶三教經典中的詞語，自然科學與社會政治領域等新概念與新術語，係「六經所無」之新名詞，因爲多爲外來語、西方典故的音譯，這批從書面上得來的外來新詞對國內讀者來說，走的是陌生化的偏鋒，但能指意義遠遠大於所指意義，艱澀難懂。不過在當時先進之士厭棄舊學、崇尚新學的大語境下，雖然衹是小圈子裏幾個人的嘗試，但這種姿態與取捨標準倒是耐人尋味的。仔細來看他們撏扯來的「新名詞」，其實基本上類屬於書面實詞系統，如譚嗣同《金陵聽說法詩》中「喀斯德」、「巴力門」等，其「新」體現在它既是古代漢語中不曾有過的，也是百姓日常語彙中不曾出現的，因此對整個以文言爲主的語言系統衝擊不

〔註8〕聞一多：《復古的空氣》，《聞一多全集》（三），北京：生活・讀書・新知三聯書店，1982年版，第457頁。

〔註9〕梁啓超：《飲冰室詩話》（舒蕪校點），北京：人民文學出版社，1998年版，第49頁。

大，掀起的相關意義其實並不明顯。直到中日甲午戰爭清庭失敗之後，黃遵憲積十數年遊歷異域所得的生存實感與體驗上，〔註10〕提出「新派詩」概念並承認自己所寫的是「新派詩」，〔註11〕一時作家隊伍大爲增加，其成員又大都是具有維新思想的愛國志士。「凡事名物名，切於今者，皆採取而假借之。其述事也，舉今日之官書會典、方言俗諺，以及古人未有之物，未闢之境，耳目所歷，皆筆而書之」。〔註12〕當時「耳目所歷」的主要是外國習俗、異邦風物、輪船電報，進化平等之類，特別是聲光電化等現代化進程中出現的新鮮事物，自然是古人聞所未聞之物。另外，不避「方言俗諺」則與他「我手寫我口」主張相符，也與當時社會接受進化論的理論相吻合，「蓋文學進化之軌道，必由古語之文學變而爲俗語之文學。中國先秦之文多用俗語，觀於楚辭、墨、莊，方言雜出，可爲證也。自宋而後，文學界一大革命即俗話文學之崛然特起。」〔註13〕「方言」、「俗語」一時風起，像常唱常新的客家方言山歌民謠一樣，進入黃遵憲們的視野之中，它們隨著時代而變遷，內容是新的，語言呈口語性質，是母語化的。

1899 年梁啓超在《夏威夷遊記》中正式提出「詩界革命」的口號，其關鍵是主張全面向西方學習、拋棄舊體詩。「今欲易之，不可不求之於歐洲。歐洲之意境語句，甚繁富而瑋異，得之可以凌轢千古，涵蓋一切。今尚未有其人也」。在梁啓超看來，求新思變的最好途徑自然是大力西化，「不可不備三長，第一要新意境，第二要新語句，而又須以古人之風格入之，然後成其爲詩。」〔註14〕這裡所指的「新語句」，又「新」在哪裡呢？雖然新語句地位不確，舊風格與新意境之矛盾在當時也難以解決，但它的出現具有進步意義，新語句的多寡倒在其次。方向是對的，祇是當時嘗試者膽量與勇氣還不夠大，對舊形式的積襲使得他們還不敢決絕大膽地予以脹破與棄絕。因此，包括日常語言在內的新語句還蜷曲在舊形式裏，日常語言入詩在數量上還很有限，

〔註10〕參見李怡：《日本生存實感與中國詩歌的近代變革》，《社會科學研究》2004 年 1 期。

〔註11〕黃遵憲於 1897 年在《酬曾重伯編修》其二中提出，係對自己創作的稱謂，見《人境廬詩草箋注》（錢仲聯箋注），上海：上海古籍出版社，1981 年版，第 762 頁。

〔註12〕黃遵憲：《人境廬詩草自序》，郭紹虞主編：《中國歷代文論選》（一卷本），上海：上海古籍出版社，2001 年新 1 版，第 395 頁。

〔註13〕包天笑：《小說畫報・短引》，《小說畫報》創刊號，1917 年 1 月。

〔註14〕梁啓超：《夏威夷遊記》，《梁啓超全集》（第二冊），北京：北京出版社，1999 年版，第 1219 頁。

對虛詞的汲納也不夠，僅靠增長篇幅等方法來委曲求全。這一侷限到了「歌體詩」階段，得到質的飛躍。梁啓超聽從黃遵憲的勸告，在《清議報》、《新民叢報》上開闢兩個專欄「詩文辭隨錄」、「詩界潮音集」，新詩變革進入大變動時期。具體特徵爲：一是繼續大量使用新名詞，包括當時社會已較通用的日常流行語彙，以及如自由、主權、文明、進化等抽象辭彙也流行開來；二是繼續強化雜言體長篇規模，講究散文化趨勢，在字數不等、長短不一中求新求變；三是在通俗化向度上大大跨越，或取道歌謠，或借助音樂，以通俗易懂爲上。當時的詩歌，大量注明「俚詞」、「俗調」，在標題上也以「歌」注明，這樣既加強敘事性，又注重現實性。黃遵憲在給梁啓超的信中曾這樣提議：「報（指《新小說》——筆者注）中有韻之文，自不可少。然吾以爲不必仿白香山之《新樂府》、尤西堂之《明史樂府》。當斟酌於彈詞粵謳之間，句或三、或九、或七、或五，或長短句，或壯如隴上陳安，或麗如河中莫愁，或濃至如焦仲卿妻，或古如成相篇，或俳如俳技辭。易樂府之名而曰雜歌謠，棄史籍而采近事」。〔註15〕黃氏所提倡的詩體改革，與胡適後來嘗試的方案相比已頗多相似之處，如形式介於彈詞與粵謳之間，篇幅不拘長短，句與句之間字數多少不等；內容上以反映「近事」爲主，這些主張均切中要害。隨這一理論而生的是他的《軍歌》、《幼稚園上學歌》，以及仿家鄉梅縣的客家山歌，都是一次對舊體詩全所未有的衝擊。與胡適的白話詩主張相比，在白話是否爲詩歌惟一工具論上，兩者仍有相當差距，這點也勿庸諱言。

三

晚清的詩界革命，始於甲午戰爭前後，一直持續到辛亥革命後，其隊伍除了資產階級維新派代表人物外，還包括由維新派而成爲革命派的南社詩人。「革命」所革掉的是舊體詩詞的舊題材、舊詞藻、舊句式、舊精神。這些所有的詩學思想積蓄全部集中在一起，幫助以方言爲基礎的白話爲詩，從潛流到激流，等待一次歷史的總爆發。正是在這一轉型的關鍵時候，接力棒最終傳遞到了胡適以及他的追隨者們手裏。

胡適是最早集中嘗試白話新詩的詩人，他創作白話詩的落腳點既在「白話」上又在「詩」上，不過不少新詩研究者普遍誤讀他的重點在於「白話」

〔註15〕黃遵憲：《致梁啓超函》，陳錚編：《黃遵憲全集》，北京：中華書局，2005年版，第432頁。

而忽略了「詩」。到胡適視野中，原先模糊不清的「新學詩」、「新派詩」、「新體詩」等與新詩緊密相連的一系列概念，一下子轉換到了「白話詩」這一概念上，由「新」到「白話」這一修飾語的轉變，帶來的影響是，一是目標內容具體化、清晰化；二是集中於「白話」，變革力度成倍擴張。雖然胡適經歷了兩個階段，即用白話創作舊體詩的階段和用白話創作新體詩的階段，但是他主要聚焦於「白話」的方向始終未改，這是根本中的根本。這樣既延續了詩界革命對詩歌語言的突圍，又向前大大地邁出實質性的一步。從梁啓超等人最初的新詞語開始，到黃遵憲的「雜謠體」，再到胡適的「白話體」，這是三個有質的飛躍的階段，其中最後一步跨度最大。

從語言角度與文化傳承來看，我認爲此時小傳統也悄然由潛流狀態而變爲激流，代替了一部分大傳統，二者的界限不再涇渭分明。在當時的死活之爭、文白之爭中，都最終落實到了白話身上。不但如此，而且還在提倡白話爲寫詩的工具基礎上，一鼓作氣地提出以白話爲惟一之利器，爲惟一之正宗一說。「總而言之，今後當以『白話詩』爲正體，其他古體之詩，詞、曲偶一爲之，固無不可，然不可以爲韻文正宗也」。〔註 16〕當時爭論最激烈的並不是白話寫詩可否，而是白話爲詩歌用語之正宗一說。與其說是白話入詩引起的導火線，不如說是以白話詩爲詩壇正宗論引起的導火線，其原因與玄機也繫於此。以前用白話寫詩，引白話入詩、入文，是多少帶有遊戲筆墨的旁門左道，自生自滅而引不起太多的關注，突然以此爲正體、正宗，而正宗天然具有唯一性與排它性，因此帶來的相應問題是文言的位置何在？文言詩詞的位置何在，並又何去何從？這不但讓固守文言爲正宗的守舊者感到極大的驚訝、沮喪，而且毫無顧慮地去文言詩詞的中心化，使得他們失去安身立命之本。〔註 17〕置身這一陣營之內，自然有人率先出來大舉反撲，典型的是守舊派代表林紓的觀點，他既堅持「從未聞盡棄古文行以白話者」、「即謂古文者白話之根柢，無古文安有白話」〔註 18〕的主張，更堅持認爲「以說文爲客，

〔註 16〕錢玄同：《致胡適》，錢玄同著，沈永寶編：《錢玄同五四時期言論集》，上海：東方出版中心，1998 年版，第 55 頁。

〔註 17〕在五四新文學發難時，先驅者並未全盤否定古典，並未斬斷與既往文學歷史的聯繫，他們所要決絕地斬斷的是與今日文壇的聯繫。參見劉納：《嬗變——辛亥革命時期至五四時期的中國文學》一書，北京：中國社會科學出版社，1998 年版，第 231 頁。又如黃遵憲以「我手寫我口，古豈能拘牽」的決絕姿態也主要是反感當時「俗儒好尊古」的傾向。

〔註 18〕林紓：《論古文白話之相消長》，鄭振鐸選編：《中國新文學大系·文學論爭集》，

以白話爲主，不可也。」〔註 19〕胡先驌也強調「詩家必不能盡用白話，徵諸中外皆然」。〔註 20〕這於情理上可以理解，於邏輯上也可以成立。從事實來看，在白話新詩發生、發展演變過程中，在二十世紀熱衷於文言詩詞創作的大有人在（包括創作大量新詩後又「改行」去創作舊體詩詞的詩人），〔註 21〕但失去正宗地位構成了 20 世紀舊體詩詞作者的最大悲劇。正統以立，其餘旁支自然從中心隱退，至於如何隱退，退到哪裡去，白話新詩還沒有來得及爲它們周密考慮。保守派林紓、嚴復、章炳麟等人，和學衡派代表胡先驌，吳宓、梅光迪等人後來還在押韻、平仄、限定字數等問題上存在分歧，這時可見大勢已去，只剩下技術層面的次中心問題，討論的價值低了不少。

在此基礎上，再來返觀「白話新詩」的「白話」本身，它其實是一種在活語爲基調下的地方性方言（關於這點，在第二節中還有論述）。這一點提倡白話文運動的風雲人物遮遮掩掩，如胡適後來在「國語的文學，文學的國語」等提倡中張揚方言文學之價值，其中透露出當時出於策略性考慮的原因。與他們相反的是，反對者則明確指出了這一點。僅以林紓爲例，他直截了當地認爲「若盡廢古書，行用土語爲文字，則都下引車賣漿之徒，所操之語，按之皆有文法，不類閩廣人爲無文法之啁啾，據此則凡京津之稗販，均可用爲教授矣。」〔註 22〕視「白話」爲「土語」是清醒的判斷，而由此推論出「可用爲教授」，則似乎不合邏輯。此外他還現身說法，以自己的母語方言爲閩語、亦願學中原之語言爲例來證明「白話」的複雜性與正宗身份的可疑性。林紓不但對白話的「土語」性質有清醒的認識，還在肯定古文爲白話的根柢後，從《紅樓夢》入手肯定北方白話口吻之犀利，試圖把渾融一團的白話分化、瓦解：「今使盡以白話道之，吾恐浙江安徽之白話，固不如直隸之佳也」。〔註 23〕林紓對不同地方的土語有目的地進行論述，雖然語焉不詳，

上海：上海良友圖書印刷公司，1935 年版，第 80、81 頁。

〔註 19〕林琴南：《附林琴南原書・致蔡鶴卿書》，胡適選編：《中國新文學大系・建設理論集》，上海：上海良友圖書印刷公司，1935 年版，第 173 頁。

〔註 20〕胡先驌：《中國文學改良論（上）》，鄭振鐸選編：《中國新文學大系・文學論爭集》，上海：上海良友圖書印刷公司，1935 年版，第 104 頁。

〔註 21〕參見陳友康：《二十世紀中國舊體詩詞的合法性和現代性》，《中國社會科學》2005 年 6 期。

〔註 22〕林琴南：《附林琴南原書・致蔡鶴卿書》，胡適選編：《中國新文學大系・建設理論集》，上海：上海良友圖書印刷公司，1935 年版，第 172 頁。

〔註 23〕林紓：《論古文白話之相消長》，鄭振鐸選編：《中國新文學大系・文學論爭集》，

但他說這番話的意思明顯影射蔡元培、錢玄同、劉半農等江浙吳語區人和胡適等徽語區人，諷刺他們提倡的白話帶有自身的吳語或徽語特色。意思是說，即使是提倡白話，也還輪不到他們的母語方言，其南方方言比曹雪芹所操的北方方言相比還相差很遠。不過，這一策略沒有奏效，但我認爲這一提法在今天來說，還可引發一些有趣的思考。除了歪打正著地證明北方方言以外的人對語言的方言根性有更多同情之瞭解外，還可以進一層聯想：新文化運動（以及歷史上類似的文化革新運動）不由北方方言區出生成長的人率先發難，大多由非北方方言的人首倡，這難道不是一個複雜而奇特的現象嗎？這一現象因本文論題所限，不能展開多說，但總的來說，其中母語優勢與反中心化意味是顯而易見的。來自其他非北方方言區的人，具有某種語言的先天敏感性，明顯感受到語言的豐瘠和母語「白話」的價値。林紓自己所說閩人願學中原語言，爲什麼從不想一想爲何要這樣做，閩語方言與北方方言，衹是地域大小之別，不可能有其餘本質差異。另外，林紓這種先天的語言奴性與等級觀念，在比較之下便可一覽無餘：如韓邦慶小說《海上花列傳》，通體皆操吳語，其理由是「曹雪芹撰《石頭記》皆操京語，我書安見不可操吳語。」〔註24〕劉半農也認爲不同方言不比香煙，鑒賞的人少，全不要緊，即是不能以通行範圍之大小來予以衡量。〔註25〕

對以方言爲基礎的白話來說，其特徵最突出的在於虛詞的大量介入，這一點比較胡適《嘗試集》第一編與第二編便可大致清晰看出來。通過無實際意義的虛詞的大量湧入，固定的五言七言眞正被徹底脹破了，舊體詩無法容納太多的虛詞湧入，本身以意象密集呈現爲特色的長處也被稀釋。另一方面，虛詞的湧入也帶來句式的複雜化與意義的凸現，這是人們較爲熟悉的歐化一說。說這是歐化，一般著眼於西方詩潮的影響，但我認爲也是立足於本土資源後產生的白話化，是數百年來白話化這一運動過程中，它本身所攜帶的基本功能。明清的白話小說，敘述清晰，句子語法成分也大體詳備，爲什麼沒

上海：上海良友圖書印刷公司，1935年版，第81頁。

〔註24〕據海上漱石生（孫玉聲）《退醒廬筆記》，這裏引自韓邦慶著、典耀整理《海上花列傳》中《〈海上花列傳〉作者作品資料》，北京：人民文學出版社，1982年版，第614頁。此外韓邦慶在例言中說：「蘇州土白，彈詞中所載多係俗字，便通行已久，人所共知，故仍用之，蓋演義小說不必沾沾於考據也。」見《海上花列傳·例言》，同上書，第1頁。

〔註25〕劉半農：《讀〈海上花列傳〉》，《半農雜文》，石家莊：河北教育出版社，1994年版，第245頁。

有說白話小說的語法是歐化的呢？初期白話新詩與其說是歐化的，還不如說部分來自本身的白話化。從詩歌史來看，虛詞的有無也是一個二律背反的過程，先秦兩漢時期的古詩，虛詞成分還有，但到南北朝時期沈約等人發現四聲、講究聲律後，虛詞逐漸退出來幾乎只剩下實詞系統充當一切，導致意象的密集化與物態化特徵；語序的省略與典故運用、詞語活用等因素的襲用，使得舊體詩總是在朦朧含蓄中隱匿著可咀嚼的詩意。到了詩界革命，特別是初期白話詩，虛詞再一次大面積復活，口語化、方言化趨勢進一步強化，使得新詩在意象世界與主體之間的時空關係明確化，呈示了主體的心理活動與思維過程，意義傳遞變得清晰明白。意脈與語序在貫通中流動，得力於虛詞虛字這一繫連的紐帶，這樣形成一個動態有序的網路，讀起來流利順口。胡適認爲新詩中第一首傑作是周作人的《小河》，言說根據也大半是此詩句子成分大體齊備，意義舒展自如，散文化傾向較爲明顯；又如胡適所舉自己一首詩《應該》的開頭一行，說其意思神情是舊體詩所達不出的，從表達上看確實是這樣，增添虛詞使某些詩行婉轉、曲折許多。〔註 26〕這一現象在反對者一方也是承認的。「於嘗試集中求詩歌律令。目無旁騖。筆不暫停。以致釀成今日的底他它嗎呢吧咧之文變。」〔註 27〕看來論者對「底他它嗎呢吧咧」的大量介入非常不滿。除這些外，最顯著的還有「了」，「了」字韻在當時不完全是當韻腳使用，而是一句話語氣、結束的標誌，胡適、康白情、汪靜之等人的詩中特別明顯，康白情、汪靜之詩中「了」字之多似乎不亞於胡適，儘管胡適的「了」字韻多得讓人飽受非議。〔註28〕

〔註26〕胡適：《談新詩——八年來一件大事》，《中國新文學大系・建設理論集》，上海：上海良友圖書印刷公司，1935 年版。不過這點也引起了後人質疑，認爲和「此情可待成追憶，只是當時已惘然」，「妻孥怪我在，驚定還拭淚」、「苔深不能掃，落葉秋風早」等相比，覺得古典詩在凝練、強度和層次複雜方面絕對不下於最好的白話詩。見鄭敏：《世紀末的回顧：漢語語言變革與中國新詩創作》，《文學評論》1993 年 3 期。

〔註27〕章士釗：《評新文化運動》，鄭振鐸選編：《新文學大系・文學論爭集》，上海：上海良友圖書印刷公司，1935 年版，第 197 頁。

〔註28〕如朱湘在《〈嘗試集〉》中不但認爲「了」字與另一字合成的組與另一組協韻時刺耳，而且次數多，可知作者藝術力薄弱。見蒲花塘、曉非編：《朱湘散文》（上集），北京：中國廣播電視出版社，1994 年版，第 184 頁。又如周策縱《論胡適的詩——論詩小箚之一》一文也認爲「他最大一個毛病或痼疾，就是用『了』字結句的停身韻太多了。」見唐德剛：《胡適雜憶》，桂林：廣西師範大學出版社，2005 年版，第 226 頁。

日常俗句入詩與生存實感的恢復，也是其中重要的現象。這裡所指的對象包括各種語言成分與生存現象，最具體的可通過「醜的字句」這一爭論現象來觀察。醜的字句曾在白話詩發生後不久在梁實秋、周作人等人之間產生過爭論，這裡不僅指此一事件，而是以它來解釋涵蓋白話入詩後一種必然的傾向。只要是以白話詩爲正宗，白話爲正宗，日益走向口語化，「醜的字句」之出現就不可避免。「醜的字句」因前面「醜的」這一限定語，似乎總給人產生貶義的印象，其實這樣理解暗含一種偏見，只有破除這一偏見後，因爲一切日常生活詩意化，所以我們便會發現天下所有之物，皆可入詩。更何況還能以醜爲美，化腐朽爲神奇。「『世界上的事物』都可以入詩，但其用法應該一任詩人之自由：我們不能規定什麼字句不准入詩，也不能規定什麼字句非用不可。」〔註 29〕在詩歌文類中習慣於人爲地劃出許多禁區，本身過程中存在的悖謬是顯而易見的。

四

方言入詩與中國新詩的發生密不可分，這既取決於白話本身的方言活力，也與當時整個白話文運動相關，像梁啓超「學晚漢魏晉，頗尙矜煉，至是自解放，務爲平易暢達，時雜以俚語韻語及外國語法，縱筆所至不檢束」、「其文條理清晰，筆端常帶情感」〔註 30〕的新文體寫作一樣，「雜以俚語」是其中逐漸發力的開始。詩歌語言由文言而白話，從黃遵憲「我手寫我口」的主張始，一路不斷通過流俗語、方言口語之類大量湧入詩歌，使新詩與白話的結合呈現出通俗化、口語化、方言化的趨勢。

另一方面，在語言回歸現實與生活中，由新學詩輸入新名詞，新派詩的不避流俗語，歌體詩的文白相雜，過渡到白話詩的完全「用白話來做詩」，既是詩歌語言由「死」而「活」的自身演變，也是相對於大眾而言，對文言凌空蹈虛不作爲的反動。白話爲常，才能帶來詩體的大解放與自由體形式的多樣化，這是一種必然。正如有論者認爲「白話詩的形式，在很大程度上是近代詩歌自身發展中衝突格律和白話化趨勢的必然結果，絕不僅僅是外來形式的借鑒。離開了中國詩歌的母體和近代思想解放與晚清白話文運動的內因，

〔註 29〕周作人：《醜的字句》，《晨報副刊》，1922 年 6 月 2 日。

〔註 30〕梁啓超：《清代學術概論》，《梁啓超全集》（第五冊），北京：北京出版社，1999 年版，第 3100 頁。

離開了新學詩以來二十年間新詩的探索與嘗度，白話詩能於『五四』『文學革命』中最先問世，便是不可想像的。」〔註31〕

總之，白話新詩的發生是一整套的複雜機制在發生作用，小的方面如新詩的刊載、出版、結集、傳播、閱讀等社會評價體系的塑造，〔註32〕大的方面如時代語境，如客觀因素的消長，等等。可以說白話新詩的發生，是在歷史的合力推動下最終得以完成，相比之下，詩歌語言的變革始終處於核心位置。由此觀之，從舊體詩詞源頭開始的方言入詩傳統，一直流經晚清的詩界革命，再到胡適等人力倡的以白話爲詩的惟一工具論，是小傳統滲透、影響乃至更疊部分大傳統的過程，也是小傳統從潛流到激流這一由隱到顯的過程，語言的方言化、口語化，是其中最具活力的因素，方言入詩導致、加速並實現了新詩的發生。

第二節　正統以立：「白話」與「新詩」

白話詩發生後，隨著「五四」新文化運動的順利推進，它悄然經歷了從發生到成立的飛躍過程，整個過程所消耗的時間並不太長。「白話」與「新詩」一旦聯姻，馬上落地生根並不斷拓展生長空間，不到數年白話詩便躍居到正統以立的地位。

從草創到奠基，正統以立的白話詩在「五四」新文學陣營裏，順利成爲它一個嶄新的文類，開始了自己發生、發展的歷史進程與自律運動。另一方面，把白話詩直稱爲「新詩」，而且沿用至今，不能不讓人感受它與古典詩歌決絕後自身命名的特殊性。〔註33〕儘管離不開「新」的招牌，但白話詩坦然以「新詩」的名義，曲折跨越了整個20世紀而進入到眼下新世紀時間跑道里，伴隨著中國社會現代化的進程，一直向前延伸。在這一歷史長河中，截取其

〔註31〕龔喜平：《新學詩·新派詩·歌體詩·白話詩——論中國新詩的發生與發展》，《西北師院學報》1988年3期。

〔註32〕如姜濤以早期的「新詩集」爲研究對象，通過考察「新詩集」的出版、接受、編撰及歷史評價等環節，重新審視「新詩的發生」這一歷史命題，見《「新詩集」與中國新詩的發生》，北京：北京大學出版社，2005年版。

〔註33〕作爲一種詩歌形態的命名，有學者曾論證過以「現代漢詩」來替換「新詩」，但仍未普遍擠掉「新詩」這一命名。參見王光明：《現代漢詩：「新詩」的再體認》，現代漢詩百年演變課題組編：《現代漢詩：反思與求索》，北京：作家出版社，1998年版，第16～36頁。

中從發生到正統以立的一小時段，我們是否可以洞察其成立的緣由與根據麼？是否可以追問，新詩一直未改的稱謂，究竟把它自己的成立也遮蓋了麼？在圍繞新詩所進行的近一個世紀的學術爭論中，不乏關於文言與白話、舊與新、傳統與現代之類的二元對舉，其根源似乎仍可在回溯到當初白話詩正統以立的判斷中得到辨認。

一

對白話新詩的未來趨勢缺少大膽的揣測，在什麼時限打上句號也不為人知；另外一端，對於它發生的源頭，也如上節所述，沒有統一的標準答案。但對於它何時有資格稱之為成立，應該有一個確切的說法了。從發生到成立，新詩到底消磨了多少時間，這一過程的長短有何意義，標誌性的事件該劃在何處？這一時段裏包括哪些詩人、詩派，整體上有什麼特徵？在回答問題之前，我認為它大致和「初期白話詩」階段相吻合，就「初期白話詩」而言，有論者歸納了三種主要的劃分：其中流行較廣的一種是，從 30 年代的朱自清、余冠英到 80 年代以後的陸耀東、駱寒超、徐榮街、邱文治、祝寬等人傾向於將新詩發展的第一個時期定為「五四前後」，即從胡適 1916 年的嘗試到 1921 年、1922 年左右。「如此看來，新月詩派出現以前的中國現代新詩似都可以稱作是『早期』、『初期』或『五四』時期」。〔註 34〕不過，對新月詩派本身來說，聞一多於 1925 年回國加入此詩派並開始一夥人認真試驗「創格」，轉軌的實際意義才體現出來，因此為穩妥計，在大致時限上後延到 1925 年左右，這樣也好具體對應具有實質性意義的「新月詩派之前」這一說法。正是這一時段，是白話詩正統以立的臨界點。

白話詩從發生到成立的大致劃分，最主要的目的有以下幾點。首先，在一個由文言為工具的舊體詩傳統異常深厚的泱泱詩國裏，白話詩的發生與成立，顯然有著不同尋常的象徵意義與現實價值。論述白話詩的發生，概括地說，它能從舊詩母體中脫胎而出，既借助於西學東漸、西詩中譯的時代潮流，更主要借助帶有方言性的白話這一群眾性、日常性工具的本質力量。像治近

〔註 34〕另外一種是少數研究者將新月詩派一併納入「五四時期」，是目前最寬泛的「五四」概念。第三種是將初期定位於「五四」以前，以 1916 年到 1919 的創作為主，並強調這第一階段在建設白話上的意義。參見李怡：《初期白話詩研究綜述》，《閱讀現代》，重慶：西南師範大學出版社，2002 年版，第 248～249 頁。

代文學的學者們追述晚清文學的意義一樣，我們也不得不回溯到晚清的「詩界革命」，因為「新詩」最初命名的由來，與 1895 年梁啓超等人討論「新學詩」一脈相承；從「新學詩」始，到後來黃遵憲等人提出的「新派詩」、「新體詩」等概念也是連成一線的。至於大多數新詩史從 1916 年胡適嘗試白話新詩說起，其原因也許是考慮到約定俗成的力量，肯定他提倡文學改良、獨自嘗試白話詩的價值；〔註 35〕另外，學術界對近代文學的遮蔽忽略，遲遲不能打通整個文學史敘述線索，也是一個最主要的原因。目前興起的以斷代史敘述為依據的民國文學概念，減少了具體時間上的分歧，雖然兩者之間仍存有矛盾，但確定胡適嘗試白話詩為新詩之主要源頭，再往前追溯，以 1912 年為起點也是補正一法，是最符合歷史事實的。以前現代文學史之類的著述重視五四新文化運動也好，還是目前還原到以民國文學相指稱也好，有一段過渡性的特殊時期是不可避免的，明確指出這一事實，主要目的是重審白話詩發生的複雜機制，以及由此而生發出來的問題：白話詩何以能這樣迅速而真正地達到正統以立的階段。

其次，「白話詩」概念本身凸現的「白話」比「新」更有內容，只有「白話」才是「新」的前提，才是「新」的實質所在。新詩在當時被稱之為白話詩，由「白話」來替換詩界革命開始的新詩的「新」，這一限定的變遷雖然很難言說清楚，但它特殊的意義異常顯眼。「白話」為什麼等質於「新」，「白話詩」本身「新」在哪裡？一路追問下去，我們也將明白，由於新詩稱謂的固定，說明「白話」仍在經受太過於漫長的時間的考驗，以至於時時出現一些質疑的聲音，如三十年代魯迅會見美國客人談話所作的判斷，他認為即便是當時最優秀的幾位現代詩人的作品也「沒有什麼可以稱道的，都屬於創新試驗之作。」「到目前為止，中國現代新詩並不成功。」〔註 36〕這樣的聲音顯然在二十世紀並不少見。

因此，討論白話詩由發生到成立，除了確定以上所述的大致限定於此兩端外，主要著眼點是忽略意義不大的細節，集中問題於其發生的淵源（如本章第一節所述），以及它成立的歷史條件。對於後者而言，其意義與價值似乎在學界原先按三個十年的劃分中被無意地淹沒了。

〔註 35〕新詩史著作的起始，也大致劃到 1916、1917、1918、1919 年這幾年，因特別普遍，恕不詳舉。

〔註 36〕斯諾整理，安危譯：《魯迅同斯諾談話整理稿》，《新文學史料》1987 年 3 期。

二

作爲正統的白話詩，由發生而成立，按照常態一般有一個循序漸進的自然過程，不可能一蹴而就，也不可能由某個人在什麼場合宣佈一下便算完事。其間既有當時歷史在場者的原始記錄，又有後來學者們的辨析界定；此外更重要的是，當時大量創作與理論的支撐，自己內部開始蛻變、否定、超越的迹象也是幫助作出這一理性推斷的根據。

1919 年 10 月，胡適在《談新詩》中描述：「文學革命的目的是要替中國創造一種『國語的文學』——活的文學。這兩年來的成績，國語的散文已過了辯論的時期，到了多數人實行的時期了。只有國語的韻文——所謂『新詩』——還脫不了許多人的懷疑。但是現在作新詩的人也就不少了。報紙上所載的，自北京到廣州，自上海到成都，多有新詩出現。」〔註 37〕到了 1922 年，他在《嘗試集》四版自序中宣稱「新詩的討論時期，漸漸的過去了。」〔註 38〕在首開風氣的胡適眼裏，白話詩與新詩的概念是可以隨意互換的，從洗清「懷疑」的陰影，到它在全國各地普及，時間也就那麼短短幾年。與胡適謹愼、按而不斷形成對比的是，當時較有代表性的新詩編選者有一段耐人尋味的話，不妨也摘引幾句如下：「最初自誓要作白話詩的是胡適，在一九一六年，當時還不成什麼體裁。第一首散文詩而具備新詩的美德的是沈尹默的《月夜》，在一九一七年。繼而周作人隨劉復作散文詩之後作《小河》，新詩乃正式成立。最初登載新詩的雜誌是《新青年》。《新潮》、《每周評論》繼之。及到『五四運動』以後，新詩便風行於海內外的報章雜誌了」。〔註 39〕值得分析的是周作人的《小河》，在胡適的《談新詩》裏衹是視爲新詩中的第一首傑作，到了這裡便成了「新詩乃正式成立」的標誌，顯然結論還來得比較匆促草率，帶有自言自語性質。比較確切的說法還有朱自清，他認爲 1919 年至 1923 年這四年是新詩「最興旺的日子」，至 1927 止所有的新詩集「十之七八是這時期內出版的」。〔註 40〕詩集出版的概述並不十分準確，但

〔註 37〕胡適：《談新詩》，胡適選編：《中國新文學大系·建設理論集》，上海：上海良友圖書印刷公司，1935 年版，第 294～295 頁。

〔註 38〕胡適：《〈嘗試集〉四版自序》，《嘗試集》，北京：人民文學出版社，1984 年版，第 5 頁。

〔註 39〕《一九一九年詩壇略記》，《新詩年選（一九一九年）》，亞東圖書館，1922 年版。

〔註 40〕朱自清：《新詩》，朱喬森編：《朱自清全集》第 4 卷，南京：江蘇教育出版社，

揭示了高潮的來臨與消失，白話詩已開始了矯正、自審的新征程。這種新的出發，意味著對前一基礎的肯定，它是白話詩自身基礎上的再出發。

從藝術自身規律來看，正統以立的標準還並不是某人說了就算數那麼簡單，它一般有一個自律的自然過程，從發生到站穩腳跟，再到內部否定聲音的出現與新道路的開闢，應有一個正反更疊交錯的時空來容納，正是這一時空裏，各種詩潮、流派得以展開，不同風格與個性的詩人、團體也陸續登場，在不斷流變中充分生長起來。更重要的是以後的改革在此基礎上出入，而不能逾越它又從頭再來，這才是眞正成立的標誌。

從語言角度立論來看，眾所周知，胡適白話詩創作所操的白話，基本上是一種不帶文言詞語、採用了當時北京一帶的藍青官話（也就是今天意義上的北方方言），具有明白易懂、流暢洗煉等特點，它摒棄了口語狀態中的瑣細囉嗦的弊病，進行過某種初步的篩選，但還是比較貼近原生態的白話，雖然詩化處理得不夠細膩豐富。受胡適白話詩影響的同時代白話詩人，也差不多有類似的特點，這一點也構成了白話詩內部不斷有人質疑的起點。此外，它與下一階段的銜接也提供了某種佐證，從發生、成立到二律背反的聯結點，則是新月同仁嘗試格律詩時期，是李金髮式的象徵主義大量調用文言資源時期，語言上也由「白話化」轉變到白話的分化。當時概念下的白話已公然成爲國語，分化後的白話，漸漸談得較多的是各種土白入詩的嘗試，各種外來語與古典辭彙入詩的實踐。在這一轉變過程中，典型的有聞一多曾樂觀地宣稱：「余之所謂形式者，form 也，而形式之最要部分爲音節。《詩刊》同人之音節已漸上正軌，實獨異於凡子，此不可諱言也。余預料《詩刊》之刊行已爲新詩闢一第二紀元，其重要當與《新青年》、《新潮》並視」。〔註41〕母舌生疏的李金髮一方面以句法歐化、句中夾雜文言語詞和外文帶來異國情調，引領大批仿傚者，一方面也宣稱「余每怪異何以數年來關於中國古代詩人之作品，既無人過問，一意向外采輯，一唱百和，以爲文學革命後，他們是荒唐極了的，但無人著實批評過，其實東西作家隨處有同一之思想，氣息，眼光和取材，稍爲留意，便不敢否認，余於他們的根本處，都不敢有所輕重，唯每欲把兩家所有，試爲溝通，或即調和之意。」〔註42〕

1996 年版，第 208 頁。

〔註41〕聞一多：1926 年 4 月 15 日《致梁實秋、熊佛西》一信，《聞一多書信選集》，北京：人民文學出版社，1986 年版，第 208 頁。

〔註42〕李金髮：《〈食客與凶年〉自跋》，《食客與凶年》，北新書局 1927 年版。

遠的回響則如梁宗岱在三十年代評論新詩的一段話可資佐證，「如果我們平心靜氣地回顧與反省，如果我們不爲『新詩』兩字的表面意義所迷惑，我們將發現現在詩壇一般作品——以及這些作品所代表的理論（意識的或非意識的）所隱含的趨勢——不獨和初期作品底主張分道揚鑣，簡直剛剛背道而馳：我們的新詩，在這短短的期間，已經和傳說中的流螢般認不出它腐草底前身了。」〔註43〕這裡聞一多所謂的「第二紀元」，李金髮的「調和」，梁宗岱所言的「背道而馳」，是在不斷後延的時間坐標軸上所出現的標簽，或隱形對應著「第一紀元」這一概念判斷，或在整體風格上與初期白話詩大異其趣。不但在理論上如此，在創作上聞一多引領的新格律詩群體、李金髮領頭的早期象徵主義群體，都是有堅實的創作隊伍與作品作爲基礎的。這一種新的流變意味著新的詩質與詩形，它脫穎而出後能夠宣告一個新階段的蒞臨。

這一時期不同風格與特色的詩人群體與白話詩作，也是不可忽略的主要原因。下面從作品與理論二個層面分別論述：從作品來看，這一時期取得了較爲豐碩的成果。以發表白話詩的刊物而言，在1919年除了最先大量發表胡適、劉半農、陳獨秀、魯迅、俞平伯、康白情等人新詩的《新青年》外，還有《星期日》、《覺悟》、《少年中國》等十幾家雜誌和報紙副刊，到1921年全國各報刊都普遍刊載白話新詩；另外出現了專門的新詩刊物：如《詩》（葉聖陶、劉延陵等人編輯，1922年到1923）、《詩學半月刊》（京報副刊之一，黃紹谷等人編輯，1923年到1924年）、《詩壇》（1923創辦）等。從當時的詩歌隊伍與流派而言，不但有《新青年》詩人群、少年中國學會詩人群、文學研究會詩人群、創造社詩人群、湖畔詩社詩人群、小詩運動詩人群等詩人隊伍，而且有現實主義、浪漫主義詩派與象徵主義三股詩潮的互補競爭；各種白話詩體裁如自由詩體、民歌體、小詩、散文詩、詩劇等也大體齊備。從當時出版的詩集來看，已有《嘗試集》、《女神》、《湖畔》等個人集或合集四五十種。另一方面，從白話詩理論來看，也可從以下二層來展開，一層是建設性質的詩學論文，既有《談新詩》（胡適）、《我之文學改良觀》（劉半農）、《白話詩的三大條件》（俞平伯），《新詩底我見》（康白情）、《論小詩》（周作人）等單篇論文，也有《三葉集》（郭沫若等）一類的專集。還有一層是陸續出現帶有破壞現存白話詩並開始按個體或團體的詩學設想來重建性質

〔註43〕梁宗岱：《新詩底十字路口》，李振聲編：《梁宗岱批評文集》，珠海：珠海出版社，1998年版，第126頁。

的專文，如《冬夜草兒評論》（聞一多、梁實秋，1922 年）、《詩之防禦戰》（成仿吾，1923 年）……這些文章，主要著眼點在於對胡適開創的白話詩表示不滿與反動，是站在當時白話詩基礎上的理論反省。卞之琳在談到戴望舒創製「中西交融」的模式時曾說，「在白話新體詩獲得了一個鞏固的立足點以後，它是無所顧慮的有意接通我國詩的長期傳統，來利用年深月久、經過不斷體裁變化而傳下來的藝術遺產。」對比二十年代而言，這是「傾向於把側重西方詩風的吸收倒過來為側重舊詩風的繼承。這卻並不是回到郭沫若以前的草創時代」。〔註 44〕白話詩的「鞏固的立足點」，事實上在這一階段也非常牢固地形成了，一切開端與後來的變異也由此出發，「白話」與「新詩」開始了新的聯結。

由此可見，白話新詩由發生而成立，基本上在這一時期內順利完成，白話詩在新文學上的正統地位也得以確立，它既有力地體現出初期白話詩人的歷史功績，也給後來者創造出一個寬闊的生長空間，從而揭開了民國詩歌史前所未有的一頁。

三

初期白話新詩與古典詩歌根本的區別，帶有標誌意義的是它的語言工具，它經歷了一個突破文言、刷新工具到逐漸解放詩體的過程。問題的關鍵是，白話到底與文言有何本質不同，初期白話詩試驗中的白話長的是一副什麼樣的面孔？為什麼它與古代的白話也有實質性的區別，其區別又體現在哪些層面上？這些看似簡單的問題，可能求得共識也並不容易。

胡適認為文言是死文字，而「白話是活文字」，「活文字者，日用語言之文字」。〔註 45〕他後來還對白話作了更全面的思考，釋白話之義，約有三端：

（一）白話的「白」，是戲臺上「說白」的白，是俗語「土白」的白。故白話即是俗話。

（二）白話的「白」，是「清白」的白，是「明白」的白。白話但須要「明白如話」，不妨夾幾個文言的字眼。

〔註 44〕卞之琳：《〈戴望舒詩集〉序》，《人與詩：憶舊說新》，北京：生活．讀書．新知三聯書店，1984 年版，第 63～64 頁。

〔註 45〕分別見胡適：《四十自述．逼上梁山》，《中國新文學大系．建設理論集》，上海：上海良友圖書印刷公司，1935 年版，第 6 頁；《〈嘗試集〉自序》，《嘗試集》，北京：人民文學出版社，1984 年版，第 137 頁。

（三）白話的「白」，是「黑白」的白。白話便是乾乾淨淨沒有堆砌塗飾的話，也不妨夾入幾個明白易曉的文言字眼。〔註46〕

照此理解，胡適心目中的白話是近於說話，近於口語之類的語言。順此思路，他認爲「有什麼話，說什麼話；話怎麼說，就怎麼說。這樣方才可以有眞正的白話詩。」〔註47〕這一白話基本上等同於口語、等同於母語了。胡適的同時代人朱自清在讀了用「活的北平土話寫的小說後，思考什麼叫做白話時認爲「是活在人人嘴上的？這種話現在雖已有人試記下來，可是不能通行；而且將來也不準能通行。……它比文言近於現在中國大部分人的口語，可是並非眞正的口語。換句話說，這是不大活的」，「用活的方言作文還只有幾個人試驗，沒有成爲風氣；但成績都還不壞」。〔註48〕「新詩的白話跟白話文的白話一樣，並不全合於口語，而且多少趨向歐化或現代化。本來文字也不能全合於口語，……有些詩純用口語，可以得著活潑親切的效果；徐志摩先生的無韻體就能做到這地步。」〔註49〕比較之下這些說法仍說得含糊其辭，都是類比概念上的，有時甚至參差錯落，殘存某種悖論意味。

落實到最具體的層面，是否可以認定白話就是某種流行最廣的方言，當時與之相稱的應是流行地域最大的北方方言。但當時基本沒有人這樣直截了當，後來胡適在另外的場合，發表相關文章挑明了這一內在邏輯與關係，其原因是囿於當時提倡白話詩的壓力，不好直說且爲規避提倡方言文學之嫌罷了。「民國九年十年（1920～1921），白話公然叫做國語了。」〔註50〕一旦白話文運動迅速進展到提倡國語、建設國語時期，胡適論調鮮明具體多了：「凡是國語的發生，必是先有了一種方言比較的通行，比較的產生了最多的活文學，可以採用作國語的中堅分子；這個中堅分子的方言，逐漸推行出去，隨時吸收各地方言的特別貢獻，同時便逐漸變換各地的土話：這便是國語的成

〔註46〕胡適：《答錢玄同》（1917年11月），胡適著、季羨林主編：《胡適全集》（第23卷），合肥：安徽教育出版社，2003年版，第156頁。

〔註47〕胡適：《嘗試集・自序》，《嘗試集》，北京：人民文學出版社，1984年版，第149頁。

〔註48〕朱自清：《論白話——讀〈南北極〉與〈小彼得〉的感想》，《朱自清全集》（第一卷），南京：江蘇教育出版社，1996年版，第267～272頁。

〔註49〕朱自清：《詩的形式》，《新詩雜話》，北京：生活・讀書・新知三聯書店，1984年版，第105頁。

〔註50〕胡適：《五十年來中國之文學》，姜義華主編、沈寂編：《胡適學術文集・新文學運動》，北京：中華書局，1993年版，第158頁。

立。」〔註51〕所以國語必須是一種具有雙重資格的方言：第一須流行最廣，第二已產生了有價值的文學。這些條件既是一種資格，也有某種現實針對性。當時的北方方言區所轄地區，遍佈大半個中國，從黑吉遼東三省到雲貴川等西南地區、從長城塞外到長江流域一線，通行著一種大同小異的北方話（又稱官話或普通話，後來在方言性質的書籍裏把它又細分爲四大區域，但區域之間還是大體相同）。與此類似的論述還很多，其中最集中、具體的論述莫過於胡適在《吳歌甲集·序》〔註52〕中的闡釋。在胡適看來，所謂活文學、活白話，便是民眾嘴裏活著的方言而已，不過這一方言，因在文學上有歷史積澱，在地域上又有絕對優勢，其方言的侷限性倒遮掩得嚴嚴實實，在一個不斷去邊緣化的慣性運動中，位居中心位置的優勢改變了它的身份與資歷。

綜觀初期白話詩中的語言因素，主要取向是用活的白話寫詩，反對文言入詩，儘管有些文言辭彙還程度不一地殘存在白話詩中；其次是反對用舊體詩格律，不限字數，用自由詩體，儘量模倣聲口，以自然的音節見長。在白話裏，除久居京津之地而運用京白土語外，也摻雜著非北方方言的方言成分，如上海、杭州等地詩人的吳語特色。另外、也出現帶有仿作性質的方言詩先聲，如劉半農的《江陰船歌》，俞平伯仿作吳歌《吳聲戀歌十解》等，但因出版較晚，或數量極少，實際影響並不大（劉半農的嘗試，將在第二章中專門論述，這裡僅提及一下）。總之，白話詩的「白話」，是以北方方言爲主導的優勢地域方言，是活的流動的北方話。

另一方面，自俞平伯斷言「中國現行白話，不是作詩的絕對適宜的工具」〔註53〕後，便不斷有人感覺到了當時白話語言樣態的缺陷，試圖引起人的注

〔註51〕胡適：《〈國語講習所同學錄〉序》，姜義華主編、沈寂編：《胡適學術文集·語言文字研究》，北京：中華書局，1993年版，第302～303頁。

〔註52〕胡適：《〈吳歌甲集〉序》，姜義華主編、沈寂編：《胡適學術文集·新文學運動》，北京：中華書局，1993年版，第497～500頁。擇其要點而言，有以下數端：一是自己以前在《答覺僧君》所說的「將來國語文學興起之後，盡可以有『方言的文學』。方言的文學越多，國語的文學越有取材的資料，越有濃富的內容和活潑的生命。……國語的文學造成之後，有了標準，不但不怕方言的文學與他爭長，並且還要倚靠各地方言供給他的新材料，新血脈。」這一番話是當時「不願驚駭一班提倡國語文學的人，而很小心地加上幾句限制的話。到1925年便放開說了。二是老實承認國語不過是最優勝的一種方言，國語的文學從方言的文學中生長出來。三是從文學的廣義出發，則更加倚靠方言了。

〔註53〕俞平伯：《社會上對於新詩的各種心理觀》，楊匡漢、劉福春編：《中國現代詩

意而加以改進，如梁實秋後來追認「新詩運動最早的幾年，大家注意的是『白話』，不是『詩』」。〔註54〕如果要完全勝任文學表現的工具「非經過一番探險，洗煉，補充和改善不可」。〔註55〕這些說法後來廣為流傳，主要是出於對大白話和散文化的反撥，參照的標準是古典詩的精煉、朦朧、含蓄，重暗示而忌說明，言有盡而意無窮等審美特性。

值得反問的是，是否必須以古體詩作為必然的參照？如果最大限度地提煉白話，能否達到這一指標？白話詩有沒有自身的朦朧含蓄與余香回味？諸如此類的問題倒是忽略過去，不過，如何在「白話」上下足功夫，杜絕半文半白、不文不白等情況的出現，作為一個理想目標在日後提得更加響亮了，同時既兼顧白話，又兼顧到「詩」，具體把新詩的「新」在語言上定出某種規定。於是在「白話」與「詩」兩者之間，形成一個鐘擺，幾乎左右了人們的視線。從傅斯年主張「留心說話，直用西洋詞法」，〔註56〕到廢名宣稱小詩時期「寫新詩乃眞有一個『詩』的空氣，無論是寫得怎樣駁雜，其詩的空氣之濃厚乃是毫無疑義的了。其寫得駁雜，正因其詩的空氣之濃厚。這是新詩發展上很好的現象，好像新詩將要成為『詩』應該有這一段經過」；〔註57〕從穆木天斷言「中國的新詩運動，我以為胡適是最大的罪人」，〔註58〕再到上個世紀九十年代著名詩人鄭敏提出「世紀末的回顧」時，指責胡適們「立意要自絕於古典文學，從語言到內容都是否定繼承，竭力使創作界遺忘和背離古典詩詞」。〔註59〕這些代表性的見解，也是在鐘擺面前執於一端的理解。但事實證明，白話已是正統以立的白話詩惟一的工具，最大的讓步也只能在這一基礎上稍作彌補而已。當時的情況大致有以下數端，一是對文言詞語的適當調用，像郭沫若《女神》、俞平伯的《冬夜》等詩集中，文言語彙還是較為普遍。

論》（上冊），廣州：花城出版社，1985年版，第21頁。

〔註54〕梁實秋：《新詩的格調及其他》，《詩刊》創刊號，1931年1月。

〔註55〕梁宗岱：《文壇往哪裏去——「用什麼話」問題》，李振聲編：《梁宗岱批評文集》，珠海：珠海出版社，1998年版，第46頁。

〔註56〕傅斯年：《怎樣做白話文》，胡適選編：《中國新文學大系·建設理論集》，上海：上海良友圖書印刷公司，1935年版，第217頁。

〔註57〕廢名：《〈冰心詩集〉》，《新詩十二講：廢名的老北大講義》，瀋陽：遼寧教育出版社，2006年版，第128頁。

〔註58〕穆木天：《譚詩——寄沫若的一封信》，《創造月刊》一卷一期，1926年3月。

〔註59〕鄭敏：《世紀末的回顧：漢語語言變革與中國新詩創作》，《文學評論》1993年3期。

舊詞曲所用的語彙也不全是死文字，當初出於標舉白話而劃的圈子太大，到後來自覺縮小了，「詞曲的音節在新詩的國境裏並不全體是違禁物，不過要經過一番查驗揀擇罷了。」〔註 60〕二是對除北方方言區外的各地方言中富有表達力的方言語彙與句式適當調用，如湖畔詩人作品中夾雜的吳語成分，劉半農發表於報刊山歌中的江陰方言特色，成仿吾詩作中偶然可見的湘語成分，胡適詩作中個別的徽語特徵，以及難以分辨而豐富駁雜的語氣虛詞。三是注重對白話的洗煉、提純。對白話的清選，是一個當時的自律過程，胡適最先提倡白話詩，主要從死文字與活文字的概念與爭論出發，一手打倒死文字與死文學，哪知道活文字與活言語也並不是天生就是鮮活無比的，「活」的程度不一導致具體「活」法不同，非經一個去蕪存精的過程不可，這樣各白話內部太過於土俗的語言成分得到了初步過濾。

值得補充的是，白話詩當時主要還搭上了「思想革命」這一趟快車，一路勢如破竹，死活截然兩途。由白話而國語，由旁系而正宗，在這個過程中，活文學不斷地增添活力，死文學則更朽更死，死文字與文學中的一些「文言」，即使附帶性地被啟動，但納入白話這種活語中以後，其性質也發生了根本變化，處於某種附庸地位，成爲有益的補充。

結　語

總而言之，像現代漢語的確立也是現代文化包括現代文學的確立一樣，〔註 61〕在這一語境下，白話的確立與合法化，也是新詩正統以立的根本。在這一過程中，積蓄太久的白話能量得到了全面的釋放，白話詩從發生到成立，以迅雷不及掩耳之勢，橫掃詩壇以文言爲惟一詩歌用語風習之迂腐與時人對骸骨之迷戀，以此發端，整個詩歌創作在此平臺上集結、出發，這不能不說是白話對詩的最大貢獻。

在此之後，白話詩經過一個緩衝期後，又一環扣一環地開始了它的自律運動，在這符合事物客觀規律的運動中，白話本身的更新也將不可逆轉地展開。

〔註 60〕聞一多：《聞一多詩全編》（藍棣之編），杭州：浙江文藝出版社，1995 年版，第 362 頁。

〔註 61〕參見高玉：《現代漢語與中國現代文學》，北京：中國社會科學出版社，2003 年版。

第三節　打油詩、白話詩與「胡適之體」

民國詩歌史源頭上的白話詩與胡適有不解之緣，不管是旁人的附和追認還是他本人的夫子自道。時隔近二十年，朱自清編選中國新文學大系詩集卷時，在導言中劈頭幾句便是：「胡適之氏是第一個『嘗試』新詩的人，起手是民國五年七月。新詩第一次出現在《新青年》四卷一號上，作者三人，胡氏之外，有沈尹默、劉半農二氏；詩九首，胡氏作四首，第一首便是他的《鴿子》。這時是七年正月。他的《嘗試集》，我們第一部新詩集，出版是在九年三月。」在朱自清看來，晚清的詩界革命，對民七的新詩運動衹是「在觀念上，不在方法上」〔註 62〕給予很大的影響。朱自清的上述話語到後來頗有歷史結論的意味，一般文學史描述也大多由此而輾轉闡釋、生發。

而朱自清說胡適是第一個嘗試新詩的人以及諸多觀念判斷，其根據則主要出自胡適本人《嘗試集》初版自序和胡適後來在新文學運動中的不二影響。胡適在 1920 年《嘗試集》初版自序中曾不無自豪地說：「我的《嘗試集》起於民國 5 年 7 月，到民國 6 年 9 月我到北京時，已成一小冊子了。這一年之中，白話詩的試驗室裏只有我一人。」隨後他又帶動了一批新文化運動的先驅人物進行嘗試，如當時嘗試做白話新詩的沈尹默、劉半農、俞平伯以及周作人、康白情等人便是，這一集體的力量促成了初期白話詩的成立。這一點在胡適日後的相關論著中也有具體的交代。

然而，我們除了從他日後較爲完整的敘述中可梳理其脈絡外，這一歷史細節還保存在他後來遲遲公開的留學日記及相關私人信件中。白話詩整個在母體中受孕、妊娠、生長的過程，都記載在案。而且當時嘗試的白話詩，許多時候冠之以「打油詩」之名，不論是胡適本人，還是與他爭論的朋友們；對他最早可能成集的這類作品集子，在當時也衹是用「一集打油詩百首，『先生』合受『榨機』名」〔註 63〕的詩句來戲謔形容，衹是胡適最早成集的《嘗試集》，卻出於各種考慮，拒絕了這一可能。

如果說帶有選本性質的敘述虛構色彩較濃的話，那麼它原始的一些記載則更眞實、可信。本文這裡主要參照他的留學日記、以及他當時的一些書信

〔註 62〕朱自清：《中國新文學大系・詩集・導言》，上海：上海良友圖書印刷公司，1935 年版，第 1 頁。

〔註 63〕任叔永語，見胡適：《留學日記・卷十五》，胡適著、季羨林主編：《胡適全集》（第 28 卷），合肥：安徽教育出版社，2003 年版，第 488 頁。

等材料進行論述，具體觸及的問題如下：一是嘗試白話詩的歷史現場與胡適日後的歷史敘述之對照；二是從打油詩到白話詩這一轉型的軌迹之考察；三是對「胡適之體」的重審，三個問題的背後都有對方言入詩的勾連。

一

胡適 1910 年到美國留學，辛亥革命那一年也是在美國度過的，直到 1917 年才歸國任北京大學教職。在留美時期，胡適記有留學日記 17 卷，其中記有他讀書治學和朋友交往的箚記、創作的詩文和往來書信的存稿與摘要等內容，總體上說內容既豐富又顯得駁雜，比他日後提煉成形的發表文章相比，似乎更有原始參考與研究的史料性價值。如書信方面，胡適素有「早享大名，交遊極廣，故與之書信來往的各界人士甚多」的「書信作家」〔註 64〕之譽，在他整個求學期間，特別是在美期間更是如此，如 1916 年全年信箚情況爲：收到 1210 封，寫出 1040 封。〔註 65〕這一年對於胡適與白話詩來說具有不同凡響的意義，這些書信除一小部分是與母親、江冬秀等的家信外，大都是與朋友、同學討論諸如白話入詩等學術問題的「重大思考」，只可惜散佚較多，只有部分存世。就現在存世的部分來看，其中醞釀、成型著「詩體大解放」的觀念，以及白話是否可爲文學一切文類之利器等問題，它們居於討論核心之中。

學界一般在論析胡適嘗試白話詩試驗源頭時，往往到 1917 年便停步了，個別追述到 1915 年夏天，即當時胡適正與另幾位中國留美學生任叔永、梅光迪（覲莊）、楊杏佛等人在美國康乃爾大學所在地綺色佳（Ithaca）度假時，常在一起討論中國語言文字、中國文學和文化等問題。事實上，在此時段之前，胡適曾有過一些初步而具體的想法與嘗試。

從個人趣味與知識結構而言，胡適做白話文字與論文早在民國紀元前六年即在上海讀中學時便已進行，因幼嗜白話小說，少時不曾學做對對子，喜古體詩而不近律詩，便與律詩有心理距離，初學詩近白居易一派，讀杜詩也是只揀《石壕吏》、《自京赴春先詠懷》一類的詩；〔註 66〕在上海求學及在海

〔註 64〕見耿雲志、歐陽哲生整理胡適書信部分的整理說明，胡適著、季羨林主編：《胡適全集》（第 23 卷），合肥：安徽教育出版社，2003 年版。

〔註 65〕胡適：《留學日記・卷十五》，胡適著、季羨林主編：《胡適全集》（第 28 卷），合肥：安徽教育出版社，2003 年版，第 510 頁。

〔註 66〕胡適：《嘗試集・自序》，北京：人民文學出版社，1984 年版，第 135～136 頁。

外讀書期間，多看《新民叢報》、梁啓超的「新文體」，記日記與寫文章，皆用淺顯文言，等等。這一切在留學日記中有相關的記載，如「余幼時初學爲詩，頗學香山。」〔註 67〕後來放洋出國讀書，在接受新式教育過程中因學習英文、德文、拉丁文等外語的原因而把時間精力分割得特別厲害，以致有「數月以來之光陰大半耗於英文也」〔註 68〕之歎。因此留美期間也無暇顧及改變自己的知識結構、提高文言能力，這一缺陷讓胡適經常感覺到作詩作詞時有吃力、生澀之感，早在 1906 年的澄衷日記中便感覺到「且看淺易文言，久成習慣，今日看高等之艱深國文，輒不能卒讀。」〔註 69〕

另一方面，胡適用淺易白話翻譯包括自譽爲「新詩第一紀元」的譯詩《關不住了》，其實也是由來已久之事。《關不住了》僅是其中普通的一首而已，而且時間大爲靠後，許多研究者依據胡適自述，實在把這一過程在時間上大爲延後了。在留學日記中用《關不住了》式的白話譯詩，早進行了不少年月，更不必說用白話譯外來報章、文告、演說詞等。僅以譯詩爲例，從 1913 年用古體譯英國詩人卜郎吟、裴倫詩，到 1914 年 8、9 月間用白話譯英國詩人那伊思的《聯合陣線》三章、吉勃林的詩，譯詩的數量較多，也較爲頻繁。其中還有自己首先寫成英文詩後再自譯爲白話文的，如《A SONNET》、《告馬斯》、《夜過紐約港》、《今別離》等，可以看出一個一心向學的留學生在陌生語言環境中，通過斷斷續續地進行這方面的練習來掌握外語所作出的種種艱苦努力。

不過，在胡適 1915 年 8 月決定去哥倫比亞大學留學時，事情發生了戲劇性的變化，這也是胡適在眾多文本中敘述的開始，衹是沒那麼詳細罷了。在離綺色佳前夕，胡適遭遇到了一系列意外，一是與趙元任分工，作《如何可使吾國文言易於教授》一文，此係留學監督鍾某「廢除漢字、改用字母」刺激所爲；二是告別經常吟詩唱和的數位好友而產生的插曲，其中包括《送梅覲莊往哈佛大學詩》、叔永戲贈詩，以及胡適依韻和叔永戲贈詩。這裡首先涉及到的是外國音譯詞入詩問題，相比之下，還是摻雜外人不懂的新名詞而已，

〔註 67〕胡適：《留學日記・卷六》，胡適著、季羨林主編：《胡適全集》（第 27 卷），合肥：安徽教育出版社，2003 年版，第 473 頁。
〔註 68〕胡適：《留學日記・卷一》，胡適著、季羨林主編：《胡適全集》（第 27 卷），合肥：安徽教育出版社，2003 年版，第 145 頁。
〔註 69〕胡適：《澄衷日記》，胡適著、季羨林主編：《胡適全集》（第 27 卷），合肥：安徽教育出版社，2003 年版，第 24 頁。

與詩界革命中的黃遵憲、梁啓超等人提倡「新派詩」時所用的處理方式差別不大。但其中有兩點原創性的主張：一是文字的死活概念雛形，一是對作詩如說話的某種腔調的好奇。在前者基礎上進一步，則啓示了文言是死文字，文言文是死文學的討論；在後者基礎上則啓發了「作詩如作文」的詩學主張，而且這些初步設想，破壞了古典詩詞語句、語法層次上的內部結構。在這兩點上，胡適也似乎突然意識到自己眞正革命性的力量在哪裡，即剛進哥倫比亞大學便恍然大悟「近來作詩頗同說話，自謂爲進境，而張先生甚不喜之，以爲『不像詩』。適雖不謂然，而未能有以折服其心，奈何？」。〔註 70〕正因爲要「折服其心」，胡適在隨後的日記中大量記載了他追溯的良苦用心：一方面從陸放翁、杜甫、蘇東坡詩中去找，到山谷、稼軒、柳永詞中去找，找到的是與自己過去所作的通俗舊詩相似而已。另一方面，胡適通過大力攻擊舊文學爲死文學、指出吾國文學三大病（即一曰無病呻吟，二曰摹倣古人，三曰言之無物）來給自己的個人情趣正名，尋找某種合法性。

白話詩的孕育，眾所周知的是在胡適與梅光迪、任叔永、楊杏佛諸人的爭論逐漸成熟的。在復述中加以補充一點的是，胡適最早產生想法是宣佈中國古文是半死或全死的文字，但梅、任卻持相反意見，胡適固執已見、態度激進。結果之一是在《送梅覲莊往哈佛大學詩》提出「文學革命」的口號（《沁園春・誓詩》中則提「文章革命」的概念），在《依韻和叔永戲贈詩》裏提出「作詩如作文」的口號。二者均因惹出的筆墨官司帶出，前者因詩中使用了 11 個外國詞語的「音譯」詞，被任叔永翻出新意，將其中的音譯詞連綴起來，做了一首類似原作風味的詩——遊戲詩或打油詩回贈胡適，以示挖苦之意，詩曰：「牛敦愛疊孫，培根客爾文，索虜與霍桑，「煙士披裏純」：鞭笞一車鬼，爲君生瓊英。文學今革命，作歌送胡生。」胡適沿用任叔永的詩韻作答，力倡「詩國革命何自始？要須作詩如作文」，並「願共伐力莫相笑，我輩不作腐儒生。」但梅、任二位仍堅持己見，要做胡適所說的「腐儒生」，雙方還有不少往返的辯駁之文，恕不一一詳述。

在這一歷史的復述中，關鍵的一個疑惑是，胡適爲什麼把嘗試白話詩的時間延後呢？是否有這樣一種可能，主要是與晚清的詩界革命在時間上拉開距離，只有適當地保持這段距離，胡適獨自攻堅白話詩的過程與性質才凸現

〔註 70〕胡適：《留學日記・卷十二》，胡適著、季羨林主編：《胡適全集》（第 28 卷），合肥：安徽教育出版社，2003 年版，第 313 頁。

出來。在本章第一節中關於新詩發生的論述中，追認了這一段歷史；回到這一邏輯鏈條上，它基本上能補充回答這一問題，這裡就不贅述了。

二

圍繞白話詩的各種「草案」，經過激烈的論爭，經胡適之手於 1916 年誕生了樣本，留學日記卷十四始便是胡適一首長達百多行的白話——《答梅覲莊——白話詩》。〔註 71〕不過當時樣本稱為「打油詩」，胡適三十年代著文時，不知什麼意圖還大膽沿用過。〔註 72〕全詩一共五節，現只依次摘引數段如下：

（一）

「人閒天又涼」，老梅上戰場。／拍桌罵胡適，「說話太荒唐！／說什麼『中國要有活文學！』／說什麼『須用白話做文章！』／文字豈有死活，白話俗不可當！」／……

（二）

老梅牢騷發了，老胡呵呵大笑。／「且請平心靜氣，這是什麼論調！／文字沒有古今，卻有死活可道。／古人叫做『欲』，今人叫做『要』。／古人叫做『至』，今人叫做『到』。／古人叫做『溺』，今人叫做『尿』。／本來同是一字，聲音少許變了。／並無雅俗可言，何必紛紛胡鬧。」／……

（三）

「不但文字如此，／文章也有死活。／活文章，聽得懂，說得出。／死文章，若要懂，須翻譯。／文章上下三千年，／也不知死死生經了多少劫／……

（四）

老梅聽了跳起，大呼「豈有此理！／若如足下之言，／則村農傖父皆是詩人，／而非洲黑蠻亦可稱文士！／何足下之醉心白話如是！」／……

〔註 71〕據胡適自稱，這首「打油詩」一半是少年朋友的遊戲，一半是胡適有意試做白話韻文的開始。

〔註 72〕1934 年作胡適作《逼上梁山》一文自稱，見姜義華主編、沈寂編：《胡適學術文集·新文學運動》，北京：中華書局，1993 年版，第 208 頁。

（五）

「人忙天又熱，老胡弄筆墨。／文章須革命，你我都有責。／我豈敢好辯，也不敢輕敵。／有話便要說，不說過不得。／諸君莫笑白話詩，／勝似南社一百集。〔註73〕

這首曾被雙方定位爲「打油詩」的白話詩，後來曾被文學史家司馬長風所著《中國新文學史》中稱作是「第一首白話新詩」。〔註74〕這裡所引內容不齊，且多爲類比、實錄梅、胡各自語氣的詩句。打油詩以描摹老梅生氣的神情開篇，逐漸過渡到詩學主張的分歧，如死活文字與文學觀、文言與白話優劣性、白話如何鍛煉等問題。全詩的構思是，胡適把書信中梅氏的反駁意見及主張，逐一摘引出主要觀點再一一辯之。顯然，整首詩的格調都是首開風氣的，雖然寄給梅、任兩位後又習慣性地受到堅持「詩與文有別，白話能爲文但不能爲詩」的論敵的奚落與否定。

從語言上細究之，我們發現此詩全部用俗語白話編織而成，不論是開篇描摹爭論的情景，還是討論具體的詩學問題，不論是議論還是敘事，都不乏俗語口講的辭彙與句法。胡適某些個人化的家鄉方言辭彙，以及北方話語彙與句式，交錯相雜，正如梅氏所言「村農傖父皆是詩人」一樣，純以白話作詩，也可以敷衍成篇，而且意思清楚明白，表達起來也生動風趣。胡適考慮到當時因一時性起招惹梅氏眞的動了氣，便想和他開一通玩笑來達到消氣的目的，因此遊戲、調侃、詼諧的意味相當濃厚。儘管因這首「打油詩」再次招致梅氏來信大罵爲「蓮花落」、任氏指斥爲「乃完全失敗」，但胡適頗不心服，視之爲「satire（嘲諷詩）」來替自己辯護。

由此發端，這些在當時小圈子內被認同爲「打油詩」的分行文字，後來陸續在胡適等人手中塗鴉過不少。〔註 75〕在嘗試名義下，胡適把這一類詩

〔註73〕附帶一提的是，此詩還非常符合胡適力倡「文學革命」所遵從的「八事入手」之說，即：一、不用典；二、不用陳套語；三、不講對仗；四、不避俗字俗語；五、須講求文法之結構；六、不作無病之呻吟；七、不摹仿古人，話語須有個我在；八、須言之有物。

〔註74〕司馬長風：《中國新文學史》（上卷），香港：昭明出版社，1980 年版，第 34～36 頁。

〔註75〕打油詩之說，如給胡近仁的信中說：「適近已不作文言之詩詞。偶欲作詩，每以白話爲之，但以自娛，不求世人同好之也。」（同信附上《孔丘》、《朋友》二詩，信作於 1916 年 9 月），見胡適著、季羡林主編：《胡適全集》（第 23 卷），合肥：安徽教育出版社，2003 年版，第 118 頁。

作乾脆公之於眾，如 1917 年 2 月首次在《新青年》二卷六號上發表「白話詩八首」，第一次最先出版混雜著古典詩詞的白話詩集《嘗試集》。雖然《嘗試集》僅收胡適 1916 年至 1920 年期間詩作 75 首，其中眞正的白話詩所占比例並不太高，但「嘗試」二字取代了「遊戲」二字，借陸游詩句的力量扶正了白話詩。——這就是初期白話詩從受孕到分娩的整個過程，這一伴隨著陣痛與欣慰的艱辛歷程，對於胡適本人之於初期白話詩的開創之功，可謂功莫大焉，而對於梅、任諸公而言，他們之於初期白話詩的誕生，也似乎更不應該遺忘。

視當時的白話詩爲打油詩，不但是胡適當時的自稱、朋友之間打趣的遊戲筆墨，也還帶有某種概念、性質的界定。另外，「打油詩」的打油氣息主要是白話入詩造成的，其中還不乏土語方言成分的「輔助」。胡適自從於民五寫了《答梅覲莊——白話詩》後，又接著寫了一首聞趙元任割治盲腸炎的《打油詩寄元任》，其中既有四五個音譯詞，又有幾句方言土味的句子：「這事有點不妙！／依我仔細看來，這病該怪胡達。／你和他兩口兒，可算得親熱殺：／同學同住同事，今又同到哈襪（harvard）。」「前年胡達破肚，今年『先生』該割。／莫怪胡適無禮，嘴裏夾七帶八。」又如《打油詩戲柬經農、杏佛》一詩，對兩友寄來之詩自稱「仿適之」與「白話詩」，胡適則以「請問朱與楊，什麼叫白話？貨色不道地，招牌莫亂掛」爲由進行辯正。

從現存胡適日記檢閱，其中還陸續發現其中記載有多束「打油詩」，如 1916 年 10 月 23 日《打油詩一束》、未署日期的《打油詩又一束》。據 1916 年 12 月 20 日《打油詩答叔永》中記載，任叔永曾以「一集打油詩百首，『先生』合受『榨機』名」的詩句來概括胡適的這類文字，胡適當仁不讓地自稱「人人都做打油詩，這個功須讓『榨機』」，並以「但開風氣不爲師」〔註 76〕來肯定這一功績。從中我們可以推測當時胡適這一類東西已集腋成裘、寫了不少。

從語言質地分析，在舊體詩傳統外的打油詩與胡適當時的白話詩基本上是類似的，如全部白話化、口語化，不避俚語方言。在形式上也頗多創意、

〔註 76〕據胡適原注，「榨機」兩字係陳衡哲女士初用之，（大概由打油引申而來，胡適所作白話詩特多，朋友們則以「打油詩」統稱之，故胡適打油最勤最力，有「榨機」之譽也——筆者）「人人都做打油詩」指朱經農、任叔永、楊杏佛、陳衡哲等人。其中沒有梅光迪的名字，由此可見梅氏之迥異。見胡適：《留學日記・卷十五》，胡適著、季羨林主編：《胡適全集》（第 28 卷），合肥：安徽教育出版社，2003 年版，第 488 頁。

變化，如用「寶塔格」體。〔註 77〕另外，胡適還發揮其考據之長，考唐人張打油《雪詩》作《「打油詩」解》，界定的尺規是稱之爲「詩之俚俗者」。自打油詩的作者遍佈胡適朋友圈子後，白話詩與打油詩兩者差不多重疊了，如朱經農給胡適的來信中說「弟意白話詩無甚可取。……兄之詩謂之返古則可，謂之白話則不可。蓋白話詩即打油詩。」胡適回信則極反對返古之說，寧受「打油」之號。〔註 78〕

「打油詩」這一名字在當時收信往返中屢次出現，但爲什麼這類作品沒有收入《嘗試集》呢？連《答梅覲莊——白話詩》也沒有入集的資格。對此胡適沒有片言隻語予以解釋，個中原因不得而知，也許只能猜測一二。首先，雖然打油詩古已有之，但在主流傳統之外，一直名聲不佳，給人的歷史印象也僅是民間文人的遊戲之作，或主流文人偶爾爲之的雕蟲小技罷了。承此一脈不足以謂「新」。從純文學觀念來看，打油詩充其量也最多祇是以俗爲雅而已，它特有的諷刺風味與嬉笑怒罵的民間原素，還不具備獨立高級的審美價值。其次，打油詩以粗礪、野性的面貌來掀翻主流詩歌傳統，一千多年都沒有實現過，積襲之深可想而知，因此如果以它來突圍，顯然還不夠格。也許是綜合考慮其得失

〔註 77〕胡明復 1916 年 10 月 23 日寄打油詩二首，二首皆有吳語方言方音、語彙內容。其中一首是寶塔體，胡適也回復了一首寶塔體，兩人原作分別如下：

癡！ 適之 勿讀書，〔1〕 香煙一支！ 單做白話詩！ 說時快，做時遲， 一做就是三小時！	咦！ 希奇！ 胡格哩〔2〕 覅我做詩！〔3〕 這話不須提。 我做詩快得希， 從來不用三小時。 提起筆，何用費心思？ 筆尖兒嗤嗤嗤嗤地飛， 也不管寶塔詩有幾層兒！

〔1〕原注：「吳語讀『書』如『詩』。」
〔2〕原注：「吳語稱人之姓而係以『格哩』兩字，猶北人言『李家的』『張家的』也。」
〔3〕原注：「吳語『勿要』兩字合讀成一音（Fiao），猶北京人言『別』也。」
見胡適著，季羨林主編：《胡適全集》（第 28 卷），合肥：安徽教育出版社，2003 年版，468～469 頁。

〔註 78〕胡適：《答朱經農來書》，《留學日記．卷十四》，胡適著、季羨林主編：《胡適全集》（第 28 卷），合肥：安徽教育出版社，2003 年版，第 435 頁。

優劣，胡適在決心「打油」的同時，開始用類似的白話語言，寫了一批較爲雅化的詩，如收入《嘗試集》的《孔丘》、《朋友》、《他》、《贈經農》等，詩風較爲純正、端莊，詩人的創作態度也收斂得嚴肅起來，而且這一向度上的嘗試，當時就獲得了自己論敵的稱許。「然《黃蝴蝶》、《嘗試》、《他》、《贈經農》四首，皆能使經農、叔永、杏佛稱許，則反對之力漸消矣。經農前日來書，不但不反對白話，且竟作白話之詩，欲再掛『白話』招牌」。〔註 79〕朱經農還認爲《孔丘》一詩「乃極古雅之作，非白話也」。〔註 80〕同樣是用白話，寫法不同，也能「古雅」起來。由此可見，除語言外，主題、風格、純化方式等因素也有輔助作用。再次，這也是在現實面前出於某種策略的綜合考慮。在當時「白話詩」本身都很難衝破舊體詩堡壘的情況下，其歷史合法性並不是打油詩所能獲得的，嘗試的阻隔，正名的艱難，逼上梁山似的讓胡適不得不自我取捨。因此在「白話」入詩都已招人攻擊，防不勝防之時，乾脆丟卒保車，也不妨是一步妙棋，這樣讓「文言／白話」之間的衝突變得集中而專一起來，詩體大解放與「白話」的聯繫也得到強化與鞏固。

因此，白話詩在既分化又集中的關鍵時刻，打下了一場硬仗。有戰爭就有必要的犧牲，其中把打油詩悄然排除在外，便是其中戰鬥的細節之一。

三

胡適最先吃螃蟹，專以白話作詩爲嘗試之途，其個人詩集《嘗試集》首開風氣，影響益著。雖然眞正的白話詩在詩集中比例不大，整個藝術水平也不太高，但不妨礙它成爲新詩的源頭。加之他留美回國後久居北大教授之席，以新文化運動的領袖登高一呼再呼，歷史性地坐實了這一個位置。

他的白話新詩，後來有「胡適之體」之譽，而言其詩體，不如先言其個人口語風格。他的學生曾回憶道：「胡先生所用的言語並非純粹的國語，卻略帶川音，這是他少年時代在上海所學。在他《四十自述》第四編裏說，當他到上海讀書時，上海還是一個『上海話』的世界，教員上課都用上海話教，學生也不得不努力學上海話以便可以聽懂，惟有他所肄業的中國公學教學則

〔註 79〕胡適：《留學日記·卷十四》，胡適著、季羡林主編：《胡適全集》（第 28 卷），合肥：安徽教育出版社，2003 年版，第 463 頁。

〔註 80〕胡適：《留學日記·卷十四》，胡適著、季羡林主編：《胡適全集》（第 28 卷），合肥：安徽教育出版社，2003 年版，第 435 頁。

用普通話，也可算第一個用普通話的學校。他那時的同學四川、河南、廣東人最多，別省人也有。胡先生相厚的同學多為川人，他覺得川語清楚乾淨，最愛學著說，所以他說『我的普通話近於四川話』。抗戰時，筆者也曾在川西樂山縣住過八年，我覺得胡先生的說話雖有點四川音，其實是以國語及長江流域的官話糅合在一起，造成了一種發音清晰，語調和諧，而又含著說服人的力量的特殊言語。假如寫文章有所謂『胡適之體』，那麼他說的話也可稱為『胡適之話』。」〔註 81〕

這段話顛倒過來更為恰當，先有「胡適之話」作為根柢，作詩上「胡適之體」才不至於是無源之水。對於胡適的白話詩，學界有很多關於它們的歷史價值與定位的評述。不過，要以一句最為準確、簡潔的話概述的話，則莫過於「胡適之體」這一評語。以作者的名字稱「體」來概括其特色、風格、影響，在整個民國詩歌史上實為罕見。但進一層，一般意義上的「胡適之體」，其本身確是相當含混的，具有某種反諷意味。

說起「胡適之體」，人們一般以 30 年代陳子展發起討論，圈內流行的「胡適之體」說法論之。〔註 82〕這一討論還引起了胡適的「興趣」，於 1936 年撰文專此論述：「『胡適之體』衹是我自己嘗試了二十多年的一點小玩意兒。在民國十一二年，我作我的侄兒《〈胡思永的遺詩〉序》，曾說：『他的詩，第一是明白清楚，第二是注重意境，第三是能剪裁，第四是有組織，有格式。如果新詩中眞有胡適之派，這是胡適之的嫡派。』我在十多年之後，還覺得這幾句話大致是不錯的。至少我自己做了二十年的詩，時時總想用這幾條規律來戒約我自己。平常所謂某人的詩體，依我看來，總是那個詩人自己長期戒約自己，訓練自己的結果。所謂『胡適之體』，也衹是我自己戒約自己的結果。」胡適的這些說法與他早期在《談新詩》等文以及晚年一些談話中的觀點是一致的，他自己的詩歌創作大體上體現了上述特色，又有著更為豐富的表現。

關鍵問題是，為什麼到三十年代才湧起「胡適之體」的討論呢？它為什

〔註 81〕蘇雪林：《胡適之先生給我兩項最深的印象》，歐陽哲生編：《追憶胡適》，北京：社會科學文獻出版社，2000 年版，第 351 頁。

〔註 82〕最先持此說法的是陳子展：《略談「胡適之體」》，《申報・文藝周刊》第 6 期，1935 年 12 月：此文當時一度引起較為熱烈的反響。《申報・文藝周刊》先後發表子模的《新詩的出路與「胡適之體」》、任鈞的《關於新詩的形式問題》、梁實秋的《我也談談「胡適之體」的詩》等文，就此展開積極的討論。胡適後來接過這一話題，在 1936 年第 12 期《自由評論》上發表《談談「胡適之體」的詩》。

麼又是針對胡適30年代偶作的若干首類似詞曲特色的詩，而不是面對五四時期的那批白話詩呢？同一名詞概念下內容的滑移說明了一個什麼問題？事實上，當陳子展在30年代初期搬出「胡適之體」的說法來辨認「新詩的一條新路」，呼籲胡適仍拿出先驅者的精神，在新詩上創造一種「胡適之體」時，這些說法都顯得有點像牛頭不對馬嘴一樣的滑稽，似乎是開歷史的玩笑。更何況當時的胡適基本上不寫新詩，陳文中所舉的詩例還是胡適30年代寫的《飛行小贊》近於古代詞的作品。由此可見，陳子展的提法相隔於事實相當遙遠，「老路」與「新路」一說都沒有指出眞正的「胡適之體」應該是啥樣。——這催生了哭笑不得的胡適自我申訴、證僞的動機。

在我看來，胡適早期的白話新詩與「胡適之體」才是合拍的實體，這個概念應該用在標示胡適如何從舊詞曲中蛻化出來、歷史性地把白話作爲詩歌語言的正宗這一歷史轉型中去才合於時宜。其實，仔細追尋歷史線索，我們發現有趣的現像是，「胡適之體」這四個字早在 1916 年就在胡適自己的筆下誕生過，只要當時針對的對象不同。因此不妨先來看追溯「胡適之體」的淵源與歷史來由。在胡適《留學日記卷十》（1915年6月23日）中有一段記載：

> 「前作《老樹行》，有『既鳥語所不能媚，亦不爲風易高致』之語，儕輩爭傳，以爲不當以入詩。楊杏佛（銓）一日戲和叔永《春日詩》『灰』韻一聯云，『既柳眼所不能媚，豈大作能燃死灰？』余大笑曰：『果然青出於藍而勝於藍！』蓋杏佛嘗從余習英文也。今晨叔永言見芙蓉盛開而無人賞之，爲口占曰：『既非看花人能媚，就不因無人不開』，亦效胡適之體也。」〔註83〕

這是胡適的自我肯定，通過朋友模倣自己詩風之舉，來體認作爲「母體」「範例」的自我。這源頭上的「胡適之體」，開始涉及到獨出一格、打破常規詩法這一因素，而這一因素在初期白話詩——「胡適之體」這一歷史鏈結中隱約地牽連著，並進一步擴大化。歷史地看，這一鏈結最爲穩妥、恰當，由此進到通過初期白話詩來打量「胡適之體」，這才構成一個最佳的角度。明白這點之後，那麼，「胡適之體」有哪些特點呢？

〔註83〕胡適：《留學日記・卷十》，胡適著、季羨林主編：《胡適全集》（第 23 卷），合肥：安徽教育出版社，2003年版，第163頁。其中《老樹行》見《留學日記・卷九》（作於4月26日）全詩12句，每句7字，並有自跋：此詩用三句轉韻體，雖非佳構，然末二語決非今日詩人所敢道也。（末二句即「既鳥語所不能媚，亦不爲風易高致。」（同書，第111頁）。

「胡適之體」的最大特徵可說是詩歌語言上的，那就是用大白話來作爲寫詩的唯一工具。人們習慣認爲胡適新詩具有「明白如話」的特點，其源頭來自胡適「詩體大解放」和「作詩如作文」的詩歌觀念。胡適在《談談「胡適之體」的詩》一文中專門就此重複作過解釋：「一首詩盡可以有寄託，但除了寄託之外，還須要成一首明白清楚的詩。意旨不嫌深遠，而言語必須明白清楚。古人譏李義山的詩『苦恨無人作鄭箋』，其實看不懂而必須注解的詩，都不是好詩，袛是笨謎而已。」又說，「我並不是說，明白清楚就是好詩，我只要說，凡是好詩沒有不是明白清楚的。至少『胡適之體』的第一條戒律是要人看得懂。」〔註 84〕在這一觀念支配下，胡適的早期白話詩創作大都以底層民眾都能明白如話的白話入詩見長，包括不避俗字俗語在內的文學革命「八事」，才落在實處不至於懸空。通過白話工具的刷新，詩體大解放才變得具體化、有現實針對性，正如胡適所說「所以豐富的材料，精密的觀察，高深的理想，複雜的感情，方才能跑到詩裏去。」這幾點中，尤以「豐富的材料」、「複雜的感情」最爲典型。另有一層，雖然古人也有以白話作詩詞者，但無人以全副精力專作白話詩詞，鼓吹以白話詩爲正體。不但以白話作詩，還千方百計求得白話詩作爲詩歌的正體這一權利，正是「胡適之體」的歷史最大功績所在。換一角度，以白話立論可以透過語言系統本身來觀照，其中顯著的莫過於虛詞的湧入與多樣化。周策縱先生曾指責胡適喜歡用「了」字結尾，實在缺乏語言藝術的韻致。〔註 85〕據周先生統計，胡適的新體詩中有 68 首以「了」結句，共 101 行「了」字句。是否眞的如周氏所說的那樣，還值得商榷。回到歷史現場上去體味，就會發現虛詞進入詩歌，乃是白話本身的力量。通過純粹白話的各種詞類與句法，詩的意義得以凸現，各種「跑到詩裏去」的東西才得以最充分地表現出來。否則跑進來而留不住（表達不出），也是沒有多大意義的。至於初期的不成熟，有某些缺陷，則是不可避免的一個過程。

「胡適之體」的另一特徵通過語言變革帶來詩歌眞正的平民化、大眾化、日常化等審美突變。綜觀胡適的白話詩，便可發現他的詩在題材上絕大多數是以反映普通、平凡而又眞實的日常生活爲旨歸的，很少涉及崇高、抽象、

〔註 84〕胡適：《談談「胡適之體」的詩》，姜義華主編、沈寂編：《胡適學術文集・新文學運動》，北京：中華書局，1993 年版，第 466 頁。

〔註 85〕周策縱：《論胡適的詩——論詩小劄之一》，見唐德剛：《胡適雜憶》，桂林：廣西師範大學出版社，2005 年版。

虛幻的題材領域。在具體寫法上，胡適的白話詩多採用實錄和直寫的方法，即印證所謂詩的經驗主義。詩的經驗主義的積極意義在於，它規定了詩的現實品格，雖然它容易導致詩歌缺乏深摯的情感和瑰麗的想像，導致詩歌的平面化和平庸化。經驗的基礎，加上平民之視角，使「胡適之體」的詩從整體上看，是一種日常生活審美化了的藝術。

「胡適之體」作爲歷史中間物的特殊價值，這一點也很重要。「胡適之體」的核心是「嘗試」，既是首開風氣，又兼有「首開風氣不爲師」的精神。胡適曾稱他的白話新詩創作經歷了三個發展階段，即「刷洗過的舊詩」——「變相詞曲」——「純粹的白話詩」。但如果從新詩詩體的角度著眼，胡適早期白話新詩的詩體探索似可概括爲我們所理解的以下二種情況。一種是文白雜糅的新詩，帶有明顯的舊體詩詞的痕迹，包括胡適所說的「刷洗過的舊詩」和「變相詞曲」，如《鴿子》、《人力車夫》、《新婚雜詩》等，甚至也包括胡適自認爲是眞正「白話新詩」的《老鴉》、《一顆星兒》等篇。在《談新詩》和《〈嘗試集〉再版自序》等文中，胡適多次談到他採用了不少文言舊詩詞的句式，又採用了雙聲疊韻一類的方法來幫助所謂音節的和諧，並且承認他的詩「很像一個纏過腳後來放大了的婦人回頭看她一年一年的放腳鞋樣，雖然一年放大一年，年年的鞋樣上總還帶著纏腳時代的血腥氣」。〔註 86〕另一種情況是幾乎毫無詩體規範的白話自由詩。這是胡適早期白話詩的另一個極端，即，一切打破，有什麼話，說什麼話，話怎麼說，詩就怎麼寫。典型的例子如《看花》、《一念》以及稍後的《南高峰看日出》等。「胡適之體」本身的優劣還在其次，更重要的是作爲歷史中間物，像搭建的橋梁一樣，供更多人從此經過，繼續前行。

四

胡適嘗試白話詩是一個非常複雜的過程，他一方面遠追詩界革命的餘響，一方面集中於白話、方言這一活語的角度，通過打油詩一途來試探詩體的解放。「白話詩」與「胡適之體」有更多歷史的重疊與對話。

總之，胡適嘗試白話詩，能以「胡適之體」成爲某種供人辨認的歷史痕迹，其意義不僅僅體現在新詩詩體流變方面，而且還集中於語言變革方面，後者的影響更爲深遠。

〔註 86〕胡適：《〈嘗試集〉四版自序》，姜義華主編、沈寂編：《胡適學術文集·新文學運動》，北京：中華書局，1993 年版，第 419 頁。

第四節　樂山方言與《女神》

作家個性氣質、作品風格的迥然不同，往往與他的出生地域、家庭環境、教育背景等因素密切相關。在他們成人之前，這些因素所施加的影響更爲深遠，遺留程度也最爲突出。具體如語言習慣，其中一個普遍現像是，各地母語方言由不同方言區成長起來的生命個體攜帶著，在依附身體中作「聲音的旅行」，不論是口頭上的，還是書面語維度上的。正如德里達所說的「蹤迹痕」（trace track）〔註 87〕一樣，作爲存在的痕迹清晰可辨。

對來自巴山蜀水的郭沫若，更應作如此觀。眾所周知，郭氏基本上在 14 歲以前未離開過出生地沙灣，18 歲以前未離開過家鄉嘉定（即今四川樂山），22 歲以前未離開過四川。直到他 1913 年 10 月因求學而東出夔門，經天津、北平直到當年年底東渡日本留學，從此他突然與鄉土語言接觸隔斷了，而且在創作成名作《女神》之前的大部分時間，是在日本這個十分歐化的陌生語言環境下度過的。不過，詩人曾有的人生經歷與巴蜀地域文化已熔鑄在一起，是不可能突然切割開來的，它們構成渾融的一團沈澱在他無意識的深層裏，直到郭沫若日後創作自我體認爲「語體詩」、「口語形態的詩」〔註 88〕時，其中無意識地部分「復活」了他家鄉的語言。成人之前一直在四川盆地生活的郭沫若，其日常所用的四川方言，仍是他與故土聯繫的一條精神紐帶。換言之，樂山方言與《女神》之間內在的精神聯繫是相當明顯的。

接下來的問題是，《女神》中的方言因素到底有何特色，佔有一個什麼樣的位置，它又是如何具體體現的呢？討論《女神》的方言因素，是否有損於這一名著的地位與歷史形象？就讓我們帶著這些問題，回到《女神》的時代與文本中去吧。

一

郭沫若的家鄉四川樂山，地處峨眉山麓，位於岷江、大渡河、青衣江的交彙處。從大的方言區域劃分來看，此地屬於北方方言的西南官話區，但從歷史發展過程來看，包括樂山在內的四川屢遭戰亂，人多逃亡，以致後來不

〔註 87〕德里達，解構主義創始人，在著作中提出蹤迹（trace）和心靈書寫（psychic writing）爲語言的發源。這裏轉引自鄭敏：《世紀末的回顧：漢語語言變革與中國新詩創作》，《文學評論》1993 年 3 期。

〔註 88〕郭沫若：《臯進文藝的新潮》，《文哨》1 卷 2 期，1945 年 7 月 5 日。

斷遷來的外省人氏居多而土著居民比例甚少，帶有典型的移民社會特點。尤其是元末明初和明末清初，大量移民入境，移民來自山西、陝西、甘肅、湖南、湖北、江西、福建、廣東等省，據郭沫若回憶當地人大多自稱祖籍爲湖廣麻城。外省籍的客居人在當地均設會館，地方觀念極重，〔註 89〕入鄉隨俗的語言雖經本地化，但仍是混雜交錯、演變著的。因此雖然屬於西南官話區，內部的差別也不可忽略。郭沫若一家也位居移民家庭之列，其祖籍爲福建寧化（爲客家方言區），先祖於清初時「背著兩個麻布上川」，〔註 90〕到他記事時已逾數代，昔日背著麻布上川的客籍人，已艱苦創業成爲樂山沙灣的中等地主家庭了。在籠統的四川方言語境下，某些客家方言仍在家庭生活內部殘留著（如稱父親爲「爹」）。〔註 91〕郭沫若自稱受母親、家庭塾師（郭氏四歲半發蒙，差不多在塾師沈煥章門下受教近十年）影響甚大，其母親係樂山本地人，雖然出生時經歷過家道中落的遭遇；塾師是樂山鄰縣的廩生。〔註 92〕因此總的來看，夾雜著各地方言成分的樂山方言，構成了郭沫若整體意義上的地方語言環境，其語言接觸、方言經歷與創作背景之勾連，均由此發端而來。

其次，從《女神》創作的背景來審視，也與方言因素的普遍滲入多有偶合之處。郭沫若在國外寫新詩，據他自己最早的說法是受了四川白話詩人康白情的影響，〔註 93〕以爲康白情氏夾雜四川方言的白話詩是所謂新詩潮流，

〔註 89〕郭沫若：《山中雜記·芭蕉花》，《沫若文集》（第 7 卷），北京：人民文學出版社，1958 年版，第 300～302 頁。據郭沫若回憶，當他五六歲時，因母親發了暈病，他與二哥到供福建人子弟讀書的散館裏摘芭蕉花給母親治病，家人聽說是從那散館中偷偷摘來，非常生氣，還拉去跪在大堂上祖宗面前痛打一頓，其中「我」挨掌心是人生第一回。

〔註 90〕郭沫若：《我的童年》，《郭沫若全集》文學編 11 卷，北京：人民文學出版社，1992 年版，第 15 頁。

〔註 91〕楊紹林：《郭沫若在家鄉——沙灣》，《沙灣文史》第 1 期。這裏轉引自李怡：《郭沫若與巴蜀文化》，《閱讀現代》，重慶：西南師範大學出版社，2002 年版，第 207 頁。

〔註 92〕郭沫若：《我的童年》，《郭沫若全集》文學編 11 卷，北京：人民文學出版社，1992 年版。

〔註 93〕康白情係四川安岳人，少郭沫若 4 歲；郭沫若有二處提到他與此相關的事情：一是見《創造十年》，一次見《我的作詩的經過》，且引後者如下：「我第一次看見的白話詩是康白情的《送許德珩赴歐洲》（題名大意如此），是民八的九月在《時事新報》的《學燈》欄上看見的。那詩眞眞正正是白話，是分行寫出的白話。其中有『我們喊了出來，我們做得出去』那樣的辭句，我看了也

便大膽進行這種「語體詩的嘗試」，並投寄出去開始了闖蕩文壇的生涯。另外，他在自述寫作《女神》的經過時曾說過這樣一番話：「我在未譯《浮士德》之前，在民國八九年之間最是我的詩興噴湧的時代，《女神》中的詩除掉《歸國吟》（民國十年作）以外，大多是作於這個時期。……我在詩的創作期中，在這後半期裏面覺得最有興趣，那時的一種不可遏抑的內在衝動，一種幾乎發狂的強烈的熱情，使我至今猶時常追慕。我那時候的詩實實在在是湧出來，並不是做出來的。像《鳳凰涅槃》那首長詩，前後怕只寫了三十分鐘的光景，寫的時候全身發冷發抖，就好像中了寒熱病一樣，牙關祇是震震地作響，心尖祇是跳動得不安，後一半還是臨睡的時候攤在被蓋裏寫出來的。」〔註 94〕「在民八、民九之交，那種發作時時來襲擊我。一來襲擊，我便和扶著乩筆的人一樣，寫起詩來。有時連寫也寫不贏。」〔註 95〕與此相類似的記錄與描述還很多，這裡不一一引述。這上面二段話中像「湧出來」、「寫也寫不贏」之類，說明郭沫若在創作進行過程中有一個靈感突發期，使得他根本來不及選擇、推敲語言，無意識中把蟄伏在心靈深處的家鄉方言也連帶著湧現出來，顯然這一思維與寫作方式，與那種理智性的、經過細心挑剔或反覆修改之後打磨出詩篇的方式不可同日而語。正因這樣，《女神》的方言因素比較突出，換言之，樂山方言在這樣的創作方式中連根帶起而沒有走樣，得到了較多的原樣保留。

曾有一篇文章比較簡略地涉及這一論題，論者認爲「《女神》中不隨便採入方言、口語。但是，如非方言、口語不足以發揮效力時，詩人也用方言、口語，但又使你感覺不到它是方言、口語。在新詩的開創時期能自覺地、得心應手地駕御方言、口語，使之與書面語言渾然一體，《女神》堪稱獨到。」〔註 96〕不隨便採用方言，用方言、口語是彌補非方言語的不足，這些看似詳

委實吃了一驚。那樣就是白話詩嗎？我的心裏懷疑著，但這懷疑卻喚起了我的膽量。」——因康白情是四川人，這些帶有四川方言的句子，對作者而言也是饒有意味的，爲什麼不是其餘的新詩人而偏偏是康白情呢？（值得説明的是，這裏幾處有誤，一是題目本爲《送慕韓往巴黎》，二爲所引詩爲「我們叫了出來／我們就要做去。」

〔註94〕郭沫若：《寫在〈三個叛逆的女性〉後面》，《中國當代文學研究資料，郭沫若專集（1）》，成都：四川人民出版社，1984 年版，第 33～34 頁。

〔註95〕郭沫若：《我的作詩的經過》，《郭沫若全集》（文學編第 16 卷），北京：人民文學出版社，1989 年版，第 217 頁。

〔註96〕徐克文：《也談〈女神〉的地方色彩》，樂山師專郭沫若研究室編：《郭沫若研

備的「說法」，一是缺乏具體深入的論證，二是這種想像詩人採用方言土語時的姿態或邏輯，虛構性大於眞實性，也是筆者所不同意的。更何況當時也沒有提倡普通話的時代語境，完全是根據自己的語言經歷與積累在寫，餘次才考慮到讀者因素等方面的現實原因。

二

方言作爲一種帶有地域特性的語言，它和今天常用的普通話一樣，也具有其本身的特色，具體表現在語音、辭彙、語法三個方面。本文因限於知識與材料，不涉及音節分析以及朗誦時的聲音效果，也不涉及到它的押韻方式與情況，因此主要從樂山方言的語彙與語法二個大的層面來論述與梳理。首先主要討論《女神》中樂山方言辭彙問題，在討論之前不妨來梳理一下它整個的語彙系統及其特色。

《女神》的語彙系統非常蕪雜、豐富，與胡適的《嘗試集》相比已有質的飛躍，由《嘗試集》而《女神》，可以說已過渡、推進到眾「語」雜生的階段。作爲民國詩歌史上的位居前列的個人詩集，它比《嘗試集》的語彙豐富蕪雜得多，胡適說自己詩作有「裹腳的氣息」，在郭沫若的《女神》中則很難感覺得到，它呈現的是煥然一新、活力十足的新面孔。《女神》第一次實質性地強化了初期白話詩詩句容納、汲收各類語彙的消化功能，達到無論什麼語彙都可以入詩的地步，如文言詞語、古語詞、口語虛詞、外來音譯詞，外文單詞、方言土語辭彙，這一切都被郭沫若糅合在一起，構成一個大雜燴般的語彙加工區。由於這一特點異常醒目，當時跟蹤式的詩評對此多有論述：「詩可以從華麗找到唯美的結論，因爲詩的靈魂是詞藻。缺少美，不成詩。郭沫若是熟習而且能夠運用中國文言的華麗，把詩寫好的。他有消化舊有詞藻的力量，雖然我們仍然在他詩上找得出舊的點線。」〔註97〕「郭君在詩的工具上的求新的傾向有兩種：一是西字的插入，一是上面說過的單調的結構。不幸這兩種傾向都是不好的。西字不當羼入中文詩，因爲要保存視覺的和諧的這層道理，至爲淺顯，不必談了。並且郭君一刻說『輪船』，而不說 Steamer；一刻又說 Symphony，而不說『合奏』：

究論叢》第3輯，1990年6月印刷，係內部資料。此外黃澤佩：《〈女神〉中的樂山方言詞語》，《郭沫若學刊》1997年4期，黃文主要參考徐克文的文章，在其基礎上有所細化。

〔註97〕沈從文：《論郭沫若》，王訓昭等編：《郭沫若研究資料》（中），北京：中國社會科學出版社，第76頁。

這完全是自相矛盾的。」〔註98〕「在用字選詞上，既成的由文言移植來的辭藻之外，他更加上外來語，或者是用原文，或者譯音過未成爲漢字寫法。這眞是那個轉形期中的揚起過程的特徵了。」〔註99〕這些討論褒貶不一，但大多數論者還是激賞郭沫若呑吐、含納各類語彙的功夫。確實，《女神》融化了古今中外的詞藻，鐵塊似的投到作者的創作洪爐裏，全都化成了他自己的血肉。不足的是，上面各種參差的評述，還顯得不全面和深入，也有些難以調和的因素，典型的莫過於聞一多的意見，他一方面認爲《女神》「詩中夾用可以不用的西洋文字」是一個最明顯的缺憾，一方面又肯定「我是全宇宙底 energy 底總量」中外語單詞「energy」有音節圓滿的妙處。〔註100〕因此，在不失偏頗的情況下仔細考察當時白話詩在郭沫若手裏取得的突破性進展，包括語彙的構成、糅合的形態與方式，等等，都是洞察其思維方式與語言方式的一個切入口，也是標舉《女神》意義的途徑之一。

從眾「語」共生的整個語言生態來看，《女神》或挪借、或調用、或移植、或糅合，有一種遊刃自如之感。我們不妨具體地細加觀察，首先來看《女神》對古語詞、文言舊詞藻的啓動能力。綜觀《女神》全部詩作，這些頗有歷史年齡的語彙，時時浮在讀者眼前，如「相埒、須臾、吾曹、勞農、翹首、浮漚、恥不食殷粟、且將奈何、殘月、何往」……除此以外，《女神》中還有幾首舊詞語較爲集中的舊體詩，如後面幾輯中的《別離》等，便相當於《嘗試集》中脫胎於舊詞曲的詩，保留了過渡、脫胎的痕迹。

其次是與西方文明輸入密切相關的語彙，這方面主要有以下數端：一是直接輸入外國人名、地名與物名，有時甚至植入較爲完整的段落、句子或片語；個別日文語彙的拼音化書寫，也進入了詩行之中。具體有一首以外文詞爲題的《Venus》，其餘則零星地摻雜在詩行中，如「菲尼克司（Phoenix）、亞坡羅（Apollo）、泰果爾翁（Tagore）」，又如「Pioneer（先驅者）、Rhythm（節奏）、Pantheism（泛神論）」等，在英漢互換、互譯過程中，大多數是郭沫若自己憑主觀印象翻譯出來的，譯名並不統一，與當時流行的各種固定譯法也有出入，如惠特曼譯成「恢鐵莽」。也許是語言轉換的某些障礙或出於陌生化效果考慮，

〔註98〕朱湘：《郭君沫若的詩》，蒲花塘、曉非編：《朱湘散文》（上冊），北京：中國廣播電視出版社，1994年版，第191頁。

〔註99〕穆木天：《郭沫若的詩歌》，王訓昭等編：《郭沫若研究資料》（中），北京：中國社會科學出版社，第142頁。

〔註100〕聞一多：《〈女神〉之地方色彩》，《創造周報》第五號，1923年6月10日。

郭沫若在採用時顯得有點隨意，沒有多少規律可言。此外，在摻雜外來語時，有時雜以中文、有時照口語習慣重疊出現（重複出現時又有些用括弧圈起來，顯得不規範、多餘，因爲本來都是一個意思，衹是爲了告訴讀者是哪個外語單詞而已）。二是大量採用當下流行的西方人文與科學領域的名詞術語，如「高蹈派、無煙煤、新思潮、圖書館、摩托車、瑪瑙、大宇宙意志、偶像崇拜、社會革命、得摩克拉西」之類。僅以《序詩》一詩爲例，「無產階級、私有財產、共產主義、振動數、燃燒點，智光」等詞語便密切在擠在詩中。對於這些詞語的含義還比較籠統，郭沫若承認當時並不全部明白它的意思，衹是置身於當時日本這個西學東漸的中轉站努力捕獲新鮮詞藻而已，他後來在說到自己是個無產階級者、共產主義者時，便承認「那衹是文字上的遊戲，實際上連無產階級和共產主義的概念都還沒有認識明白。」〔註 101〕

第三，一些帶有生造性質的個人化詞語，也屢屢出現。也許是根據口頭語至上的原則罷，有些詞語故意顛倒著寫，生硬化的詞語並不少見，如不說東南西北而說「西北南東」，又如「恐後爭先、深湛、情炎」等詞語；《女神》一些詩句，指稱太陽爲「圓瑺」；爲了押（u）韻，把懼怕寫成「怕懼」；爲了湊（ang）韻，生造「阻障」一詞，不過這類辭彙後來大多被淘汰了。總之，來源不一、各式各樣的詞語絞纏著串在一塊，在《女神》中形成眾「語」狂歡的場面。套用一句郁達夫「完全脫離舊詩的羈絆，自《女神》始」〔註 102〕的老話，也可以說「隨心雜取各類語彙，自《女神》始」。它所形成的話語場與取詞姿態，恐怕給當時的白話詩壇震動更大些。

如何來看待這些詞語狂歡的意義？以前的評價涉及一些，其中大多不是從這個角度立論。不管出於什麼原因，種種語彙能這樣無所顧忌地「入詩」，是當時詩人設身處地、保持開放心態的結果，也是與世界接軌、輸運「西學」的結果。詩人一方面跟蹤時代的發展趨勢，對新出現的科技、發明與物質世界的新內容，都確保能有確切的稱呼；另一方面他追蹤口語的發展，凡是嘴裏說出的東西都大量地用漢字或符號來定型與呈現。雖然郭沫若當時沒有時間仔細推敲、取捨，但並不能僅僅視之爲《女神》的缺陷，它最主要的意義顯然在貢獻一方面。

〔註 101〕郭沫若：《創造十年》，《郭沫若全集》（文學編第 12 卷），北京：人民文學出版社，1992 年版，第 147 頁。

〔註 102〕郁達夫：《女神之生日》，《時事新報・學燈》，1922 年 8 月 2 日。

在這一基礎上，我們再來看《女神》中的方言土語，便顯得意味深長了，也清晰了許多。「樂山方言的辭彙較爲豐富。一些詞語，普通話中有樂山話中也有；一些詞語，四川話中有樂山話中也通用；作爲較獨特的方言詞語，其中有一些不僅四川其他入聲地區有，湖北入聲區有，而且在湖南、兩廣一些地方也有。此外樂山方言區邊遠地帶往往也通用鄰接各縣（市）的少數方言詞語，這些都使得樂山方言辭彙呈現出繽紛多姿的形態。」〔註 103〕——這還是從相隔數十年的語境而言的，實際上以當時的情況來論顯然更加突出。從方言語彙角度來看，《女神》之中，郭沫若所調用的樂山方言詞語，大多比較明白易懂，因爲它同屬於北方方言，與今天意義上的普通話大致相近，因此一般從上下文能理解其意義。有些語詞則比較特殊、艱澀一些，不論是實詞還是虛詞。這裡先主要集中注意力於名詞與動詞、形容詞等實詞上，請看下面的詩句：

（1）你又把我推倒，／我又把你揎倒。——《光海》

（2）a：塔下的河岸刀截了一樣斬齊；

b：就好像一個跳舞的女郎將就你看。——《金字塔》

（3）白雲呀！你是不是解渴的凌冰？——《新月與白雲》

（4）噯！你橫順愛說這樣瘋癲識倒的話。——《湘累》

（5）我怕讀得今日以後再來的電信了！——《勝利之死·其二》

「揎倒」即「推翻、推倒」之意，上文用了「推翻」，下文爲了避免重複，便用方言詞語「揎倒」，使語彙的運用顯得豐富多樣，從中可以看到方言詞語的生命力。「斬齊」一詞，與「截」、「刀」相匹配，給人一種力量感；「將就」一詞的意思是樂於主動靠攏的意思，與普通話解釋成「勉強適應」不同，有一種特殊的韻味，暗示了擬人化後女性嬌羞、活潑的神情。「凌冰」是「冰」的意思，樂山人稱「冰」爲「凌冰兒」，是個兒化詞，這裡將「兒」這一尾碼省略，變成響亮的雙音詞。「橫順」的含義相當於「總的、一切」，「瘋癲識倒」的意思是「瘋癲、顛倒錯亂」之意，富於地域特色。「怕讀得」即「不敢讀」，「怕」與「莫」「莫有」（《雯月》）等方言詞相近。可見，這些詩句中偶爾調用一些方言語彙，句子顯得豐富、錯落許多。

除此之外相類似的方言辭彙還比較多，如「鬧得眞是怕人！」、「時常只解爭吃饅頭」（《女神之再生》，「「煞是逆耳」、「欲圓未圓」（《棠棣之花》），「樓頭

〔註 103〕賴先剛：《樂山方言》，成都：巴蜀書社，2000 年版，第 3 頁。

的篸溜……」（《雪朝》），「他那筋脈隆起的金手」（《雷峰塔下・其一》），「返向那沈黑的海底流淚偷生」（《「蜜桑索羅普」之夜歌》），「四望都無有」（《海舟中望日出》）……此外，表稱謂的「爹爹」（《登臨》），指人身體部位的「面皮」（《輟了課的第一點鐘裏》《巨炮之教訓》）、「瘟頸子」（《火葬場》）。同是指稱「月亮」，《女神》中分別出現過「皓月、月華、月光、滿月、月」等語彙。另外如零星散佈在詩行中的還有「竈頭、煙筒、歡喜、腦經、全盤」等等，這些方言特色詞語，點綴其間，大多數是貼切而富有表現力的。這一切無疑豐富了白話詩的辭彙系統，資源漸漸豐富起來，新詩發展道路也開闊不少。

其次，虛詞系統的方言語彙就更豐富多了，有關樂山方言一類的書籍把歎詞、語氣詞的運用納入到獨具地域特色的語法中，並歸納了「咳、欸、吔、唷喂（唷喂呀）、哎唷喂呀」等五個歎詞，「喂、啵、哷、在、吼、嘞、嘔、喔、喃、噠嘛」等十個語氣詞。〔註 104〕這裡筆者做了一些調整與處理，一是把語氣詞歎詞統統納入辭彙中似較爲妥當些。二是認爲這些語彙記音的方式不同，有些語氣詞是可以換用另一個詞來記音的，換言之，當時《女神》中雖然沒有全部出現，但有可能在有限出現過的虛詞中也代表了這些含義。三是如「唷喂、啵（相當於「嗎」，有時以「不」字記音代替）」等詞難以統一，考慮到不同時代的語境，因此不能嚴格、機械地加以一一對稱性地確認。在此基礎上，我總的認爲這些帶有明顯方言因素的語氣虛詞，在《女神》文本中「初航」後便開始大量流入白話詩的創作中去，這是郭沫若對白話新詩的貢獻，也是樂山方言乃至相近的四川方言對白話新詩的貢獻。可見，《女神》中的方言口語虛詞，帶來新的氣象與精神。「郭沫若的《女神》據說是受到惠特曼的非格律詩的影響，出現時確曾使不少詩人睜開了眼睛，驚奇地讚歎，今天讀來覺得在語言上他開了一個不太好的風氣，就是一種鬆散、表面的浪漫主義口語詩，好像在每行上加上一個『呀』字就能表達出多少激昂的感情。」〔註 105〕「不太好的風氣」這樣的論斷顯然不符合事實，當時要不是它們的湧現而導致白話詩充分進入到「口語狀態」，以及憑藉口語中流動的虛詞去推動新詩進一步向前發展的話，說不定白話詩從發生到成立所花的時間還會更漫長。白話詩，從胡適所說的裹腳布狀態再進一步解放出來、呈現出天足的姿

〔註 104〕參見賴先剛：《樂山方言》，成都：巴蜀書社，2000 年版，第 134～141 頁。
〔註 105〕鄭敏：《世紀末的回顧：漢語語言變革與中國新詩創作》，《文學評論》1993 年 3 期。因論者整體上否定白話詩的發展道路，這樣論評也不奇怪。

勢，事實上，還是從郭氏開始。

《女神》中圍繞此一方向，主要從兩個維度展開：一方面是標點符號中「！」的大量運用，配合某種變化著的強烈語氣，「了」字結尾的詩句也較多，這兩點都是延續、類似《嘗試集》的做法，創意不大。另一方面則是大量口語虛詞的運用，這是郭沫若的首創，也與樂山方言乃到四川方言區的虛詞特別豐富有關係。在這些語氣詞中，主要有「吧、麼、啊、呀、哦、嗎、喔呀、哈哈、喲、咳、嗳」，其中「呀、啊、哦」重疊出現三四次的居多。在這些當地人們日常口語中經常出現的語氣詞（當然不衹是樂山方言所特有），跨越了原先區域的侷限，通過白話詩走向全國，後來還被普通話大量接納。這些明顯帶有方言因素的語氣詞，在《女神》中最多見的是「呀、喲、哦、啊」，——這在《女神》同時代的白話詩集中很少見到，如徽語區詩人胡適的《嘗試集》、汪靜之的《蕙的風》，吳語區詩人俞平伯的《冬夜》，等等。

就《女神》而言，我們可以舉一些具體的例子來分析。如《筆立山頭展望》一詩在 16 行中有 8 行以「呀」結尾，《晨安》四節詩近四十行詩，每一句統統都以「呀」結尾，有些句子一句中還不只一個，最多的一句三個，加上句首開頭的「啊」字，這類語氣詞在此首詩中差不多有六十以上。以「喲」結尾的有《立在地球邊上放號》一詩，7 行中有四行以「喲」字結尾，共六個，加上「啊啊」三個；《太陽禮贊》一共 14 行，其中 10 行詩中有「喲」。這些詩例太醒目，以至於新世紀初有詩人還認爲「一口一個『喲』一口一個『呀』，這是郭氏最基本的抒情語式」。〔註 106〕值得一提的是，這一指責得到郭沫若家鄉學者的批判，其理由之一是，諸如「喲」、「呀」兩個語氣詞，是樂山方言中表示強烈感情的特色語氣詞，均與普通話用法大相徑庭。〔註 107〕

〔註 106〕伊沙：《拋開歷史我不讀——郭沫若批判》，伊沙等著：《十詩人批判書》，長春：時代文藝出版社，2001 年版，第 27 頁。

〔註 107〕賴先剛：《郭沫若早期詩作「陰氣過重」嗎？》，《郭沫若學刊》，2002 年 3 期。另外此文對《女神》中的「呀、喲」還有詳細的統計：「《女神》中共有詩句 1857 句：不用『呀、喲』的 1677 句，佔總詩句的 90.31%；用上『呀、喲』的 180 句，僅佔總詩句的 9.69%。《女神》凡 57 篇中，不用和偶用（指篇中僅偶爾出現 1～2 個）『呀』或（和）『喲』的 46 篇（其中通篇不用的 30 篇），共佔總篇數的 80.7%；少量用『呀、喲』的 5 篇，約佔總篇數的 8.8%；此外，合用『呀、喲』較多的 2 篇、連續多用『喲』的 2 篇、幾乎每句用『呀』的 2 篇，共佔總篇數的 10.5%。」換言之，據此統計可見，《女神》30 篇未用「呀、喲」，27 篇用了「呀、喲」。

三

《女神》中體現的樂山方言語法，也是一個特殊而又重要的現象。下面從以下幾個方面來逐一論述：一是獨特的構詞方式與插入語成分；二是習慣表達法與句子；三是針對個別疑難句子的方言視角分析。

首先來討論《女神》中有方言意味的構詞方式與插入性語句。「兒」字作爲尾碼，是樂山方言一個特色，它與名詞後再加尾碼「子」一樣，意義不變。前者如「月兒、心臟兒、歌兒、淚珠兒、翅兒、人兒、口簫兒、山泉兒、山路兒、血潮兒、靈魂兒、形骸兒、海潮兒、輕輕兒、今兒」，後者如「舟子、妹子」等。二是重疊式合成詞較普遍，在樂山話中一般爲名詞、動詞、形容詞，如「我們這五色的天球看看怕要震破！」（《女神之再生》）、「只好學著人的聲音叫叫！」（《巨炮之教訓》），此外如「知不知道，」「思不思念故鄉？／想不想望歸返」（《巨炮之教訓》）也帶有豐富的口語氣息。其次是插入語成分方面的，樂山話中常用的一些插入語，有的具有較獨特的表現力，不少插入語自身帶有一定的語氣（口氣），這是樂山方言語法中值得關注的一個問題。雖然《女神》沒有「背得住、說得的、撿得的、怪子不得」等今天樂山方言中還常用的語句，但也有一些散嵌在句子中間，僅舉以下一例——句中夾雜「個」字的，如「在個孟春的黃昏時分，」（《電火光中》）；「我怎能成就個純潔的孩兒」（《岸上》），這裡的「個」，不是量詞，也不是「一個」的省略，而是四川方言中一個特殊的代詞，是「這，那」的意思。〔註108〕

第二，方言意味的句法或表達法。在具體論證之前，我們可以先看別人的評價，由於《女神》裏面的作品十之八九是郭沫若在日本留學時期的作品，詩人當時身處異國他鄉，取材、內容、表現方法都與傳統詩詞有很大的不同，歐化的句子與語法也大行其時，因此有人以「歐化」之名進行過批評。「作者受到外國詩的薰陶很深，（惠特曼、泰戈爾、歌德、海涅，對於作者有很大的影響。）在形式方面自然也脫不開它的影響」，「叫著在……跳著在……這不是歐化句法嗎？」〔註109〕「至於個別詩句如『怕在這宇宙之中／有什麼浩劫要再！』新造的太陽『還在海水之中沐浴著在！』讀來有點彆扭。爲了押韻，有時詞句倒裝，這在舊詩詞中常見的，但用在新體詩中未免不順口，不夠自

〔註108〕參見張一舟等著：《成都方言語法研究》，成都：巴蜀書社，2001年版，第225～226頁。

〔註109〕臧克家：《反抗的、自由的、創造的〈女神〉》，《文藝報》1953年23號。

然。這也許是詩人的一種探索吧。」〔註110〕前者認定爲歐化句法，後者認爲是爲了湊韻。其實這種以「在」結尾的句子是方言句法，因爲它與一般意義上的存在句「在」的用法不同而已。在《女神》中，除了這兩處外，還有十餘處，下面不妨多摘引幾句出來：

（1）你自從哪兒來？／你坐在哪兒在？——《鳳凰涅槃》

（2）我的身心／好像是——融化著在。——《岸上》

（3）你囚在剎里克士通監獄中可還活著在嗎？——《勝利的死》

（4）獨坐北窗下舉目向樓外西望，／春在大自然的懷中胎動著在了！——《春之胎動》

以上例子，可以看出這一句式在《女神》中是比較突出而常見的，它在句中的位置靈活，可居句中也可放在句尾，其基本句子結構是「V+著+在」，在樂山方言中，這種句式起著強調行爲動作正在進行的作用，爲了使對方聽得更清楚明白，往往採用這一句式。郭沫若在詩中除了強調行爲動作正在進行之外，有時爲了押「ai」韻，加強詩的音樂性與照應，也巧妙地借用「在」這一句式，收到意想不到的雙倍功效。除了這一典型句式外，還有「把」字句，如「我要把自己的血液來／養我自己，養我兄弟姐妹們。」(《地球，我的母親！》)，「汲取一杯湖水，／把來當作花瓶。」(《西湖紀遊・趙公祠畔》)。這一「把」字，若以普通話中當作動詞或介詞用的「把」字來看待，都解釋不妥當。根據上下文，《女神》中這兩個地方的「把」字是「用」或「拿」的意思，其語雖然也屬於動詞，但這樣的詞義和用法，顯然是樂山方言特有的語義與用法。另外還有個別散句，譬如：「食的是你，衣的是你，住的是你」(《地球，我的母親！》)；「你在空中畫了一個橢圓，／突然飛下海裏，／你又飛向空中去。／你又突然飛下海裏，／你又空中去」(《鷺鷥》)，「剛才不是有武夫蠻伯之群／打從這不周山下過經？」(《女神之再生》)，「我便是我呀！／我的我要爆了！」(《天狗》)，「硬要生出一些差別起。」(《夜》) 顯然這些句子，用普通話語法去分析，顯得彆扭，但換爲樂山方言視角去打量，覺得還是新穎別致的，語言表達的效果也生動、豐富。

最後，重點分析《鳳凰涅槃》中的疑難句式「一切的一，一的一切」。關於這一特色句子，已「升格」爲白話詩的疑難句之列，幾十年來曾有不少人

〔註110〕樓棲：《〈女神之再生〉鑒賞》，見公木主編：《新詩鑒賞辭典》，上海：上海辭書出版社，1991年版，第56頁。

對此「難句」進行過各種解釋，其中普遍的看法是把它與泛神論緊密結合加以考察，大致內容爲：『一』指本體（創造力），理解爲泛神論的本體，在西方哲學中又歸結爲「火」；「一切」則可理解爲表相（萬物），萬物不斷地變爲火，成爲統一體而達到統一。換言之，是一切產生於一，而一產生於一切，一就是「神」，是和諧。〔註 111〕

是否可以解釋成這樣呢？表面上看，因《女神》與泛神論確實有某種聯繫，所以這樣推論也有歷史根據。但是，這一推論的過程是值得懷疑的，作出這種解釋本身有牽強附會之嫌。在我看來，雖然《女神》誕生後郭沫若不斷道及到一般意義上的泛神論，但主要是附加追述式的，在重複中充滿了矛盾。郭沫若對當時的泛神論認識並不深入，很難在某一詩句中有如此簡明扼要的哲學提升。另一方面，不同時期的解讀者，在若干年後根據郭沫若自述所作的提示，不斷地去《女神》文本中尋找證據，疊加、歸納出來一些新見，但大多數是爲了證明郭氏的話，從邏輯上來說是顛倒性的，何況其中汗牛充棟的論述中，歧義矛盾甚多，難以說明問題。事實上，《鳳凰涅槃》這首佔有不少篇幅的長詩，是郭沫若在不到半個小時內快速完成的，當時考慮的是如何捕捉靈感、馬上完篇，根本沒時間考慮這考慮那，哲學上的重大思考還進入不了這一暫態的靈感狀態。在不人爲地拔高郭沫若白話詩的前提下，這句疑難詩句倒是樂山方言中口語狀態的句子，衹是略加變化而已，經過了一次巧妙的變異。它最早的雛型是「一切的一切」，這是樂山方言乃至四川方言中口語狀態的句子，用重複格式說來表示「全部、眾多、難以計算」等意思。在《鳳凰涅槃》中，「一切的一」和「一的一切」一共重複了五次，而這之前事實上有一個結實的鋪墊，那就是「一切」出現過數次，「一切的一切」也出現過，如「凰歌」部分有如下詩句：「一切都已去了，／一切都要去了。」「鳳凰同歌」部分有如下詩句：「身外的一切！／身內的一切！／一切的一切！／請了！請了！」後來在「鳳凰更生歌」部分，因避免「一切的一切」重複的頻率太多，詩人採取了省略方法來增加變化，便變成了「一的一切」或「一切的一」，但實際意義仍是「一切的一切」，即全部的全部之意，這樣達到在穩固中求變化、在反覆中求發展的目的，也加強了審美效果。這一富有創意的方言句型，在全詩中時隱時現，構成了一個較爲穩定、富有個性、值得玩

〔註 111〕參見張曉東：《〈鳳凰涅槃〉中「一的一切」試解》，《紹興師專》1983 年 2 期；吳建波：《泛神論與〈女神〉中的疑難詩句》，《高師函授學刊》1995 年 3 期。

味的句式。另外，還有以下一例似乎可用來加以補充、佐證。邵洵美 1927 年出版詩集《天堂與五月》時，在版面、編排甚至句式上對《女神》多有模倣，這一模倣遭到了來自四川宜賓但出生在異鄉的趙景深猛烈的批評。趙景深批評意見有五六處，其中一點與這一句式相關：「他不但什字學郭沫若，此外摹仿的地方還很多。郭沫若在《鳳凰涅槃》中說了幾句『一切的一切』，於是邵洵美的詩裏便有：一切的一切便須貢獻給你——《天堂》；一切是一切底，／一切終久是一切底——《病痊》」〔註 112〕雖然趙景深沒有指出郭沫若這一句式是方言句式，但基本上迴避了此句中子虛烏有的哲學背景與淵源，衹是這一獨特的方言句式，在簡單模倣中變得模糊不清了。

四

總之，樂山方言從不同層面深淺不一地影響了《女神》作者郭沫若的思維與語言，以致在《女神》中自然而然地留下了一些蹤迹痕。在方言因素的擯棄與襲取上，兩者相互糾結，既反映出語言的繼承性與無意識性，又體現出主體的某種錘煉、淨化機制。《女神》中滲入樂山方言，也並不影響它的歷史價值與地位，因爲初期白話詩並不是從零開始生長，而是動態地追蹤郭沫若所說的「口語形態」，母語方言自由出入其中，影響了白話詩群中不同的個體，也培育出不同的白話詩風格，並承載豐富迴異的地域文化基因。

〔註 112〕趙景深：《糟糕的天堂與五月》，《一般》（十一月號）三卷三期，1927 年 11 月 5 日。

第二章　從白話入詩到土白入詩
（1926～1937）

自胡適提倡白話文運動並嘗試白話新詩以來，什麼是白話，白話如何入詩便成為一個至為關鍵的問題。一方面，胡適等人接續了晚清的詩界革命，黃遵憲用俗語作詩即「我手寫我口」等詩歌主張得到了歷史的回應與延續；另一方面，他們又抓住白話語言這一工具，順應時代潮流一舉奠定了白話為詩歌用語正宗的語體變革基礎。在這一異常複雜、頭緒紛繁的歷史變遷中，白話與土白的內涵也經歷了一次自我刷新。白話入詩與土白入詩，逐漸分道揚鑣，從昔日的同盟陣營中分裂開來，形成了新詩語言上的又一輪對峙，並開始了並不對稱的新的搏弈之路。

整體看來，白話新詩中大量汲取俗語，調適土白，運用方言，是詩歌語言建構上的重要環節。俗語、土白與方言這幾個名詞，既在當時人們眼裏幾乎糾纏著難分難解，又與白話本身有非常密切的聯繫；它們既在不同論者字裏行間可以互相替換，又在同時代的讀者們腦海深處不斷重疊。不過，隨著由白話而國語，其統治地位日益得到鞏固，白話以通用語的姿態，在新詩中通行無阻，而土白方言爭取在新詩中地位的鬥爭卻變得漫長而曲折起來。土白入詩，不自覺而又歷史地成為一個聚訟紛紜的議題。

第一節　扇形與球面：轉軌深化中的多元拓展

白話詩由發生而成立，一路屢經爭執與決鬥，終於取得了正統以立的全面勝利。但怎樣圍繞白話去多角度地拓展詩歌的審美領域，怎樣繼續改善並加強白話語言本身的表現力，怎樣兼顧白話與詩兩個層面去創造互動的局面，成為胡適、郭沫若們之後的詩人們的追求。以白話為根基，在轉軌深化中作扇形與球面的多元拓展，便有了不止於現實意義上的緊迫感。

新生事物不竭的生命活力，推動著自己按一定的規律向前運行，這是不以個人的意志為轉移的通例。白話詩也擁有這種生命活力與運行軌道，經過一段時間的停滯與反思，〔註1〕各種詩體、詩派互相共生的局面逐漸成形。隨著年輕詩人們不斷湧入，刊物陣地在分化與集結中重新擴大，不同陣營的新詩流派在相互競爭、替代、演變、消長中，形成了一幅宏大、壯闊的詩歌史圖景。在這歷史圖景背後，語言、形式的變遷與演化扮演了一個重要的角色。限於篇幅，本文這裡主要討論四個既平行又交錯、既競爭又互補的主要流派抑或團體，依次是象徵派、新月詩派、現代派和中國詩歌會，它們橫貫並影響了各個歷史時期的詩壇，本身有較為清晰的流變脈絡，語言、形式上的差異也比較鮮明，因此拿來比較、分析，通過作一綜述性質的文章，論者希望能基本粗線條地呈現這一時期的歷史面貌。

一

中國 20 至 30 年代的象徵主義詩歌，有兩個大的分支，一是李金髮式的象徵主義，一是後期創造社同仁王獨清、穆木天、馮乃超等人為代表的象徵主義。雖然兩者在許多方面的差別並不顯著，如接受法國象徵主義詩歌的影響、講究象徵暗示、強化詩的貴族化、反對直白平實的詩風等，但前者對暗示、含蓄格外關注，後者對音樂性、音節節奏興趣更濃。

1925 年 11 月，李金髮在周作人的幫助下，在國內遲遲出版了他在異國他鄉所寫的新詩集《微雨》，詩風怪異、文白夾雜，不久便有人冠之以「詩怪」。〔註2〕後來同道中人對他有過不少評價：「他的詩不缺乏想像力，但不知是創造新語言的心太切，還是母舌太生疏，句法過於歐化，教人象讀著翻譯；又夾雜

〔註1〕大概自「五四」運動後，白話新詩的高潮便退潮了，白話詩運動整體顯得比較沈寂，時間從 1921 年至 1924 年前後不等，具體記載的可參見以下數文：周作人：《新詩》（1921 年），見楊揚編：《周作人批評文集》，珠海：珠海出版社，1998 年版，第 99 頁；俞平伯：《詩底新律》（1924 年作），《俞平伯全集》（第三卷），石家莊：花山文藝出版社，1997 年版，第 582～584 頁；朱自清：《新詩》（1927 年作），《朱自清全集》（第四卷），南京：江蘇教育出版社，1996 年版，第 208～219 頁。

〔註2〕黃參島：《〈微雨〉及其作者》，《美育雜誌》第 2 期，1928 年 12 月。

著些文言裏的歎詞語助詞，更加不像——雖然也可說是自由詩體制。」〔註 3〕「對本國的語言（無論是白話還是文言），沒有感受力」；〔註 4〕「中國話不大會說，不大會表達，文言書也讀了一點，雜七雜八，語言的純潔性沒有了。」〔註 5〕這些評論幾乎都懷疑李氏基本的口語表達能力。事實上，胡適當年大力提倡白話入詩的激流到李金髮手中似乎堵塞、斷流了，更不可思議的是這種不文不白、似通非通的詩風，卻意外地引來一大群模倣者，如胡也頻、石民、沈從文、林松青、林英強、張家驥、侯汝華等人便是。早期象徵主義的另一分支，則大力倡導「純詩」，迷戀詩的音樂性，力求散文與詩有明確的分野。如穆木天認爲「詩越不明白越好。明白是概念的世界，詩是最忌概念的」，〔註 6〕王獨清引爲同調說：「不但詩是最忌說明，詩人也是最忌求人瞭解！求人瞭解的詩人，衹是一種迎合婦孺的賣唱者，不能算是純粹的詩人！」〔註 7〕兩個分支都叛離了白話爲詩、崇尚明白清晰的主要審美傾向。因此，這一楔子的介入，在詩壇引起了新的裂變。

象徵主義詩歌的神秘、難懂、晦澀，與他們的語言風格緊密相關。如李金髮大膽地擯棄白話，以文言、外來詞爲常用語彙，雜以歐化文法，既與古典詩詞不同，又與流行的白話詩不同。綜觀其詩，不但大量夾雜「之、若、亦、欲、惟、遂」等文言單音字，也處處可見「羞惡、枯骨、哀戚、煩悶、丘墓、蜷伏」等又十分書面化的雙音詞；不但有故意不說完整而是人爲折斷後只取一部分的詞組，而且還擁有一些個性化的語詞，如「遊蜂、翼鞋、翼、羽；搏虎、武士；羞怯、戰慄」等之類。穆木天、王獨清、馮乃超等人則不同，明顯沒有那麼多的文言語彙，但摻雜的外文單詞較多，在詩句的跳躍、省略、詩思的斷裂等方面，與李金髮如出一轍。他們通過以下兩條途徑來實現詩的語言傳達上的陌生化，達到創新求異的目的：「一個是不同官能的修飾語的交錯搭配，即『通感法』；一個是正常語法邏輯的主觀的空缺，即『省略

〔註 3〕朱自清：《中國新文學大系・詩集・導言》，上海：上海良友圖書印刷公司，1935 年版。

〔註 4〕卞之琳：《新詩與西方詩》，《人與詩：憶舊說新》，北京：生活・讀書・新知三聯書店，1984 年版，第 189 頁。

〔註 5〕孫席珍語：見卞之琳《新詩與西方詩》一文中，《人與詩：憶舊說新》，北京：生活・讀書・新知三聯書店，1984 年版，第 190 頁。

〔註 6〕穆木天：《譚詩——寄沫若的一封信》，《創造月刊》一卷一期，1926 年 3 月。

〔註 7〕王獨清：《再譚詩——寄給木天伯奇》，《創造月刊》一卷一期，1926 年 3 月。

法』。這兩種方法，在他們的詩中，常常是交互使用的。」〔註 8〕

這一切，個中原因似乎很難說透，但明顯可以肯定的是，在白話詩流行過程中，白話越多而詩味越少，引起了人們的普遍不滿與反動，其中文言「回潮」現象恰在此時彌補了這一空蕩蕩的缺陷；作爲「原型」的舊體詩詞藻又一次證明了自己不「死」的活力。衹是文言語彙是夾雜在自由詩體的形式與軀殼裏，與後來 30 年代汪懋祖們提倡文言復興、讀經運動相比有質的不同，招致的指責也還比較溫和。文言入詩與歐化語法雙管齊下，帶給白話詩一種全新的陌生感與新奇感。反過來看，在中國初期白話詩人奮力擺脫舊體詩及文言語彙而紛紛趨向白話的過程中，當時是唯恐不夠「白話」化，但一旦超過某一界線，詩歌內部的某種生態平衡便打破了，問題也跟著出現。有論者認爲李金髮「恰恰是從白話的反面來強調，於是能夠在白話過分膨脹而導致貶值的情境中，打破白話時尚而樹立新的文言入詩時尚」，〔註 9〕「20 年代中期白話新詩已經幾乎走到了極端，膨脹到明顯大幅度貶值的地步，李詩才來得正是時候。當然就這個時機而言，與其說是李金髮的自覺把握，不如說是他正巧碰上。」〔註 10〕這些論述，在闡釋緣由上具有代表性。

承此而來的問題是，爲什麼偏偏李金髮這樣幸運「正巧碰上」？如果以文言入詩而論，其中有沒有一個較爲大致的比例？換言之，劃界線要劃在什麼地方才能充分促進白話與新詩本身的發展，它對文言的襲取要保持一個什麼樣的比例才算合理？回答這些問題，首先要認識到李金髮個人對祖國大陸新詩壇與北方話本身的雙重隔膜。李金髮出生於廣東梅縣這一客家方言區域，小學畢業後便到香港粵語區讀書生活，後來長期旅居國外，日常所習除了古代文言之外，便是客家話、粵語和法語，對胡適等人倡導的白話新詩也所知不多，因此他對北方話這一主流白話甚爲陌生，已是不爭的事實。從這一角度看，李金髮在詩的創作過程中除使用文言外，是否還摻雜一些母語方言，如方言語彙、一些特殊的語法與句式，我認爲是有可能的，衹是限於筆者對此並不熟悉，以此存疑，待以後再作補充論述。

〔註 8〕孫玉石：《中國現代主義詩潮史論》，北京：北京大學出版社，1999 年版，第 106 頁。

〔註 9〕王毅：《中國現代主義詩歌史論 1925～1949》，重慶：西南師範大學出版社，1998 年版，第 35 頁。

〔註 10〕王毅：《中國現代主義詩歌史論 1925～1949》，重慶：西南師範大學出版社，1998 年版，第 37 頁。

其次，以白話爲主幹，適當調用文言詞藻乃至一些句式，這其中的「度」如何把握，在當時似乎沒有任何共識可言。當詩詞只取「六經所有」之字詞時，它不可避免地成爲一種濫調、套語；同樣，當僅限於白話時，另一種單一的文腔也令人疑惑，正如時人所說「一切作品都像個玻璃球，晶瑩透明得太厲害了，沒有一點朦朧。因此也似乎缺少了一種餘香和回味」。〔註 11〕「中國人現在作詩，非常粗糙，這也是我痛恨的一點」。〔註 12〕不過值得強調是的，它是在白話詩文已經佔據了正統地位以後，「必當棄模擬古文而用獨創的白話，但同時也不能不承認這個事實，把古文請進國語文學裏來」，〔註 13〕使古文元素成爲現代新詩語言的有機組成部分。另外，當這一趨勢漸漸成爲白話詩圈子裏詩人們的新潮流時，當初的引路人胡適們基本上失語了。與李金髮同時期的俞平伯、廢名等人，或一以貫之、或破格以求，卻不約而同地在試驗採用文言詞語以增加文章的澀味與古味。

宏觀上看，綜覽中國詩歌史，至少二元對立的格局是一直並存不悖的，一類偏於含蓄多解，如詩無達詁的溫李一派；一類則崇尚明白易懂，如元白傳統一派。兩種「原型」至少是大體上的口味與風格分化。因此含蓄多解「原型」這一元的及時跟進、補充，促使胡適式的明白易懂詩風這一一統天下局面的合理終結。事實上，愛好不同是人之天性，一目了然式的作品，讀多了也不利於鑒賞習慣與闡釋能力的提升。正因如此，象徵主義詩歌多解藝術的出現，這一格局補充性地與前者並立，兩者互有所長，也有所短，達成互通有無的雙線結構。可見這一結構性的調整，還真來得恰是時候。

二

如果說以李金髮等人爲代表的象徵詩派，著重於文言語彙的復活與歐化語法的引進，那麼新月詩派則以新詩的規範化、格律化爲旨歸，復活了舊體

〔註 11〕周作人：《〈揚鞭集〉序》，《語絲》第 82 期，1926 年 5 月。

〔註 12〕穆木天：《譚詩——寄沫若的一封信》，《創造月刊》一卷一期，1926 年 3 月。

〔註 13〕周作人：《國語文學談》，楊揚編：《周作人批評文集》，珠海：珠海出版社，1998 年版，第 212 頁。此外，周作人在此文中對國語文學的認識也很有建設性意義，他認爲「一國裏當然只應有一種國語，但可以也是應當有兩種語體，一是口語，一是文章語，口語是普通說話用的，爲一般人民所共喻：文章語是寫文章專用的，須得有相當教養的人才能瞭解，這當然全以口語爲基本，……兩者的發達是平行並進，文章語雖含有不少的古文或外來語轉來的文句，但根本的結構是跟著口語的發展而定，故能長保其生命與活力。」出處同上，第 211 頁。

詩詞整體形式的重要一端。白話新詩在求得「白話」本身的發展時，如何圖「新」並關注「詩」的形式，已成爲一個迫切問題。在形式和內容的有機結合與統一上，傳統詩詞的潛在影響再一次凸現出來。

與李金髮的嘗試很難得到認同相反，以聞一多、徐志摩、朱湘、陳夢家爲代表的新月詩派，通過確立傳統的藝術形式與美學原則，爲白話詩提示了一個嶄新的方向，在當時也漸成風氣。「那時候大家都作格律詩；有些從前極不顧形式的，也上起規矩了」。〔註 14〕

1925 年聞一多留美回來，把自己的家變成了「一群新詩人的樂窩」，〔註 15〕開始有條件地實現自己以前「徑直要領袖一種之文學潮流或派別」〔註 16〕的夙願。新月詩派由此粉墨登場，它前期以北京的《晨報副刊》詩鐫爲基本圈子，後期則以《新月》、《詩刊》等爲陣地。新月詩派的主攻方向是在新詩與舊詩之間建立某種聯繫，重心是把從初期白話詩人關注白話轉向「詩」本身，這樣使得白話詩既是用白話書寫，而且「詩是詩」，中國新詩進入另一個自覺的時期。具體進行的途徑如次：一是形式格律化，以理性節制情感，給形式、語言帶上「鐐銬」。「如果說，早期白話詩人是從中國詩傳統中處於邊緣位置的宋詩那裡，獲得反叛的歷史依據與啓示；那麼，現在新月派詩人就開始與中國詩傳統的主流取得了歷史的銜接與聯繫。」〔註 17〕這裡所說的「中國詩傳統的主流」主要指的是外在形式，外在形式對白話產生束縛，需要對現代白話進一步提純。在聞一多《詩的格律》一文中，提出廣爲人知的「三美」主張，即音樂美、繪畫美、建築美，三者中都有對語言的思考，如音樂美重視音節，繪畫美即詞藻美，建築美中包含限定詩行字數，講究對稱、均勻等。在強化現代漢語辭彙的搭配與本身色彩的諧調中，其中也包括對方言土語辭彙的挪用，對古典詩詞有生命力辭彙的啓動。在這一取向中，不管是聞一多、徐志摩、陳夢家，還是其他新月詩人都不同程度地存在類似的現象，雖然也經歷過略顯生硬、有拼貼化缺陷的起始階段，如聞一多的《紅燭》、徐志摩《志摩的詩》中一些作品。但與李金

〔註 14〕朱自清：《中國新文學大系・詩集・導言》，上海：上海良友圖書印刷公司，1935 年版，第 6 頁。

〔註 15〕梁實秋：《新詩的格調及其它》，《詩刊》創刊號，1931 年 1 月。

〔註 16〕聞一多：1922 年 9 月 29 日《致梁實秋、吳景超信》，《聞一多書信選集》，北京：人民文學出版社，1986 年版，第 64 頁。

〔註 17〕錢理群等著：《中國現代文學三十年》（修訂版），北京：北京大學出版社，1998 年版，第 129 頁。

髮式詩風相比，新月詩人融化的功夫大爲增強，不但頗有詩味，而且和諧勻稱，到後來生硬化的現象大爲減少，形成以口語爲主的優美典雅的語言風格。此外補充一點的是建築美主張對句子的限制，講究句的均齊與劃一，如何做到呢？因爲現代白話是雙音節詞占多數，這一問題儘管在當時有音尺一說，但從整體上看，還是硬性規定也有其合理的一面，因爲要限制字數，又蜷縮在有限的詩行中，必然逼迫作者事先有一個周密的選擇、推敲字詞的過程，這個過程雖然有點呆板、單調，但也是不無益處的基礎。

其次，新月詩人普遍加強抒情詩中的敘事成分，或進行敘事詩的創作，在既有故事情節又有人物對白的尋言過程中，摻入原生態的土話、口語；對新詩的戲劇化、小說化的嘗試，也在文體交叉上兼顧語言的多元化。新月詩人，沿襲白話這一主導語言，進行「土白入詩」的試驗最爲自覺，有團體化傾向。如聞一多的《罪過》、《天安門》、《飛毛腿》，徐志摩的《大帥》、《一條金色的光痕》、《罪與罰（二）》，蹇先艾的《回去！》、饒孟侃的《「三月十八」》、卞之琳的《酸梅湯》等，這些作品把戲劇中的對話與獨白引入詩中，採取合乎人物身份的土白方言，來塑造人物形象、表現人物個性與命運。這些人物，較多地集中於人力車夫、乞丐、村婦、小販等底層者身上，其「土白入詩」的源泉，主要是各詩人家鄉的方言與北京土白。

新月詩人作品的語言形態，總體而言是立足於現實生活，在原生態的口語基礎上，趨向於雅言化。聞一多豐富的想像力、詞藻色彩捕獲力和沈鬱冷凝的才情結合在一起，在現代語言中產生蕪雜的張力結構，語言的表現力得到強化；徐志摩、朱湘等詩人，在運用語言上呈現出雅潔、圓熟的氣息，藝術加工程度較高。這一切說明白話本身隨著生活在不斷豐富、發展，鎔鑄歐化語與口語，把一切有益的語言成分充分吸收到現代白話中來，已是較爲普遍的現象了。形象地說，如何糅合、調適白話，在圈內人卞之琳所說的「化古」與「化歐」之間，還可以加上「土白入詩」基礎上「化土」的問題，這三者的結合，正是新詩語言健康發展、建設的主要源泉。

三

30 年代的現代派是後期新月派與 20 年代末的象徵詩派演變而來，〔註 18〕

〔註 18〕艾青：《中國新詩六十年》，海濤等編：《艾青專集》，南京：江蘇人民出版社，1982 年版，第 293 頁。

並在三十年代中期達到鼎盛時期。在全面抗戰前兩年，現代詩派曾處於被譽爲「新詩自五四以來一個不再的黃金時代」。〔註 19〕整體上打量，現代詩派的新詩，不但內容、題材進一步得到拓展，而且藝術技巧、手法也臻於成熟與多樣化，不同風格的優秀詩人也湧現得較多，可以說是一個詩質與詩形都均勻發展的流派。

這一流派的刊物主要有《現代》、《新詩》、《水星》等，代表人物除被稱之爲現代詩派的「詩壇的首領」的戴望舒外，還有施蟄存、卞之琳等漢園三詩人以及廢名、林庚與金克木等。〔註 20〕他們都是個性鮮明的詩人，如戴望舒以詩風的典雅細膩取勝，施蟄存以意象的繁複見長；何其芳的纏綿婉轉、卞之琳的含蓄親切、廢名的晦澀恍惚……都是極富個人化的。

施蟄存作爲《現代》的編者，對新詩來稿與發表的作品作過一個估計，〔註 21〕後來還進一步認爲其中有相當完美的肌理（Texture），在回答讀者的問題時提出帶有流派宣言性質的詩學主張：「《現代》中的詩是詩，而且是純然的現代詩。它們是現代人在現代生活中所感受的現代的情緒，用現代的詞藻排列成的現代的詩形。」〔註 22〕這是強調的是頗具含混性質的「現代」一詞，它重複出現七次，均指向新詩現代性的自覺追求。如果我們細加察看的話，也還有不少值得深思的地方，如「現代的詞藻」到底是什麼呢？施氏當時在文中曾有一個解釋：「採用一些比較生疏的古字，或甚至是所謂『文言文』中的虛字，但他們並不是有意地『搜揚古董』。對於這些字，他們沒有『古』的或『文言』的觀念。只要適宜於表達一個意義，一種情緒，或甚至是完成一個音節，他們就採用了這些字。所以我說它們是現代的詞藻。」這裡所說的意見顯然有窄化的一面，稍一瀏覽 30 年代現代派詩歌作品，我們不難發現作品呈現出來的遠不止這些，只不過文言詞語入詩相當引人注目

〔註 19〕路易士：《三十自述》，《三十前集》詩領土出版社，1945 年。

〔註 20〕據藍棣之編《現代派詩選》一書，除以上提及的外，還有曹葆華、常白、陳江帆、陳時、番草、禾金、侯汝華、李白鳳、李健吾、李心若、玲君、劉振典、路易士、呂亮耕、羅莫辰、南星、錢君匋、史衛斯、孫毓棠、吳奔星、辛笛、徐遲、趙蘿蕤等人，北京：人民文學出版社，2002 年版。

〔註 21〕施氏後來總結稱：「它們的共同特點是：（1）不用韻。（2）句子、段落的形式不整齊。（3）混入一些古字或外語。（4）詩意不能一讀即瞭解。這些特徵，顯然是和當時流行的『新月派』詩完全相反。」見施蟄存：《〈現代〉瑣憶》，《沙上的腳迹》，瀋陽：遼寧教育出版社，1995 年版，第 35 頁。

〔註 22〕施蟄存：《又關於本刊中的詩》，《現代》四卷一期，1933 年 11 月。

罷了。文言詞語經李金髮等人大量調用，已有一段長的歷史了，相比之下，現代派詩人調用文言語彙時，選擇的餘地更爲開闊，可供挑剔的資源也豐富許多，而且基本上沒有李金髮式的拗口、生硬等毛病。按當時的說法，文言詞語已逐漸融入到現代詩的語言中，從「白話入詩」已逐漸過渡到「散文入詩」階段，〔註 23〕現代詩的散文化也就是口語基礎上的散文化，這一歷史的邏輯推進呈現出縱向深入的趨勢。這是在前人基礎上的進步，詩與語言的結合，更爲豐富、緊密。

試以戴望舒爲例。戴望舒在 1922 年到 1924 年開始寫詩的階段，便對當時通行的詩風有一個大概評估，認爲是他們通行狂叫，通行直說，以坦白奔放爲標榜，並對於這種傾向私心裏反叛著。〔註 24〕反叛的結果之一，傳統舊詩詞的詞藻，在自己的詩中鑲嵌似的散佈著，直到《我的記憶》出現才開始自覺張揚現代性的語言，完成他自己所說的「爲自己製最合自己的腳的鞋子」〔註 25〕的工作，如《我的記憶》便娓娓道來從容灑脫，完全是口語化的，大量排比復遝句式的運用，造成某種纏繞著的旋律，給人親切、含蓄的審美感受。熟悉戴望舒的人對他的詩歌語言、形式曾作出積極評價：「在親切的日常調子裏舒卷自如，銳敏，精確，而又不失它的風姿，有節制的瀟灑和有功力的淳樸。日常語言的自然流動，使一種較有韌性因而遠較適應於表達複雜化、精微化的現代感應性的藝術手段，得到充分的發揮。」〔註 26〕提倡詩的散文美的艾青也認爲他「較多地采有現代的日常口語，給人帶來了清新的感覺。」「都是現代人的日常口語，而這些口語之作爲詩的語言，在當時，是一大膽的嘗試。」〔註 27〕從這些讚賞性評論可知，說話的調子、自然流動的口語，明顯更適應於主體表現對複雜、精微的現代生活的感受，自由詩體與生長的口語相配合，已進入新的軌道運行。

在句式結構上，現代詩派也有新的突破，主知詩、智性化的詩得到重視與模倣，如「在這裡，親愛的，在這裡／這沉哀的，這絳色的沉哀」（戴望舒

〔註 23〕番草（鍾鼎文）語，轉引自藍棣之：《現代派詩選·前言》，人民文學出版社，2002 年版，第 19 頁。

〔註 24〕杜衡：《望舒草·序》，上海復興書局，1932 年。

〔註 25〕戴望舒：《望舒詩論》，《現代》2 卷 1 期，1932 年 11 月。

〔註 26〕卞之琳：《〈戴望舒詩集〉序》，《人與詩：憶舊說新》，北京：生活·讀書·新知三聯書店，1984 年版，第 65～66 頁。

〔註 27〕艾青：《望舒的詩》，海濤等編：《艾青專集》，南京：江蘇人民出版社，1982 年版，第 262 頁、264 頁。

《林下的小語》，「牆上下等的無線電開了，／是靈魂之吐沫」（廢名《理髮店》）、「是誰竊去了我十九歲的驕傲的心，／而又毫無顧念地遺棄？（《何其芳《雨天》》、「友人帶來了雪意和五點鐘」（卞之琳《距離的組織》）……這些典範性的詩句，或巧用通感、或強化遠取譬、或推敲詩眼，都可以說拒絕了詩句的直白平實的意義傳達，而是在暗示、含蓄、親切中引人品咂、咀嚼；語言的彈性、張力也大爲擴張。

四

中國詩歌會是 30 年代貫徹新詩現實主義詩風的代表性團體。它自 1932 年成立於上海後便活躍在詩壇上，雖然在抗戰前自動解散，但其成員在抗戰詩歌中仍繼承了現實主義的詩風。

「左聯」於 1930 年成立後，在左聯執委會決議（1931 年 11 月）中便指出「文學的大眾化」方向。爲了新詩的「大眾化」，隨後成立的中國新詩會肩負起了這一責任。在四個流派中，它的規模最大，組織性更強。它本身是左聯領導下的一個群眾性詩歌團體，有組織、有刊物、有固定的人員：中國詩歌會成立後先後創辦了《新詩歌》、《詩歌》、《中國詩壇》等七八種刊物，除上海總會外，還在河北、廣州、青島、東京等設立分會，會員有二百人左右，所出版的詩集有四五十冊之多，可以稱之爲理論與創作兩輪驅動的社團。

從歷史傳承來看，中國詩歌會繼承並發揚了初期白話詩的現實主義風格，又接過早期無產階級詩歌的旗幟。前者如劉半農、劉大白等人反映階級對立、貧富分化的詩作，後者如早期共產黨人鄧中夏在《新詩人的棒喝》、《貢獻於新詩人面前》等文中提出的革命工具論。事實上，黑暗惡濁、民不聊生的社會現實，一直在要求詩歌作出迅速而具體的體現，在現實與審美的關係上，肯定需要詩歌中的某一流派來勝任這一任務；新詩除了面向知識份子外，如何面對現實苦難生活，如何面向農民與農村，始終是一個艱難的選擇。從以前的白話詩平民化過渡到農民化、大眾化，蔣光慈、殷夫的詩便是具體的例證。所以中國詩歌會之所以成立並迅速壯大，一方面接受的影響就是「五四」以來包括早期共產黨人主張在內的現實主義詩歌傳統；郭沫若、蔣光慈、殷夫等人的影響；蘇聯革命詩人的影響。另一方面則是由於徐志摩、李金髮、戴望舒所代表的三個流派的詩人，「嚴重脫離現實，甚或有意無意地歪曲現實！」〔註 28〕依此邏輯，到中國詩歌會手裏，有必要恢復這一被「歪曲」的現實圖景，有必要回到這一現實中來。

中國新詩會代表性詩人除蒲風、穆木天、楊騷、任鈞等人外，還有柳倩、王亞平、溫流、關露、田間、林林、杜談等骨幹分子，他們在機關刊物《新詩歌》的《發刊詩》中宣稱：「我們要用俗言俚語，／把這種矛盾寫成民謠小調鼓詞兒歌，／我們要使我們的詩歌成爲大眾歌調，／我們自己也成爲大眾中的一個。」〔註 29〕這一宣言獨特新奇而又不失標舉現實之意。但問題是如何「捉住現實」呢？如何反映並成爲這「一個」呢？按魯迅的話來說就是要佔領讀者，把新詩從文字的藝術變成聲音的藝術。〔註 30〕在中國新詩會詩人那兒，就轉換成了佔領農村的讀者，爲底層民眾服務；強化新詩的大眾化，通過新詩達到宣傳教育、開啓民智的目的。

正是在這一意義上，以底層勞動者爲題材的新詩大量湧現，它們主要是反映農村的苦難、覺醒與抗爭，如以母子對話展開詩篇的《茫茫夜》（蒲風），描述 30 年代農村破產與騷動的《鄉曲》（楊騷）……在手法上，他們大都是直接描摹現實，具有寫實性傾向；長篇敘事詩較多，從短到長，數十行到數百行乃至上千行的都有。典型例子如蒲風的《六月流火》和《可憐蟲》，楊騷的《鄉曲》，田間的《中國，農村的故事》，穆木天的《守堤者》和《江村之夜》，溫流的《我們的堡》等。在語言上貼近群眾口語，沒有歧視地把方言化的群眾口語予以大量接納，並通過歌謠化、音樂化等形式化爲民眾歌唱的聲音。詩人們還創作了一批歌詞，被音樂家譜曲後廣爲傳唱，如蒲風的《搖籃歌》、任鈞的《婦女進行曲》、百靈的《碼頭工人歌》等。這是上述流派所沒有的現象。

因爲要考慮廣大民眾這一底層讀者群的接受水平，中國詩歌會詩人當時向下看的姿勢較爲典型。爲了把新詩成爲讀者的聽覺藝術，詩歌會詩人的作

〔註 28〕任鈞：《略談一個詩歌流派——中國詩歌會》，《社會科學》1984 年 3 期。

〔註 29〕穆木天：《〈新詩歌〉發刊詞》，《新詩歌》創刊號，1933 年 2 月 11 日。

〔註 30〕魯迅曾給中國詩歌會當時成員竇隱夫（即杜談）回復論詩的一封信裏（1934 年 11 月 1 日）指出：「我只有一個私見，以爲劇本雖有放在書桌上的和演在舞臺上的兩種，但究以後一種爲好；詩歌雖有眼看的和嘴唱的兩種，也究以後一種爲好；可惜中國的新詩大概是前一種。沒有節調，沒有韻，它唱不來；唱不來，就記不住，就不能在人們的腦子裏將舊詩擠出，占了它的地位。」隨後主張：「我以爲內容且不說，新詩先要有節調，押大致相近的韻，給大家容易記，又順口，唱得出來。但白話要押韻而又自然，是頗不容易的」，引自魯迅：《341101 致竇隱夫》，《魯迅全集》（第 13 卷），北京：人民文學出版社，2005 年版，第 249 頁。

品，基本上迴避了文言辭彙與外來語詞藻，書面化的語彙也較爲少見，方言土語倒吸收得比較多。另外，因爲熱心於向民間歌謠吸取資源，各種民謠體式得到了充分的挖掘，如民歌、民謠、小調、大鼓書等形式就廣爲借用，就蒲風一人，就嘗試過大眾合唱詩、童謠、寓言詩、歌詞、明信片詩等不同體式。可以說，在階段性過渡中，他們癡迷新詩的方言化，對舊形式也頗爲顧戀。這一手法在抗戰後不久，雖然沒有以中國詩歌會的名義繼續推行，但到後來發展成爲「方言詩」運動，如在《中國詩壇》上闢有「方言詩歌特輯或專輯」；主將蒲風身先士卒，出版了客家方言敘事長詩《林肯・被壓迫民族的救星》、客家方言體敘事詩《魯西北的太陽》等。〔註31〕

結　語

這一時期，四個流派的競爭、互補，構成了健康有序的詩歌生態圈，白話詩在轉軌、深化中達到了它歷史的新高度。語言在提煉中進一步詩化，也一直在推進。另一方面，詩人們也感覺到本身還蘊藏著各種危機，如當時有人呼籲現代詩要有野蠻、樸直、粗獷、新鮮的青春活力，必有野蠻大力來始能衝破詩的僵化。〔註32〕另外題材、語句的雷同與陳舊，也在呼喚更深層次的變革。

但不幸的是，這一內部緩慢的變革，被全民性的戰爭語境所制約。隨著抗戰的全面爆發、大批國土相繼淪喪，在各種流派分化與重組中，不同風格的詩人在流亡中或消失或重現，或衰頹或振興，紛紛面對抗戰的炮火，輾轉著經受戰爭血與火的考驗。不同方向的詩藝嘗試，變得整齊劃一、雄渾響亮起來，個性化的聲音被淹沒在集體的聲音中，戰爭與時代的合奏又拉開了帷幕。

第二節　劉半農：舉燈者的足迹

在早期的白話詩詩人隊伍中，集語言學家與詩人爲一身的劉半農是一個不可忽視的存在，他的新詩作品不但承載著北京土白，而且湧進了他的家鄉土白——江陰方言。茅盾曾說「『五四運動』以前，在白話詩方面盡了開路先鋒的責任的，除胡適之而外，有周作人、沈尹默、劉復、俞平伯、康白情諸

〔註31〕兩本方言詩集在報刊發表後，均以詩歌出版社名義於1939年在廣東梅縣出版。
〔註32〕柯可（金克木）：《雜論新詩》，《新詩》第二卷三、四期，1937年7月。

位。這幾位先生中，繼續寫白話詩比較久的，似乎只有俞平伯。」〔註 33〕這裡接著茅盾的話補充一句，「而最會翻新鮮花樣、試驗體裁最勤，且以駕馭口語見長的，似乎非劉復莫屬」。只可惜的是，他的詩集問世較遲，直到 1926 年才把三卷白話詩出版出來，〔註 34〕在這一嘗試維度上沒有發揮應有的影響。新月詩派的土白入詩試驗，其局內人士也未曾承認是受他的影響與啓發。〔註 35〕

從方言入詩角度來審視的話，作爲「新詩人當中對於音調上寫得特別流利的一個作家」，〔註 36〕劉半農可以說是民國詩歌史上第一個自覺而又堅韌的嘗試者，從初期白話詩階段進而延伸到二十年代中期以後，歷史地擔當了「舉燈者」這一首開風氣的角色。在他不斷進行各種體裁試驗的「自己的園地」裏，如何培植那株把方言與新詩發展結合起來的幼苗，則始終是劉半農關注的焦點。事實上，這一努力與他最先躬耕於民俗、歌謠領域，以及留洋時專攻實驗語言學與音韻學等專業背景相吻合，因此劉半農在方言入詩上所積累的經驗很有啓發意義。這裡僅舉兩例以資佐證：其一是當時劉氏就被譽爲「中國文學上用方言俚調作詩歌的第一人，同時也是第一個成功者。」〔註 37〕其二即上個世紀末，一位臺灣學者的評價：「劉半農是啓蒙期新詩人中，能自舊詩詞的桎梏中蛻變出來的少數作家之一，而運用口語之靈活，駕馭方言之純熟，所作具有白描之美，表現純樸自然之意境，不能不推爲啓蒙期詩人中之第一位。」「至今日爲止，新詩人中用方言寫作民歌最爲成功的，仍不能不推劉半農」。〔註 38〕當然針對他的嘗試，在民國詩歌史上也不乏貶損他的聲音，如蘇雪林出於文學是貴族的而非平民的私見，在讚賞這類詩「生動佳妙」的同時，最後認定爲是「一種文藝遊戲」，「不能叫做文學」。〔註 39〕這也並不奇怪，方言入文、入詩歷來便受到打壓，

〔註 33〕茅盾：《論初期白話詩》，楊匡漢、劉福春編：《中國現代詩論》上編，廣州：花城出版社，1985 年版，第 306 頁。

〔註 34〕三卷白話詩分別爲：《瓦釜集》，北新書局，1926 年 4 月版；《揚鞭集》上卷，北新書局，1926 年 6 月版；《揚鞭集》中卷，北新書局，1926 年 10 月版。

〔註 35〕朱湘認爲，拿土白作詩，在中國還沒有第二個詩人像徐志摩這樣做過。饒孟侃則把土白詩嘗試視爲徐志摩『對新詩最大的貢獻』。」

〔註 36〕趙元任：《劉半農先生》，鮑晶編：《劉半農研究資料》，天津：天津人民出版社，1985 年版，第 351 頁。

〔註 37〕渠門：《讀〈瓦釜集〉以後捧半農先生》，鮑晶編：《劉半農研究資料》，天津：天津人民出版社，1985 年版，第 277 頁。

〔註 38〕秦賢次：《劉半農面面觀》，《海南師範學院學報》1991 年 2 期。

〔註 39〕蘇雪林：《〈揚鞭集〉讀後感》，鮑晶編：《劉半農研究資料》，天津：天津人民

只不過是在見仁見智的名義下聊備一格而已。不過，平心靜氣地仔細考察、比較、斟酌一番，則可發現評論界褒貶不一的結論，大多憑空建立在一些印象式的感受上，缺乏較爲充足而深入的論證。本節則力求在前人有所涉及、研究的基礎上，試著做一具體而深入的探究，主要是圍繞劉半農方言入詩的探索、實踐，從以下幾個方面略加梳理：一是把他的方言入詩現象放在他的整個詩歌創作過程與詩歌建設理論主張中，分析背後潛藏的創作資源，特別是語言資源。二是以《瓦釜集》爲重點，結合《揚鞭集》，從搜集與仿傚兩個維度剖析他的方言詩歌創作過程與情況。

一

有上海才子之稱的劉半農，出生於江蘇江陰，在家鄉度過童年與青少年時期，從母語環境來看是典型的北部吳語方言區。因家境較爲貧寒，投身《新青年》及新文化運動之前的青年時代，曾有一段在上海賣文、演戲爲生的經歷，從江陰到上海，語言環境相差無幾。後來他積極地致力於新文化運動，「活潑，勇敢，很打了幾次大仗」，〔註 40〕最具代表性是莫過於 1917 年 5 月、7 月，在《新青年》上先後發表《我之文學改良觀》、《詩與小說精神上的革新》等回應文學革命的文章。隨後工作與生活地點也由上海搬到了北京，職業也基本上改爲教書爲主，業餘從文。在北大教書之餘，他一邊參與《新青年》、《歌謠》的編輯工作，一邊以各種形式嘗試白話新詩的創作，整個過程結合徵集編輯全國近世歌謠、研究方言等語音學專業等諸項工作，可以說，劉半農是一個爲整個白話新詩尋找生長空間、帶來新的生長點與可能性的先驅者。

從以上概述中，可以發現並歸納伴隨劉半農新詩創作有以下幾個特點：一是自身的詩歌創作過程雖然只有十餘年，但存在幾個明顯的階段性，呈現出變化多、進境明顯、且過程明瞭清晰。從脫胎於《遊香山紀事詩》式的舊詩詞，到初次亮相《新青年》的《相隔一層紙》，可見從舊體詩向白話詩轉化的痕迹；再到《揚鞭集》中的口語詩風與山歌體，再到《瓦釜集》這一方言民歌體階段，可以冠之爲幾個大的「跨級跳」。二是翻樣花色多，嘗試的新詩體裁是當時新詩人中最爲突出的。正如他自己所言，「我在詩的體裁上是最會

出版社，1985 年版，第 296～302 頁。

〔註 40〕魯迅：《憶劉半農君》，《魯迅全集》（第 6 卷），北京：人民文學出版社，2005 年版，第 73 頁。

翻新鮮花樣的。當初的無韻詩，散文詩，後來的用方言擬民歌，擬『擬曲』，都是我首先嘗試。至於白話詩的音節問題，乃是我自從 1920 年以來無日不在心頭的事。」〔註 41〕三是始終保持著對口語的敏感，追蹤其發展、變化，同時又能擺弄得很妥貼。這些特點於他當時的自己，以及同時代的評論者，都有或多或少的文字記載。如周作人在《揚鞭集》的序裏曾說過：「那時做新詩的人實在不少，但據我看來，容我不客氣地說，只有兩個人有詩人的天分，一個是尹默，一個就是半農。」這一評價是針對當時的整個白話新詩而言，後來學界中人輾轉引述甚多。依我看來，似有不實之嫌，這一定位不應擴大化，而主要應不脫離這一範圍：即從追蹤口語，關注口語，駕馭得住口語，乃至畢生重視口語的價值等諸方面著眼，在這些方面劉半農確實擔當得住「詩人的天分」這一讚譽。

第二個特點即是他的專業背景與興趣。也許是受老朋友語言學家錢玄同的影響，以及出國留學前曾參加過教育部「國語統一籌備會」等與語言學相關工作的原因，劉半農赴歐留學四五年，主要時間與精力都花在語音學上，後來則以《漢語字聲實驗錄》與《國語運動史略》等論文獲得法國國家文科博士學位。回國後，劉半農任本專業教授，從事相關工作，如發明測語音的儀器，專心於四聲實驗，方言調查，搜求整理宋元以來俗字譜。直到最後赴綏遠山西等地調查方言，沿途記錄語言聲調，采集民謠民俗等事而染病身亡。在傳統語言學過渡到現代語言學的轉型環節中，他作出了開創性的貢獻。

與此相關的是，他還是一個知名的民俗學者，對民謠、歌諺一直情有獨鍾。眾所周知，北大「歌謠研究會」係當時全國唯一徵集與研究歌謠的學術機構，其前身「歌謠徵集處」則是由劉半農與沈尹默兩人提議發起的，時間是 1918 年春。〔註 42〕翌年 8 月，劉半農乘回家鄉的機會，在路上從船夫口中紀錄下二十首民歌，刊於《歌謠》周刊，當時周作人曾作一序文，高舉民歌的價值。後來劉半農的新詩集《揚鞭集》中的一部分以及《瓦釜集》的全部作品，均爲模倣民歌體，包括文字與體裁、形式。

最後關鍵而重要的一點是，不能不提及他的詩歌主張，——這一主張與上面的幾點也有密切的聯繫，可以歸納爲幾個大的方面：一是堅持文學是平

〔註 41〕劉復：《揚鞭集自序》，載《語絲》周刊第 70 期，1926 年 3 月 15 日。
〔註 42〕見劉半農：《國外民歌譯自序》，《半農雜文二集》，上海：上海書店 1983 年影印本，第 9 頁。

民的而非貴族的觀點，沿此則可延伸到文學的平民化，通俗化道路，以及方言與文學的關係。這是他事關新文學、新文化方向性的主張，如 1917 年發表的《我之文學改良觀》，接續胡適提出的文學改良主張，對其中如何改良，改到哪裡去進行了深入的思考。文中論述了五個重大問題，其一名爲「韻文之當改良者三」，內容爲：第一曰破壞舊韻重造新韻；第二曰增多詩體；第三曰提高戲曲對於文學上之位置。第一條便從根本上關係到方言入詩的存在與發展理由。由各地方音到北京土白音，再到國語標準音，劉半農的計劃中，對各地活的口語之重視不同一般。「他的治方言音韻不是翻新花樣爲自己造榮譽，而是替新詩打算百年大計。」〔註 43〕因此，各地平民的語言、生活也有進入文學、新詩的可能，自然「引車賣漿之徒所操之語」入文入詩也名正而言順。從這一角度理解他筆下的小販、車夫、農婦、乞丐、奶娘、學徒，凡是他們的眞實生活、所操持的語言，劉半農都把它們納入了自己的筆下。

這一背後，概括地說則有一個基點，即方言與詩歌的關係。劉半農認爲「我們要說誰某的話，就非用誰某的眞實的語言與聲調不可；不然，終於是我們的話」。「我們做文做詩，我們所擺脫不了，而且是能於運用到最高最眞摯的一步的，便是我們抱在我們母親膝上時所學的語言：同時能使我們受最深切的感動，覺得比一切別的語言分外的親密有味的，也就是這種我們的母親說過的語言。這種語言，因爲傳佈的區域很小（可以嚴格的收縮在一個最小的地域以內），而又不能獨立，我們叫它方言。從這上面看，可見一種語言傳佈的區域的大小，和他感動力的大小，恰恰成了一個反比例。這是文藝上無可奈何的事。」〔註 44〕從這裡觀察，劉半農對方言入詩的理由充滿信心。還有一例便是在國語問題討論中，劉半農認爲消滅一切方言，獨存一種國語是絕對做不到的事，因爲方言也有它自然的生命，是永遠不能消滅的。並且主張「國音鄉調」反對「國音京調」，更反對定京語爲國語。〔註 45〕

第二方面是立足於創造，新詩在從外國輸入的同時，更重要的是本土化

〔註 43〕汪銘竹：《劉半農論》，鮑晶編：《劉半農研究資料》，天津：天津人民出版社，1985 年版，第 337 頁。

〔註 44〕劉復：《瓦釜集代自序》，見《語絲》第 75 期，1926 年 4 月 19 日。此外，他在此文中交代寫方言詩歌的動機，是「起於一年前讀戴季陶先生的《阿們》詩，和某君的《女工之歌》。」

〔註 45〕劉半農：《國語問題中一個大爭點》，《半農雜文》，石家莊：河北教育出版社，1994 年版，第 139～149 頁。

與母語化。如何達到這一目的呢？答案則是包括向西洋詩歌翻譯、模倣，點石成金之外，不忘記潛心於全國各地山村鄉鎮的山歌、民謠、小調，甚至是兒歌、童謠之類，這同樣是一個采集、加工、倣仿的資源。他自己的《瓦釜集》全部運用江陰方言和「四句頭山歌」的聲調寫成，《揚鞭集》中的部分詩，則是採用方言、民歌和兒歌的形式創作，雖然其中仿傚的成分還殘存得比較豐富。「現在白話詩起來了，然而做詩的人似乎還不曾曉得俗歌裏有許多可以供我們取法的風格與方法，他們寧可學那不容易讀又不容易懂的生硬文句，卻不屑研究那自然流利的民歌風格。這個似乎是今日詩國的一樁缺陷罷。」〔註 46〕與此並行的是劉半農對詩歌本質的理解是「真」。他說：「作詩本意，只須將思想中最真的一點，用自然音響節奏寫將出來便算了事，便算極好」。〔註 47〕詩的真，主要是思想、情感、性情之真，正因爲有詩人之真的存在，所以「求真」過程就能見出主體的真性情。同時有了真性情，詩的格律也自然地包括了，另一方面則不必刻意去求格律。這個主張，也就是劉半農版的「詩體的解放」。

綜上所述，這幾點都相關一個立場、根基、價値觀問題，概括地說就是平民百姓創造而享受文學，他們的口頭文學是真的而非虛假的文學。以這一眼光來看，舊體詩詞就走到了虛假文學的迷魂陣而不能自拔；詩人的眼光應向下面對底層民眾，以寫出他們的情感世界爲旨歸。在這一過程中，勞動者的語言活在他們的嘴上，標舉母語、白話，就是詩人所憑藉的語言載體。

二

通過作品與評論，大體上可以瞭解劉半農在這方面所進行的概貌。問題是這些嘗試，作爲舉燈者的足迹，它們到底是怎樣產生的呢？爲什麼在劉半農手裏能出現這批「土特產」式的成果？在搜集與模倣之間，詩人又是如何取捨、權衡？雖然這幾點也互相密切相聯著。

從挖掘隱匿於民間的歌謠一事來看，整個過程也是一個搜集、加工、解釋、定型的綜合過程。如在《手攀楊柳望情哥詞·小序》裏就說到采集整理短歌採取割裂、剪裁等手段時，劉氏認爲「用品評文藝的眼光看去，反覺割裂之後，愈見乾淨漂亮，神味悠然；因爲被割諸章，都拙劣討厭，若一併寫

〔註 46〕胡適：《北京的平民文學》，《讀書雜誌》，1922 年 2 期。
〔註 47〕劉半農：《詩與小説精神上之革新》，《新青年》3 卷 5 號，1917 年 7 月 1 日。

上，不免將好的也要拖累得索然無味了。」〔註 48〕各地蕪雜的民歌，什麼是眞的，什麼是有文藝價値與硏究價値的？本身並不是一件容易甄別的事，有人總簡單地認爲不過是紀錄而已，其實在紀錄中也伴隨著篩選、提煉。

從劉半農整理的船歌、民歌來看，主要是江蘇江陰一帶流行的家鄉特產。其內容主要有以下幾類：一類是私情歌，一類是勞動生產方面的謠曲，一類是反映階級壓迫對立的民謠。藝術手法主要有起興、問答、比喻、排比、道情等，其中多少折射出社會民風民俗。下面僅舉第二歌爲例：「梔子花開十六瓣，／洋紗廠裏姐倪揑只討飯籃！／情阿哥哥問我「吃格啥個菜？」／「我末吃格油氽黃豆茶淘飯。」詩人自注：阿，助語詞，無所取義。氽，俗字，浮也，讀如吞上聲；此言炸。淘，澆也。此外，除這些方言字詞外，像「姐倪」、「討飯藍」、「吃格啥個」、「末」都是吳語中的方言辭彙，其中包括以習見的方言襯字組成辭彙的情況。這一首頭山歌以梔子花起興，以對答方式紀錄口頭語，中間加以襯字來摹仿吳語聲調，顯然帶有吳地歌謠婉轉的軟語特色。題材上除有道情性質外，還記錄了民生艱難的畫面。

其次，是用方言直接創作的詩歌，有幾種大致方式，一是適當加入方言、諺語成分；二是完全仿傚，彷彿是道地山歌模樣。方言類型則主要是北京土白與江陰方言（即他的母語）。北京土白詩，不是劉半農的首創，北平本地很少「出產」詩人，但它彙集了全國各地湧入北平生活的詩人，他們久居京城，因和下層本地人打交道之故，在耳濡目染當地的北京土白之後，對北京土白即京語的熟悉也是可想而知的。至於劉半農，則似乎多了一層理解，北京土白在他眼裏不過祇是一種普通土白、方言而已。劉半農用京語寫過幾首方言詩，〔註 49〕如《麵包與鹽》，《擬擬曲》二首，其中「擬」的意思即設計、模倣之意，恰巧的是，這幾首詩都是寫下層勞動者——包括人力車夫的，與劉半農模倣說話人物的初衷相吻合。《麵包與鹽》作於巴黎，時間是 1924 年 5 月，這首詩係劉半農在巴黎街頭一家「麵包與鹽」的小飯館的店名上得到啓發，聯想到幾年前在北京生活時從旁人之口聽到對北京窮人吃飯寒磣的諧謔言詞，同時也對照自己相似的留學生活而感喟不已，用京語作成此詩。詩句

〔註 48〕劉半農：《手攀楊柳望情歌詞・小序》，見《劉半農詩選》，北京：人民文學出版社，1958 年版，第 113 頁。

〔註 49〕蘇雪林認爲《相隔一層紙》、《車毯》也是京語方言詩，這二首詩的京語色彩似乎並不明顯。見《〈揚鞭集〉讀後感》，鮑晶編：《劉半農研究資料》，天津：天津人民出版社，1985 年版，第 296～302 頁。

主要是刻意「實錄」窮苦老哥兒們的對談，在語言的仿傚中頗得他們的神韻。全詩近四十行，未分節，開頭幾句是這樣的「老哥今天吃的什麼飯？／嚇！還不是老樣子！——／倆子兒的面，／一個鏰子的鹽，／擱上半喇子兒的大蔥。／這就很好啦！／……」兩個窮苦人彼此吃得差而不存吃好的奢望，但也拼命賣力守住這麼一點兒，自己養活自己，這也是「做活」的意義。到了全詩最後，講「大蔥」那句詩則變成了「可別忘了半喇子兒的大蔥！」令人感受到苦中作樂而又略顯自虐意味的精神風貌，引人回味。至於二首《擬擬曲》，一首是摹擬北京兩個車夫的口吻，寫出了底層民眾對民國成立之後北京在軍閥控制下那紛亂世態隔膜而又厭倦的心情。全詩因沒有用引號注明，但在排列上以參差之詩行區別兩人所說言語；從每句話來說，都儘量與人物身份、經歷相符，議論朝政時既扯到造鐵路破壞風水等迷信上，又以「笑話」、瞎「鬧」、「丟臉」等說法予以批判，兵荒馬亂的年頭既要面對受水災影響而導致拉車生意慘澹的時局，又要在禍不單行中聽任寒冬所發出的生死考驗，最後還是窮苦人自命爲「英雄好漢」式的豁達占了上風：「只能學著他們幹總統的，／幹得了就幹，幹不了就算！」詩中「車夫」們心思之跌宕、曲折、豐富、奇異，也可見一斑。另一首《擬擬曲》行文、排列、手法與前一首相彷彿，內容大相徑庭，篇幅上則數倍於前。此首詩寫的是老五、老六兩個車夫在空閒時談到曾在一起拉車的車夫老九之死的事，曲折地反映出車夫的眞實生活，如有病無錢醫只能活活地慢慢拖死；因生活貧苦而跟媳婦兒常嘔氣拌嘴；同爲車夫的「老哥」們相互體貼、扶持……然而車夫老九死後，卻像艾青筆下的大堰河一樣，同著幾十年的屈辱撒手而去，「報答」他一輩子奔忙的還是街坊碰頭化緣攢點錢草草下葬而已。

三

與劉氏偶然寫北京土白詩相比，他用自己家鄉的母語寫的山歌、擬兒歌、擬擬曲等則顯得生動、豐富、圓熟得多，數量上也較爲可觀。主要是江陰方言詩集《瓦釜集》（除「開場的歌」之外，共有二十一首歌），在《揚鞭集》裏也有一些，如幾首相同題名的《擬兒歌》、《沸熱》、《三十初度》、《一個小農家的暮》、《一個失路歸來的小孩》等。這裡首先來看《揚鞭集》裏幾首江陰方言詩。

《擬兒歌》作者自注「用江陰方言」，從題名上一看就可以知道帶有童謠色彩，是仿傚兒童方言口吻寫的。全詩不長，主要呈現出兩幅畫面：一是摹擬在被結（方言謂繫）著的羊即將面臨宰殺時發出的哀叫聲，以及無望的神情：「低下頭去看看地浪格血，／抬起頭來望望鐵勾浪！」二是一家人買回羊肚腸去後你奪我搶而招致家庭亂成一團的情形。這一情形顯得很滑稽風趣，如氣壞仔阿大娘，打斷仔阿大老子鴉片槍，還連帶賠上前來勸架的隔壁大娘一根拐老杖（即拐杖）。這兩幅畫面是對比著寫的，在羊與人之間，在生命與美味之間，寄託著某種難以言說而又微妙的寓意。《一個小農家的暮》是詩人在大洋彼岸回憶家鄉農村生活的一首傑作，自發表之日始便流傳很廣，曾被選入多種選本。全詩共六節，以白描見長，勾勒出了一幅農家小景圖：如竈下煮飯、臉孔嫣紅的農婦，銜著煙斗、幹完農活後以調弄照料狗與牛爲樂的農夫，都像山柴燃燒時發出的「必剝」聲一樣眞切、生動，其動作、神情、心思都寫得細膩豐富，個性化較爲突出。尤其是最後二節，饒有情趣與童心，不妨照錄如下：

> 孩子們在場上看著月，／還數著天上的星：／「一、二、三、四……」／「五，八，六，兩……」／／他們數，他們唱：／「地上人多心不平，／天上星多月不亮。」

農家小孩，成群結隊地在暮色昏黃之際，在土場上看亮月、數星子、唱家鄉方言民諺，江南一帶農村風味自然溢了出來。其中因剛學會數數而屢屢數錯的稚子神態，唱著未曾明白其意的「江陰諺」的神情（作者自注末二句爲江陰諺），確實給人浸入田園詩的耳目一新之感，就那麼跟著唱啊哼啊，一種懷念鄉土、故國的情愫油然而生，而整個過程卻是那麼不著裝飾、雕琢，宛如清水芙蓉，「忍耐」著不想點破。劉半農在創作這批土白詩時，採用的視角有二：一是仿傚下層民眾的話，即追蹤、實錄「引車賣漿者言」，以摹仿口吻惟妙惟肖見長，也止步於此；二是常以孩童的角度來寫，採用兒童語言入詩，或爲孩子編唱兒歌，或模傚兒童聲口。

下面主要針對民國詩歌史上第一部純個人母語詩集《瓦釜集》略作分析。《瓦釜集》一共二十二首歌，其中有「勞工歌」、「農歌」、「漁歌」、「船歌」、「牧歌」、「悲歌」、「滑稽歌」、以及占了一半的「情歌」。這些作品，觸及了長江下游江陰一帶底層勞動人們的眞實生存狀態，「一有機會，他（指一般意義上的生命個體——筆者注）就要借著歌詞，把自己所感所受所願所喜所冥想，痛快的發泄一下，以求得心靈上之慰安。」〔註 50〕與農事相涉的事關生

〔註 50〕劉半農：《國外民歌譯自序》，《半農雜文二集》，上海：上海書店 1983 年影印

產的歌謠，是《瓦釜集》的主要內容，情感體驗範圍則是反映農事的艱辛、困苦，曲折地揭露勞動者被剝削、受奴馭的命運，以及對不公平、公正社會的血淚控訴。如勞工之歌對「世上三樁苦，搖船打鐵磨豆腐」的詮釋；車夜水的農歌中對不同年齡、家境、理想的五人心思、口吻、形象的呈現與勾勒；女工之歌中對隔壁阿姐除了承擔一家六口衣食而夜以繼日做工之外，而不得不忍痛承受「廠裏先生」調戲的沉痛復述；船歌中通過三個搖船人互相對答、捎口信而帶出船家生活深重苦難的畫面……這一切多方面地呈現了底層體力勞動者生存的困頓。至於爲什麼會這樣，詩人在別的作品中回答了這一問題：地主、資本家、地方甲長、典當行老阪殘酷的壓榨剝削，造成了這一幕幕人間悲劇。正像滑稽歌裏所言，是人比人來比殺人，財主人家與窮苦人家的生活有著天壤之別：兩者在吃、穿、喝、玩，病甚至死後送葬等方面都不可同日而語，如財主人吃得胖如三白西瓜、窮人則束緊褲帶；財主白米喂家畜，窮人連糠都「嘸不一把」，只能賣兒鬻女把一家老少賣乾淨。也像女工之歌中斥的那樣：「我勿曉得爲啥靠仔十隻指頭要嘸飯吃？／爲啥來要碗飯吃就要勦面孔？」既揭露社會的階級對立，又揭示了社會吃人的本性；既從貧富懸殊的差異中揭露窮人求生無望的現實，又揭示被掩蓋的字字皆淚、句句皆血的歷史眞相。

其次，關於青年男女相戀的情歌，差不多占了總體的一半。這是各地民歌中的一個母題，由古至今一以貫之的母題。這些詩用江陰方言寫出，似乎寫的是當地的人與事，實際並不會像作者所言，因方言關係而所能感動的社會地域有相當侷限，而是盡可能跨越地域侷限而在更大範圍內引起民眾的共鳴。這些當地情歌，既有「同看仔一個油火蟲蟲飄飄漾漾過池塘」的《郎想姐來姐想郎》，也有「情願姐田裡熟來我自家田裡荒」的《亮月彎彎照九州》。此外，既有「勿送我薔薇也送個刺把我」，以便「戳破仔我手末你十指尖尖替我縛一綁」的癡情男子（《姐園裏一朵薔薇開出牆》），也有直率地看過心上女子在毒太陽下打麥而心裏難受的漢子（《你聯竿幽幽乙是幽格我？》），用具體的寫法，寫出了婚嫁前青年男女互相追求的曲折性、眞實性與親切性。下面實錄第十九歌《河邊浪阿姐你洗格啥衣裳？》，權作代表來略爲分析一番：

> 河邊浪阿姐你洗格啥衣裳？／你一泊一泊泊出情波萬丈長。／我隔仔綠沉沉格楊柳聽你一記一記搗，／一記一記一齊搗勒篤我心浪。

本，第13～14頁。

首先，正如每首詩均有母語辭彙一樣，這首詩也有一些北部吳語區通行的地域性辭彙，如「浪」、「阿姐」、「洗格啥」、「一泊一泊」、「隔仔」、「綠沉沉格」、「一記一記」、「勒篤」、「心浪」。其中「一記一記」與「勒篤」由作者注明，分別是「一下一下」與「在」的意思。其餘沒注的如「浪」即「上」，「阿」方言字首詞，「格」、「仔」則是方言襯字。在疏通方言詞語之後，全詩的意思還是比較明朗的。由關心心上女子而引起關注她幹的所有事，包括她去河邊洗衣裳這一件小事，在洗衣裳過程中，男子「我」始終躲在楊柳中全神貫注地看、聽，如看到激起的有形的水紋聯想到心中無形的情波，正可謂心頭漣漪也蕩漾著擴展開去；聽到一下一下有節奏的搗衣聲，產生錯覺，似乎正搗在自己心上。詩人這樣寫，寫出了熱戀中男主人公的敏感、素樸而又纏綿的情緒。

總而言之，《瓦釜集》裏的母語山歌，大多顯得想像奇特，格調粗樸，情致風趣。它們或偏於俚俗，或不避粗獷；或定格於一幀生活風情畫，或盡情塗抹各種典型的物事，但一般都能做到在眞切的基礎上繪其聲色、摹其世態、狀其風俗，顯得輕靈、活潑而又不失人性之美。

在形式上，《瓦釜集》則是以「四句頭」山歌體爲主，但每行字數不等、長短不一，如第十一歌以滑稽句出之，詩句參差不一，三四句據說採取自然詩歌中一種滑稽的方法，拉得特長，其語言資源來自於元人雜劇，這樣便於情感的自由抒發。藝術手法上或用民歌傳統的比興開頭，或以當地方言諺語打頭引出主題，或對比或問答，或誇張或譬比，造成手法上變化多端。同時，詩篇用語多爲詼諧語言與俗語方言，疊字、復遝等語言藝術手段也常常拈手即來，加之嵌套吳語方言中習見的轉語、助詞、襯字、疑問詞等，都使得這一文人化的方言山歌音節流暢、舒展，有一唱三歎之感。

四

富有方言意味的原生態歌謠自劉半農首倡、采集後，在全國造成大規模的文藝運動。與此相聯繫，文人開始涉足方言詩創作，也在被譽之爲「第一個用方言來寫新詩的中國 Robert Burns」〔註 51〕的劉半農手裏燃起舉燈之火。這些泥土味十足的作品，雖然在面世過程中得到的評論毀譽參半，但這一嘗試帶來的意義是不容抹殺的，這一舉燈的姿態在民國詩歌史上不應該輕易遺忘。

〔註 51〕趙景深：《劉復詩歌三種》，《我與文壇》，上海：上海古籍出版社，1999 年版，第 27 頁。

下面就以沈從文似乎並不吝嗇的讚美結束本節：「他（指劉半農——引者注）有長處，爲中國十年來新文學作了一個最好的試驗，是他用江陰方言，寫那種方言山歌。用並不普遍的文字，並不普遍的組織，唱那爲一切成人所能領會的山歌，他的成就是空前的。一個中國長江下游農村培養而長大的靈魂，爲官能的放肆而興起的欲望，用微見憂鬱卻仍然極其健康的調子，唱出他的愛憎，混合原始民族的單純與近代人的狡獪，按歌謠平靜從容的節拍，歌熱情、鬱怫的心緒，劉半農寫的山歌，比他的其餘詩歌美麗多了。」〔註52〕

第三節　土白入詩與新月詩派

自胡適嘗試並提倡白話新詩以來，白話入詩在當時便處於整個新文化運動的浪尖之上。詩歌中人對白話詩爲正宗的理念也經歷了從懷疑、爭辯到默認、張揚的轉變過程。但是，一旦白話站穩腳跟，其本身問題也先後冒出來，一方面是當「我手寫我口」式的詩歌主張得到有力的延續時，晚清詩界革命中討論過的問題還會出場，譬如如何容納詩意、如何展現詩人的個性與才情，語言如何創新而避免陳陳相因等；另一方面，白話本身如何建設，也成爲一件大事。對於文言、方言口語與外來語來說，它們如何通過新生的白話來吸附、整合？這一過程中，白話與土白的身份更是經歷了從同盟到對陣的刷新，白話成爲占支配地位的語言，土白（方言）則居從屬地位。

一

白話新詩調適運用俗語、土白，提取各地方言，是白話詩向前推進的必由之路。當時俗語、土白與方言這幾個名詞，幾乎糾纏著難分難解。不過隨著白話統治地位的逐漸形成與日益鞏固，土白方言變得醒目起來，在詩中如何吐納也似乎一路曲折顛簸著。土白如何入詩，在被劃定爲新月派的詩人們手中，開始了新的語言試驗。

仔細追溯新月派詩人「土白入詩」的新詩語言試驗，以下問題大概是無論如何也繞不開的存在。其一：什麼是土白？土白能否入詩，它取得入詩的理由何在，如不能入詩，反對者最爲充分的根據又是什麼？其二：一旦土語方言領到了入詩的門票，詩人又是如何面對它，怎樣運作，如何給新詩發展

〔註52〕沈從文：《論劉半農〈揚鞭集〉》，《文藝月刊》第2卷第2期，1931年2月。

再一次開疆拓土呢？諸如此類的問題，在素有同氣相求的新月詩人這一群體中，恐怕也是一直在探索中尋找並不完全雷同的答案吧！

簡言之，土白即方言，它是相對於一個民族、國家的共同語而言的，它是語言的支派與變體。在語言發展歷史上，方言又被稱爲「土語、土話、土白」；舊時也稱作「鄉音、鄉談、鄉語」等。與此對立的民族共同語，在歷史上則被稱爲「雅言、通語、普通話、官話」。兩者的區別主要在於流通的廣泛性與代表性上。由此須注意與訂正的是，當初白話文運動的「白話」是相對於占統治地位的文言文而言，後來「白話」自身成爲通用語以後，一躍而起，改變了曾爲方言、土語的身份與地位。與此同時，方言、土白則與「白話」這種帶有「官話」性質的通用語對立起來。曾被稱爲「引車賣漿者流」所操之語言這頂帽子也就自然戴在土白、方言的頭上。與土白相適應的是它往往給人一種土裏土氣的印象，作爲下里巴人的語言，它很難登上大雅之堂。土白既然是文化程度較低的階層的標誌，便往往爲上層人物與社會精英所不屑。但奇怪的是它得到了新月詩派這一精英群體的青睞，這是一次精神上的紐結與錯位，形成了民國詩歌史上陽春白雪與下里巴人相映成趣的現象。

二

新月詩派浮出歷史的水面，經過了一個曲折、反覆的過程。雖然它後來被譽爲「中國新詩史上活動時間最長、詩人輩出、有鮮明藝術綱領，並在創作中取得了很高成就的一個重要詩派。它活躍在 20 世紀 20 年代和 30 年代前期的詩壇上。作爲一個詩歌流派和一股文藝思潮，它已經成爲一個歷史現象」，〔註 53〕但是，關於新月詩派的各種評價，仍在爭議中重疊著不斷展開。僅就「土白入詩」與新月詩派而言，以下幾點是相輔相成的。首先，從主體來看，新月詩人群是一個有著精英意識、紳士風情的精英群體。精英趣味、習氣是長在骨子裏頭的。眾所周知，與新月俱樂部、新月派略有歧義，新月詩派作爲「詩」的派別創作活動，主要是《晨報副刊·詩鐫》創刊開始起步的，隨後又有《新月》、《詩刊》助其成。除此之外，新月書店也出版過成員的詩集，受徐志摩委託、陳夢家編輯的《新月詩選》則是一次較大規模的集體亮相。他們主要是以聞一多、徐志摩爲核心的一群詩人，如清華「四子」，

〔註 53〕藍棣之：《新月派詩選·前言》，北京：人民文學出版社，1989 年版，第 1 頁。

以及劉夢葦、於賡虞、蹇先艾、朱大楠、邵洵美、方瑋德、林徽音、方令儒、陳夢家、卞之琳、沈從文等。成員大多有西式教育或歐美留學背景，精英意識極爲突出。

其次，縱覽當時新詩本身的發展狀態，到新月詩派升起時，白話新詩已到了一個何去何從的十字路口。胡適式的新詩逐漸凸現出它固有的缺陷，如很難擺脫外國譯詩影響，重說理與描寫、不重想像，詞藻較爲貧乏，諸如此類的毛病比較突出。怎樣推進新詩的發展，新詩語言還有哪些選擇，橫亙在新月派詩人面前。朱自清對他們曾有過評價，不妨摘引如下：「他們（指《詩鐫》時期的聞一多等新月詩人——引者注）要『創格』，要發現『新格式與新音節』。……他們眞研究，眞試驗；每周有詩會，或討論，或誦讀。梁實秋氏說『這是第一次一夥人聚集起來誠心誠意的試驗作新詩』。」並說徐志摩是「努力於『體制的輸入與試驗」、「嘗試的體制最多」。〔註54〕正是延續了胡適式的嘗試精神與勇氣，新月詩派推動著新詩又緩緩向前流動。簡言之，它是在「三美」主張下力求格律化的詩體試驗，其中包括新詩語言的思考與嘗試——土白入詩。土白入詩，作爲「體制的輸入與實驗」之一環，在當時既有理論探索的指引，又有創作實踐經驗的支撐。關於這一點，徐志摩曾有一段相關背景的介紹：「我在早三兩天前才知道聞一多的家是一群新詩人的樂窩，他們常常會面，彼此互相批評作品，討論學理。……我們的大話是：要把創格的新詩當一件認眞的事情做」；「我這生轉上文學的路徑是極兀突的一件事；我的出發是單獨的，我的旅程是寂寞的，我的前途是蒙昧的。直到最近我才發現這道上摸索的，不止我一個；旅伴實際上盡有，只是彼此不曾有機會攜手。……我們的責任是替它們摶造適當的軀殼，這就是詩文與各種美術的新格式與新音節的發現」。〔註55〕類似的回憶與記載，還可參看沈從文、聞一多等人的文章或帶有紀念他們性質的同仁所著的各類文字。不過，這些文章主要聚焦於新詩「音節」，「土白入詩」包括在這一宏大的概念中。僅以《晨報副刊·詩鐫》爲例，它一共出版 11 期，共發表 22 位作者 105 篇詩文，其中新詩 83 首，文 20 篇，譯詩與英文詩各一首。其中新詩作品中就有徐志摩、聞一多、饒孟侃、蹇先艾等人的土白詩作品和理論討論，尤其是饒孟侃的《新詩話·土白

〔註54〕朱自清：《中國新文學大系·詩集·導言》，上海：上海良友圖書印刷公司，1935 年版。

〔註55〕徐志摩：《詩刊弁言》，《晨報副刊·詩鐫》第一號，1926 年 4 月 1 日。

入詩》是一篇非常重要的歷史文獻。〔註 56〕

饒文主要論述兩個問題，一是主張土白能入詩的理由，一是講土白在新詩裏的成績。對於前一個問題，即是土白能不能入詩？這確實是一個值得討論的問題，有人懷疑，反對用土白作詩，最大的理由是因爲他們主張作詩應該有一定的詞藻。支持土白入詩的饒孟侃，不但相信土白有入詩的可能，而且相信土白詩在新詩裏並要占一個重要的位置。同時強調：「土白在新詩裏有大發展的可能，並不是指新詩都應該用土白寫，其實土白詩在新詩裏將來至少也不過占一個小部分。不過它決不致於和小詩一樣，處於附庸的地位，它至多和別的新詩只該有體裁上的區別，我曾經屢次說到一種特殊的情緒應該有一種特殊的音節和體裁，才能夠充分的把它的妙處表現出來。新詩裏所以有時候定要引用土白，也即是因爲有幾種情緒，非土白詩不能表現」。其次，作者進一層，惟一的困難就是怎樣去運用它，即如何「土白入詩」。「我們都知道言語並不是詩而承認言語中有詩，所以土白詩也最不容易運用，因爲作詩到這種時候全要特別在詩句的組合上用功夫，他得用純粹的土白去組合有節奏的詩句，一不小心馬上就有露出破綻的危險。所以在新詩當中要算土白詩最難作，也即是因爲一切都得作者自己去創造，去搜求，絕對不能假借描寫來掩飾；所以要是一個作家能夠用土白把詩寫好，我們就可斷定他是個眞詩人，因爲能寫好土白詩，別的體裁當然更是不成問題。」在全文中，還舉徐志摩的《一條金色的光痕》和聞一多的《天安門》爲例進行有力論證。從《詩鐫》上占相當比重的土白入詩作品，以及結合其他相關論文內容猜測，「土白入詩」在這一圈子中是一個熱門話題，曾經引起過多次討論，嘗試的積極性也很高，雖然具體過程、討論最終結果如何等等，則因缺乏原始資料而語焉不詳，留下一些遺憾。既然土白入詩基本在圈子同仁內部之間達成共識，剩下的主要問題不是土白能否入詩的問題，而是怎樣入詩的問題，怎樣調用同仁各自的「土白」語言資源的問題。

至於土白詩能否像饒孟侃及新月派詩人所預言的那樣，在新詩中占「一個重要的位置」，充任衡量一個是否是眞詩人的標準，則似乎很難說清。它表明的祇是，「土白入詩」作爲精英知識份子的新詩語體嘗試，一方面牽涉到如何掀動新詩語言的板結，如何通過人爲的鬆動，尋求活的語言而走出這一不斷叢生的困境，另一方面則與精英群體的平民化立場和人道主義有關。平民

〔註 56〕饒孟侃：《新詩話・土白入詩》，《晨報副刊・詩鐫》第八號，1926 年 5 月 20 日。

化是一種價值立場，在朱湘、饒孟侃、沈從文、蹇先艾等人的文章中均有論述。與此同時，在理論的背後更重要的則是創作實踐中的詩語嘗試，「土白」新詩創作取得的成就，才是檢驗「體制的輸入與試驗」的最佳平臺。

三

新月詩派作者群圍繞土白入詩，創作了一批個性鮮明、「土」味十足、地域文化濃鬱的土白詩，在圈子內部中不斷傳閱，在交流中進一步籌劃如何「土白入詩」。其中，包括兩大系列的土白詩，即一是以詩人各自家鄉的方言入詩所創作的土白詩，一是以北平土話入詩而產生的土白詩。兩個代表詩人則是徐志摩與聞一多。

首先來看前一個系列的土白話。眾所周知，民國詩歌史上北平詩人層出不窮，人才輩出，但土生土長的北平詩人卻並不多見，新月詩人群中絕大多數都是外地人，可以套用一句話，叫「外在人在北平」。他們因青年時期長大成人後或求學或工作而較長時期內生活在當時的北平，而童年、青少年這一段是在各自家鄉度過的。如聞一多是湖北浠水人，徐志摩是浙江硤石人，蹇先艾是貴州遵義人，朱湘與劉夢葦爲湖南人，饒孟侃是江西南昌人，林徽音爲福建閩侯人，陳夢家爲浙江上虞人……他們自小耳濡目染的是各自的母語環境，最熟悉的語言也是各自的家鄉土話，雖然在長大後也能說一口帶有各自口音的藍青官話。因此方言因素是比較普遍的。其中，以「XX土白」爲副題的詩作有徐志摩的《一條金色的光痕》，蹇先艾的《回去！》。至於沒有這樣明確，但夾雜著方言辭彙、表達方式的則更多一些，如徐志摩的《再休怪我的臉沉》、《「拿回吧，勞駕，先生」》，蹇先艾的《江上》、《家鄉》、《寄韻》，聞一多的《欺負著了》、《比較》、《春光》，饒孟侃的《天安門》，沈從文的《夢》……我們不妨先來看徐志摩的硤石方言詩《一條金色的光痕》，這是一首運用得非常圓熟、地道的土白詩，寫的是一位貧苦婦人請求富戶徐家太太捐資埋葬她鄰居老婦的事。全詩40餘行，詩中的語言源於當地一個貧苦老婦人之口，細碎、婉轉、純正。請看摘引下來的開頭幾行：

得罪那，問聲點看，
我要來求見徐家格位太太，有點事體……
認眞則，格位就是太太，眞是老太婆哩，
眼睛赤花，連太太都勿認得哩！

是歐，太太，今朝特爲打鄉下來歐，
烏青青就出門；田裡西北風來度來野歐，是歐，
…………

從一入眼的用字與開篇的語氣分析來看，充分母語化了，此詩給人一種撲面而來的海寧地域神味。具體地說，從用字看，其中「格位」即這位，「事體」爲事情，「歐」和後文中「嘜」、「喔唷」等詞爲語助詞，「烏青青」指天快亮時，「度」爲大的意思。其中「格位」、「度」估計是記方音用的生造字。詩句句子均短、靈活，婦人的口氣、神態、音調、節奏，全給帶出來了。如果試著出聲念這段詩，就會使你想起在徐志摩家鄉所習見的婦人，其言行、舉止都是貼切、傳神的，用口語來寫人，把人寫得活靈活現，躍然紙上。沿著這幾句詩，還有一些土白詞語，如「我拉」、「老阿太」、「勿」、「野」、「伊拉」、「大官官」、「那介」、「嘸不」……其次，從語氣來看，這是一位當地婦人的獨白，其中夾雜敘述、對答，語氣比較舒緩，人物心理隨著施捨者一方而曲折著、變化著，力透紙背地刻畫出一位有求於人而又能言會道的貧婦形象。

值得強調的是，全詩發表於 1924 年 2 月 26 日的《晨報副刊》，當時聞一多尚在美國，讀詩會也未舉辦，實在是徐志摩獨自嘗試土白詩的開始。〔註 57〕其次，此詩當時發表時有一段長序，全詩開頭還有一節七行的官話交代，這一節交代本是與這節長長的土白詩體構成全詩，形成一種重奏，後來收入《志摩的詩》初版時也是照單全收。也許是土白詩運動興起時，爲突出土白詩，將第一節七行詩刪除，其中包括吸納饒孟侃、朱湘等人的批評意見。最終，《金光的光痕》定型爲一首純土白詩，並見於後來各種版本的志摩詩集之中。

徐志摩的土白詩嘗試頗爲大膽，也有某種建設性指引作用。〔註 58〕《廬山石工歌》一詩也帶有口錄性質，由石工的勞動號子提煉而成，「浩唉、浩唉」

〔註 57〕後來在新詩史上對徐志摩這方面嘗試的評價也似乎高出同時代人許多，包括與聞一多相比，如陳從周在 40 年代編詩人年譜時追認了三點，其中第三點爲「第三，在五四運動後，他對白話文，白話詩的提倡，尤其是以方言入詩，入文，開現在詩文中運用新語彙的先鋒，這些都向著傳統的舊文學挑戰。」見《徐志摩年譜·編者自序》，陳從周編：《徐志摩年譜》，上海：上海書店，1981 年版，第 8 頁。

〔註 58〕蒲風曾認爲徐詩中最值得我們注意的，應該不在整齊的形式，和美麗的辭藻，而是下面二點：（一）用土白寫詩，（二）是神話傳說中的故事詩。見蒲風：《幾個詩人的研究·徐志摩的詩》，《蒲風選集》（下），黃安榕等編，福州：海峽文藝出版社，1985 年版，第 847 頁。

聲調的不斷重複，復現了勞動的節奏與場面。與此同時，蹇先艾的《回去！》則是用貴州遵義土白寫的，全詩一共六節，每節四行，開頭兩節是這樣的：

哥哥，走，收拾鋪蓋趕緊回去！／這亂糟糟的年生做人才難！／想計設方跑起來稿些啥子？／我們不是因爲活得不耐煩。／／哥哥，你麻俐點兒來看畫報：／哎！這一帕啦整得來多慘道！／男人們精打光的滋牙瓣齒，／女客們只剩下破褲子一條。

這首詩發表時後面還有方言辭彙的「注」，一共八個，即「年生：年頭；稿些啥子：做些什麼；麻俐點兒：快些；一帕啦：一群人；亥：還；兜：都；爭回：這次；不欠：不惦記」。其中以上兩節詩占四個。不過，除此之外，還有一些土白詞語未曾作注，如「想計設方」、「滋牙瓣齒」等，據我看來大概是生造的，不過意思也還大體領會得到。與徐志摩《一道金光的光痕》相比，《回去！》的寫法也是一樣，主要通過方言土白詞藻的大膽植入來體現土白韻味。兩者都具有類比性質，以仿傚人物的口吻見長。後來蹇先艾很少用土白寫詩，改成用土白寫小說，在現代文學史上有「鄉土作家」之稱。

除以上在全詩中純用土白作詩外，在新月詩人詩中夾雜各自家鄉土白辭彙的詩則更多，不過較難辨別。僅舉二個土白詞藻爲例，如涉及到寫「大雁」這一飛鳥時，不說大雁，或修飾性的秋雁、孤雁，而是說土白辭彙「雁子」，如陳夢家的《雁子》一詩、沈祖牟的《孤零的歌》，聞一多的《「你指著太陽起誓」》中爲「鳧雁」（後選詩訂正本改爲官話辭彙「寒雁」）；不說「星星」，而是說「星子」，如沈從文的《我歡喜你》、方瑋德的《微弱》、陳夢家的《寄萬里洞的親人》中均可見到，——這應是南方方言中的習慣叫法。其中還可提一筆的是沈從文，由於他是湖南湘西人且有苗族血統，湘西苗語的一些土白說法與名稱稱謂也被他帶到詩中，如在新詩中稱月亮爲「亮圓」；他還有土白民歌體新詩，主要是描繪湘西生活的，如以「鎮筸土話」寫的新詩就有《鄉間的夏》、《鎮筸的歌》、《初戀》、《還願》，以及用土白對歌體寫的詩劇《春》，其中有些收集與創作來的土白山歌、謠曲，還被他納入寫湘西題材的小說、散文等作品中。

與新月詩人以各自家鄉土話母語創作的新詩相比，他們以北平土話寫的新詩則相對多一些。北平土白，是他們身在異鄉——北平——工作生活接觸最多的方言。由於北平是一故都，北方方言的重要據點之一，因此來自各方言區的知識份子紛紛奔赴北平，在北平生活，能簡單聽說北平土白也很自然。

其次，因爲平時免不了和土生土長的底層北平人打交道，熟悉北平底層勞動者的語言與生活，這也構成了他們新詩語言的另一源泉。如徐志摩的《太平景象》、《卡爾佛里》便是。下面來看徐志摩典型的北平土白詩——《殘詩》的開頭：

怨誰？怨誰？這不是青天裏打雷？

關著，鎖上；趕明兒瓷花磚上堆灰！

別瞧這白石臺階兒光潤，趕明兒，唉，

用北平土話寫詩，也具有有藍青官話所不能替代的地方氣息與特殊韻味，何況它寫的是故宮的閉塞與荒蕪。詩中既有北平話的方言表達句式，更有顯著的土語辭彙，如最爲典型的兒化詞、語氣詞。此外，《大帥》、《誰知道》也是比較優秀的北平土白詩。與徐志摩一樣，聞一多也創作了一批北平土白詩，如《飛毛腿》、《罪過》、《天安門》，它們全都收入他的代表性詩集《死水》。我們具體來分析一下《飛毛腿》，它寫的是北京一個愛幻想、有追求的「車夫」不幸因貧賤而死的悲慘故事。開頭幾行是這樣的：

我說飛毛腿那小子也眞夠彆扭，／管包是拉了半天車得半天歇著，／一天少了說也得二三兩白乾兒，／醉醺醺的一死兒拉著人聊天兒。／他媽的誰能陪著那個小子混呢？／「天爲啥是藍的？」沒事他該問你。／還吹他媽什麼簫，你瞧那副神兒，／…………

《飛毛腿》採用北平土白體的形式，通過熟悉「飛毛腿」的一個北平人——也許是車夫的嘴，來寫車夫的不幸遭遇。「飛毛腿」是拉洋車的無名小夥子的外號，暗示他的年輕、敏捷、強壯，是剛入城的駱駝祥子式的人力車夫。但社會沒有給他追求精神的自由，也沒有給他養家糊口的生存空間，貧窮、困苦讓他以及他的老婆年紀輕輕便死了。顯然這是通過寫一個底層勞動者的家庭悲劇，來寄寓詩人深切的人道主義關懷。與他的《天安門》一樣，它是詩人通過「獨白」的方式，記錄北平普通民眾的口語來寫底層人的生存狀態。從土話辭彙來揣摩，帶有尾碼「兒」的詞語也很多，全首詩不足 14 行，兒化詞一共六個。此外，「彆扭」、「一死兒」、「神兒」、「且擦且不完」、「喏」等北平語詞彙也強化了北平土白詩特有的京味兒。

從徐志摩、聞一多等代表詩人兩大系列的土白詩來看，它主要特點是土語辭彙的集中，以及當事人語氣的類比與實錄。其次還可略爲提及一下土音入韻現象，這關係到方言發音的問題，由於不是誦讀，我們很難看出詩人當時完篇之後是怎樣讀的，但土音入韻在徐與聞的詩裏都普遍存在。「徐志摩的詩很少是不押韻的，而他採用的韻式又很少是雷同的。他通過韻的通、轉、疏、密以及組合韻等路子，發展演變出了多種多樣的韻式，給人以一詩一韻的印象，非常豐富。」〔註 59〕正因這樣，對韻的考察也就名正言順，朱湘對他們兩位的酷評中均指出第一個大缺點是土音入韻。如聞一多「了」與「ao」爲韻母的字協韻，「麼」與「a」爲韻母的字協韻，「的」與「i」爲韻母的字協韻，「著」與「uo」字爲韻母的字協韻；「洞」與「風」、「精」與「庚」、「美」與「在」通押，「河」、「過」與「我」通押……這些在《紅燭》與《死水》俯拾即是，尤其在《紅燭》中更爲普遍。徐志摩則典型的表現於「ai」「ei」不分，「ai」「an」不分。再次，從口頭語語法角度來看，新月派詩人都或多或少地有一些土白中的習慣表達說法，如：

管包是拉了半天得半天歇著（聞一多《飛毛腿》）

我知道今日個不早了（聞一多《罪過》）

我說拉車的，這道兒哪兒能這麼的黑！（徐志摩《誰知道》）

聽炮聲，這半天又該是我們的毀！（徐志摩《大帥》）

嚇！你大襟上是血，可不？（饒孟侃《「三月十八」》）

我捲起一個包袱走，／過一個山坡子松（林徽音《旅途中》）

在那時你會將平日的端重減了一半，／親嘴上我能恣肆不拘。（沈從文《悔》）

你鎮日歌舞著無晝無夜！（朱大枏《逐客》）

…………

這樣一些具有方言習慣說法的詩句，在土白入詩的掩護下，頻頻見諸於新月詩人的筆下，仔細琢磨感覺到有點拗口，但它們在口頭語中實際存在，很難割棄掉。自然，這也是土白入詩的一種呈現。

此外，整體來看，新月詩人的土白入詩嘗試，還有一個共同的特點是通過人物的獨白、對白、旁白等方式與口吻來完成，這在上面的分析中也零星涉及到。土白詩與「口語」寫詩是分不開的，這樣使人覺得是採自眞人眞話，生動傳神，有現實生活作底子。另一方面，土白入詩的寫作路子是跟著口頭

〔註 59〕毛迅：《徐志摩論稿》，成都：四川大學出版社，1991 年版，第 159 頁。

語走，往往與鮮活的、豐富的生活並行著，具有流動不居的特點。不論是聞一多的《天安門》、《飛毛腿》、《罪過》，還是徐志摩的《大帥》、《這年頭活著不易》，還是饒孟侃的《天安門》，楊子惠的《「回來了」》等詩，也幾乎採取這一模式。正如其中一位後起之秀所回憶的那樣：「總喜歡表達舊說的『意境』或者西方所說的『戲劇性處境』，也可以說是傾向於小說化，典型化，非個人化，甚至偶爾用出了戲擬（parody）」，「同時，始終是以口語為主，適當吸收了歐化句法和文言遺詞」。〔註 60〕——這與新月詩人的戲劇化詩歌方式也有關係，這裡就不展開討論了。

四

新月詩人採取「土白入詩」方式寫作的土白詩，在當時整個圈子內部受到普遍重視，也得到了詩界積極、正面的評價。首先，這種聲音來自新月同仁內部。朱湘把這一類詩歸入「平民風格的詩」，這些詩有兩點特別的地方，即「一是取材平民的生活，一是採用土白的文體。」並辯證地認為：「拿土白來作詩，不過表面上的一時新鮮，作得多了，要是詩中的本質很稀薄，那時候也就惹人厭。但是拿土白作詩，或作文，卻另外有一方面可以充分發展，這便是某一種土白中有些說話的方法特別有趣，有些詞語極為美麗，極為新穎，是別種土白或官話中所無的，這些文法的結構同詞語便是文人極好的材料，可以拿來建造起佳妙的作品」〔註 61〕卞之琳則認為志摩的詩「用現代漢語，特別是以口語入詩，都能吐出『活』的，乾脆利落的聲調，很少以喜聞樂見為名，行陳詞濫調之實。」〔註 62〕對於聞一多的北平土白詩，饒孟侃認為「是土白詩又更進一層做到了音節完善的境界。這首詩發表以後不但一般讀者沒有認識它，忽略了它的好處，而且作者為這首詩還挨了一個大詩人的罵，眞是冤枉」〔註 63〕

這上面的評論，是對徐志摩與聞一多運用土白寫詩的評論，其實，這一些評論似乎可以視為對新月詩人嘗試土白入詩的評論。評論者從優劣兩方面

〔註 60〕卞之琳：《雕蟲紀歷・自序》，北京：人民文學出版社，1984 年版，第 3 頁。

〔註 61〕朱湘《評徐君〈志摩的詩〉》，《小說月報》第 17 卷第 1 號，1926 年 1 月 10 日。

〔註 62〕卞之琳：《徐志摩詩重讀志感》，《人與詩：憶舊說新》，北京：生活・讀書・新知三聯書店，1984 年版，第 26 頁。

〔註 63〕饒孟侃：《新詩話・土白入詩》，《晨報副刊・詩鐫》第八號，1926 年 5 月 20 日。

展開對土白詩的追蹤與描述，在今天也還管用。如何評價新月詩人數量不多，但達到的藝術水準很高這一現象呢？我認爲應從以下幾方面去認識。

首先，土白入詩與口語化緊密相連，與詩人追尋活的嘴巴上的語言密不可分。土白詩概念的關注與思考，說明當時詩人對原生態語言的反思與重視。他們將土白詩與口語拴在一起，是在尋在源頭活水。口頭語是土白中最爲靈動的資源，它是鮮活的，是向前發展的。

其次，嘗試用土白寫詩，它的入詩方式是始終跟著口頭語走，是在不斷凝滯的白話中湧起反戈一擊的叛逆衝動，是在板結的語言中尋求不斷鬆動的捷徑。因此，它往往沒有現成的詞藻、表達句式來鋪墊，而是像饒孟侃所說的依賴詩人自己的的發現與創造。由此可見，土白入詩是有難度的寫作，它帶著永遠的未完成性向一代代詩人召喚。這才是內在的、本質的，也是詩歌語言保持源頭活水般的根基之所在。正如天籟比人籟難爲一樣，土白入詩寫作的難度往往使「體制的輸入與試驗」者淺嘗輒止。這一點，從新月詩人所創作的數量上似乎也可見一斑。〔註 64〕

總而言之，新月詩人通過土白入詩這一寫作方式嘗試了母語的活力，領略了土白入詩的難度，他們帶著這一經驗在民國詩歌史上留下了令人鼓舞的腳印。這自然也是一種姿態，一種存在，一種召喚。

第四節　「化土」：在「化古」與「化歐」之間——以卞之琳爲例

30 年代詩壇上的現代派，是由後期新月派與 20 年代末的象徵詩派演變而成的。帶有某種個人代表意味的是有「詩壇的首領」之稱的戴望舒，經過由《雨巷》到《我的記憶》的自我蛻變；團體性的則是 1932 年 5 月《現代》雜誌的創刊，以及隨後的《現代詩風》、《新詩》等刊物陸續出版，爲新詩的現代走向劃出了一個不少的圈子，戴望舒、卞之琳、施蟄存、何其芳、廢名、林庚等詩人都是圈子內的優秀詩人。

從地點來看，主要以上海、北平爲中心；在時間上則從 20 年代末持續到

〔註 64〕「向來還有一種誤解，以爲寫古文難，寫白話容易。據我的經驗說卻不如是：寫古文較之寫白話容易得多，而寫白話實有時是自討苦吃。」周作人著，止庵校訂：《兒童文學小論　中國新文學的源流》，石家莊：河北教育出版社，2001 年版，第 57 頁。

抗戰前夕；從語言來看，則是日趨成熟的現代日常口語，成爲新詩的主要語言流向。但當時代表性的說法，要麼是施蟄存氏宣言中所勾勒出「古化」、「化古」的話，要麼是其餘詩人在別的場合提出以「歐化」、「化歐」爲對稱性語言資源。如卞之琳在回憶一生的寫作歷程時說：「我寫白話新體詩，要說是『歐化』（其實寫詩分行，就是從西方如魯迅所說的『拿來主義』），那麼也未嘗不『古化』。一則主要在外形上，影響容易看得出，一則完全在內涵上，影響不易著痕迹。……就我自己論，問題是看寫詩能否『化古』，『化歐』。」〔註 65〕但在我看來，除此兩種之外，對於自初期白話詩後不斷曲折前行的白話新體詩而言，發展到現代派的時代後，在「化古」與「化歐」之間還存在一個「化土」的詩學現象。本文爲了論述的方便與切題的準確，僅僅以個案方式即以卞之琳爲例來予以闡釋。

一

現代派代表詩人中，卞之琳無疑是不可忽視的一位。作爲上承「新月」（徐聞），中出「現代」，下啓「九葉」（尤其是四十年代西南聯大的一些年輕詩人）〔註 66〕的詩人，卞之琳證明了他在民國詩歌史上特殊的傳承與貢獻，其中包括詩人在語言追求上所取得的成績與品質，如詩體建設、語言資源、藝術形式探索等等。凡是接觸卞之琳詩作與詩論的讀者，對卞氏自我體認的「口語」最爲深刻：「我寫新體詩，基本上用口語，但是我也常常吸收文言辭彙、文言句法（前期有一個階段最多），解放後新時期也一度試引進個別方言，同時也常用大家也逐漸習慣了的歐化句法。」〔註 67〕「口語」詩風，摻雜在他另一種「化古」與「化歐」的表述中，無疑有某種內在的衝突。對於其中關鍵的問題——如何「化古」與「化歐」，以及「化」得怎樣？另外擴大開來考察現代派詩人個體具體怎樣個「化」法？學界已有論者順著詩人的思路進行過不少不乏精彩的論述，這裡不再重複。不過，順著本人前面的疑問，「化土」這一重要現象與關鍵問題在兩者之間，卻頓時凸現出來。

首次提出「化土」這一概念，它第一個需要解決的問題是什麼叫「化土」

〔註 65〕卞之琳：《雕蟲紀歷・自序》，北京：人民文學出版社，1984 年版，第 15 頁。

〔註 66〕見袁可嘉：《略論卞之琳對新詩藝術的貢獻》，《卞之琳與詩藝術》，石家莊：河北教育出版社，1990 年版，第 15 頁。

〔註 67〕卞之琳：《雕蟲紀歷・自序》，北京：人民文學出版社，1984 年版，第 15 頁。

呢？——這是筆者根據卞之琳所說的「化古」、「化歐」概念杜撰出來的新術語，與這兩者並列，即如何融會貫通、妥善安置「土語」「方言」，如何把自己最爲熟悉的方言中時常掛在嘴邊的口語辭彙、句法，帶有方言、土話色彩的語言資源，安排「進入」新詩中去。也許是方言、土語一直受到排擠、影響也不甚大的原因，卞之琳在講到相關的情況時總是喜歡以「口語」或「口語化」來遮掩、替代，偶爾也衹是承認在解放後「一度試引進個別方言」。這一現象，也在後來的不少研究者論述中得到印證。如有論者認爲在新詩發展史上，卞氏承擔了融古化歐、承上啓下的歷史作用，其中「新詩口語化」位列他的四大貢獻之首。〔註 68〕

不過，日益模糊化的「口語」到底是什麼成色呢？口語又如何「化」的呢？不論是詩人自己，還是不少論述者，都沒有說清楚、明白。這一概念泛化的口語或口語化，直截了當地說，就是在卞之琳的整個白話新詩創作過程中，都存在有限度地陸續引進方言、土語的現象。只不過是從「土化」到「化土」這一逐漸主體積極介入的過程中，主體融化的工夫使它變得面目模糊些罷了，或像卞氏所說的「不易著痕迹」而已。事實上坦言「土化」、「化土」對詩人而言似乎也有不相稱之感：一、卞之琳像一個精緻，慢工出細活的雕花木匠，如他的詩集《雕蟲紀歷》標題所暗示的那樣，用他的話來說是「喜愛淘洗，喜愛提煉，期待結晶，期待昇華」。〔註 69〕二、卞之琳一生所寫的詩，幾乎都是短詩，一生創作的詩作準確數字是 170 首。體裁上不離短詩，數量上又如此之少，明顯的好處是有利於以「認眞到近於癡的努力」的工夫去慢慢斟酌、打磨詞語、句子，讓他成爲具有當今學者所稱讚的古典精神，且是少見的能經得住新批評式「細讀」的詩人。〔註 70〕然而富於戲劇性的是，卞之琳一生中（特別是他詩歌創作的前期）始終活在一個離不開方言的語言環境中，方言土語無意識地植根於詩人的腦海深處，無意識地流注於詩人的筆端。這也是作爲社會的人所擺脫不了的。

從事實來看，卞氏 1910 年出生於江蘇海門，曾在上海讀中學，在他 19 歲來到北平上大學之前，一直在家鄉吳語區長大，隨口而出的是「緩緩的語

〔註 68〕見袁可嘉：《略論卞之琳對新詩藝術的貢獻》，《卞之琳與詩藝術》，石家莊：河北教育出版社，1990 年版，第 1～16 頁。

〔註 69〕卞之琳：《雕蟲紀歷・自序》，北京：人民文學出版社，1984 年版，第 1 頁。

〔註 70〕王毅：《中國現代主義詩歌史論 1925~1949》，重慶：西南師範大學出版社，1998 年版，第 106～136 頁。

調是濃濃的吳音」，〔註71〕以致「由於聲調輕細，他那口鄉音特重的江蘇官話，大概可聽懂十之六七」。〔註72〕除了吳方言作爲母語之外，北京話也是他耳濡目染的另一方言。詩人雖然行蹤不定，但在北平上學期間，以及以北平爲基點短時間地（指抗戰前）出入各地，較爲熟悉的仍是北方話，特別是北京土話。吳語與京白，構成了他最主要的語言資源與背景。加之詩人奉行「口語爲主」的寫作觀念，使得這兩種方言、土語多少不等地在他的詩作中都有遺存、化用等普遍現象，衹是由於提煉、擇取土語中相對較爲流行的普通辭彙、句子，並且這兩種方言後來化入普通話時佔有優勢，〔註73〕以致今天的讀者去閱讀卞之琳的作品，顯得不大看得出來，痕迹不是那麼明顯和突出。

二

在肯定卞之琳詩歌創作中具有「土化」、「化土」的語言取向基礎上，接下來的問題是，面對特別熟悉的方言、土語，卞之琳是如何「創化」「融化」的呢？他調動了哪些手段、技巧來達到這一目的呢？下面讓我們帶著這一問題來依次闡述、歸納。

如何「化土」，素有技巧專家之稱的卞之琳，對付、調用的方式、技巧、手段也呈現出紛繁複雜的特點。首先，詩歌是主體介入生活的一種存在方式。「舊社會所謂出身『清寒』的，面臨飄零身世，我當然也是要改變現狀的，……我對於北行的興趣，好像是矛盾的，一方面因爲那裡是『五四』運動的發祥

〔註71〕江弱水：《圈子外的圈子外》，《收穫》1994年2期。

〔註72〕洛夫：《詩人卞之琳初晤記》，《卞之琳與詩藝術》，石家莊：河北教育出版社，1990年版，第143頁。

〔註73〕漢語普通話是以北方方言爲基礎方言，由於北京一地特殊的地位，北京土話進入普通話的機會最大。這一論斷幾成共識。僅舉一例，在編纂《現代漢語詞典》時選詞原則可見一斑，「北京話是北方話的代表。由於文化上和政治上的長期影響，它逐漸取得普通話的領導地位。除了……已經縮小到只有北京少數人還在使用的土話以外，現代漢語詞典對於在北京話裏習見於書面的方言詞應該從寬收入，在比例上要比任何其他地區方言詞多收一些。」孫德宣：《中型現代漢語詞典的選詞》，韓敬體編：《〈現代漢語詞典〉編纂學術論文集》，北京：商務印書館，2004年版，第101頁。此外，吳方言是漢語最重要的方言之一，用吳方言寫作的作品相當豐富。吳方言詞語進入普通話的機會僅次於北方方言，對於漢民族共同語的發展有較大影響。這一看法可參見閔家驥等編：《簡明吳方言詞典·後記》，上海：上海辭書出版社，1986年版，第466頁。此外，本文據此辭典來參照、辨別吳語方言辭彙，特此說明。

地，一方面又因爲那裡是破舊的故都；實際上也是統一的，對二者都像是一種憑弔，一種寄懷。」「我更多借景抒情，借物抒情，借人抒情，借事抒情」。〔註 74〕詩人對自己的身世、性格、氣質、心態，乃至創作方法都毫無隱諱地和盤托出，無形中給了讀者一把讀解他作品的鑰匙。他是在細緻觀察，也是在不斷尋找，前者體現在對同歸沒落的底層人事的體驗，後者更多地反映出前途緲茫的格調。在詩的題材上，卞之琳一以貫之地執著於個人的身邊瑣事，他前期最早階段集中寫北平街頭灰色景物，以及社會底層平凡人、小人物便是例證。小茶館裏的茶客，捏磨核桃打發時光的閒人，賣冰糖葫蘆、酸梅湯的小販，以及算命的、拉二胡的、提鳥籠的……這一詩歌中的群體，實際上也是某地土話的主要使用者，而卞之琳則習慣地在短詩中摻雜他們的聲音，把他們嘴上的聲音信手拈來，稍加打磨便成爲現成的詩句：像「從遠處送來了一聲『晚報！』」（《記錄》），「什麼，有人在院內／跑著：『下雪了，眞大！』」（《寒夜》），「『早啊，今天還想賣燒餅？』／『賣不了什麼也得走走。』」（《苦雨》），「『好傢夥！眞嚇壞了我，倒不是／一枚炸彈——哈哈哈哈！』」（《春城》），「（閒看流水裏流雲的）／『請教北安村打哪兒走？』」（《道旁》）……這些詩行，正因採自京城下層小人物的活語，原汁原味地品咂出京白的味道，也藉此勾勒出他們各自的性格與精神風貌。與此相反的是詩中人物沈默寡言甚至無言起來，在無多大意義的現實面前，話語似乎是多餘的，如「不說話」（《胡琴》），「不作聲」（《噩夢》），「怎又不說呢？」（《傍晚》），或昏昏欲睡，或與夢爲鄰，換醒他們的還是仿傚合乎人物身份的語言，其中所用的詞語、句子，相當多地帶有土話性質。還有一類與前二者略有不同，詩人在採取人物語言時，並不直接錄入，而是東拼西湊式地糅合，相當多的是以自言自語形式，反覆地呈現出一股股語流。這一方式在表現典型的茫然、無奈、彷徨感時最爲得心應手，如「『現在我要幹什麼呢？』／『眞的，我要幹什麼呢？／／……你替我想想看，我哪兒去好呢？』／『眞的，我哪兒去好呢？』」（《奈何（黃昏和一個人的對話）》）「只說，『我眞想到外邊去呢！』／雖然我自己也全然不知道／上哪兒去好，如果朋友／問我說，『你要上哪兒去呢』？」（《登城》）「可是我總覺得丟了什麼了——到底丟了什麼呢，／丟了什麼呢？／我要問你鐘聲啊，／你彷彿微雲，沉一沉，／蕩過天邊去。」（《中南海》），此

〔註 74〕卞之琳：《雕蟲紀歷・自序》，北京：人民文學出版社，1984 年版，第 1～3 頁。

外還有像《路過居》、《西長安街》、《春城》，因爲找不到生活的意義而徘徊、尋找，不斷地反問、重複，企圖有所解脫，其言語自然切合詩中人物。

下面我們通過對一首詩的簡單分析，可以清楚地看到，卞之琳如何設置具體情境，在對白、獨白中大量滲入北京土語，此詩甚長，爲了解讀的方便，不妨首尾各節錄一部分，詩的題目是《酸梅湯》：

可不是？你這幾杯酸梅湯／只怕沒有人要喝了，我想，／你得帶回家去，到明天／下午再來吧；不過一年／到底過了半了，快又是／就在這兒街邊上，擺些柿，／擺些花生的時候了。哦，／…………

再看詩的結尾：

老李，你也醒了。樹蔭下／睡睡覺可眞有趣；你再睡／半天，保你有樹葉作被。——／哪兒去，先生，要車不要？／不理我，誰也不理我！好，／來吧。……這兒倒有一大枚，／喝掉它！得，老頭兒，來一杯。／今年再喝一杯酸梅湯，／最後一杯了。……啊喲，好涼！

這首詩中宛如一個戲臺，一位喜歡閒談，帶點樂天派性格的洋車夫居於戲臺的中心位置。另外賣酸梅湯的老頭兒、同行的車夫老李、走過的先生，居於配角位置，至於其餘若干人等，則因不重要而隱在背後。具體場景則是北平街頭樹蔭下一個角落，在秋初的黃昏街頭有一群底層者在困厄、慘澹中如何打發時光。全詩差不多是主人公洋車夫的閒聊、獨語與心理過程，如首先根據自己的經驗對生意清淡的賣酸梅湯老頭兒的調侃、勸說；然後在沉默寡言的老頭兒不作聲時，再一次在設問中獨語，前後兩次說話的內容不同，衹是歲月催人老時感覺到人生的灰暗、無常與老境的頹唐。緊隨著詩思的發展，無言的老頭兒已引不起洋車夫調侃、打趣的勁頭，於是他把話頭轉向「吵醒」的老李，從內容分析，老李可能是「我」的同行，因無人可拉而在樹蔭下睡覺，醒來時枯葉掉在身上不少，引起了「我」談天的興致。直到有一位可能坐車的先生出現，全詩頓現一點生氣，但在兜攬不成中馬上又復歸平靜。最後獨語、揣度性地說了半天的洋車夫「我」，倒出最後一枚銅板，照顧賣酸梅湯老頭兒生意喝了今年「最後一杯」。最末一詞「好涼」，確實讓人在通讀中感受到它內蘊的綿延與豐富，勝似天涼好個秋。從戲劇性情境設置來看，詩人「我」躲在一邊，刻意客觀地呈現的是現實的某個角落，通過不同底層人物的言行來揭示其人物心態、處境、性格。詩中的「我」指洋車夫，因視角不同，詩中的「你」指向不同的對象，構成以「我」爲中心的某個群體。從遣詞造句與語氣分析，顯然出自「洋車夫」即「我」一個人之嘴，用北京土白來逼眞地類比他的口吻，也就是必然的事。

其次，卞之琳詩歌中相當一部分全篇不是以捕捉對白、獨語見長，而是在陳述、描摹、抒情句子中適當地鑲嵌某些吳語與京白中的土語辭彙乃至句子。試舉例如下：

A：①想在天井裏盛一隻玻璃杯，／明朝看天下雨今夜落幾寸。（《雨同我》）
②今朝你重見了，揉揉眼睛看／屋前屋後好一片春潮。（《無題一》）
③哈哈！到底算誰勝利？／你在我對面的牆上／寫下了「我眞是淘氣」（《淘氣》）
④「採菱勿過九月九，」／十隻木盆廿隻手（《採菱》）

B：⑤哪兒是暫時的住家呢。拍拍！／什麼？槍聲！打哪兒來的？（《西長安街》）
⑥在街路旁邊，深一腳，淺一腳，／一步步踩著柔軟的沙塵。（《一個閒人》）
⑦叫賣的喊一聲「冰糖胡蘆」，／吃了一口灰象滿不在乎；（《幾個人》）
⑧得，得，得，都該歇息了，（《發燒夜》）

上面一共八句，以「A、B」分類分別標示爲出自吳語與京語，其中A類①至④句中方言詞語與諺語分別爲「天井」、「明朝」、「雨…落」（係「落雨」一詞的變通）；「今朝」、「屋前屋後」；「到底」、「淘氣」；「採菱勿過九月九」、（以及用「木盆」採菱係地方民俗）。B類四句分別爲：「哪兒」、「住家」、「打哪兒來？」；「深一腳、淺一腳」；「滿不在乎」；「得」、「歇息」。這些詞語除「明朝」、「今朝」、「勿」分別爲「明天」、「今天」、「不」，「住家」、「歇息」分別爲「住處」、「休息」之外，其餘語彙一般讀者都已因熟見而可參詳其意，似乎不存在理解錯誤的問題。這裡値得補充的有二點：一是一二詩句的詩，均是在《裝飾集》中，題贈當時女友張充和之作，也許是張氏亦爲生長在吳語區的蘇州人，詩人在題贈之作中較爲密切地調用了吳語詞彙，除此之外，如「一脈」、「來客」（《半島》），「門薦」、「滲墨紙」（《無題三》），「今朝」、「流水帳」（《無題四》）均是，這樣很容易取得對方親切、易於接近之感，私密性意味較多。

二是像上文論及的那樣，方式也有相似之處，如摻入農諺、納入口語句子等，這裡就不再重複了。

再次，除土語辭彙、方言句子時時化入之外，卞之琳押方言韻也是神不知鬼不覺的。王力在《漢語詩律學》屢次舉出卞之琳押方言韻的情況，並說「現代漢語詩人大約沒有故意用協音的。他們有時候押韻像是協音，其實衹是方音的關係：依普通話念起來是協音，依作者的方音念起來卻是極和諧的韻。」〔註75〕計有《望》、《淘氣》、《無題》等多首，以及《慰勞信集》中也有幾首。卞之琳曾承認於全國解放後在參加江、浙（因當地是吳語區，係卞氏母語環境，因有語言之便自願選擇此地）進行農業合作化試點工作時寫了幾首新詩，「多數是度用一點江南民歌的調子，特別是《採菱》這一首，那卻又融會了一點舊詞的調子。這些詩都還試吸取了一些吳方言、吳農諺」。〔註76〕具體根據是依照吳音來押方言韻，如「心」與「印」叶（《從冬天到春天》），「一小顆」與「一小朵」叶、「汁」與「色」叶（《採桂花》），「閣」與「足」叶、「平」與「勁」（《疊稻羅》），「綳」與「當」協韻（《收稻》），「窠」與「果」協韻（《大水》）。事實上，透過卞之琳的自我表述，不衹是解放後的創作有此現象，我們發現在他前期的創作中也有不少類似的現象，比例上還多一些，除王力指出的外仍有不少。這裡參照王力在討論詩律學時的例證，節錄二節作爲代表來予以分析：

> 門薦有悲哀的印痕，滲墨紙也有，／我明白海水洗得盡人間的煙火。／白手絹至少可以包一些珊瑚吧，／你卻更愛它月臺上綠旗後的揮舞。——《無題三》
>
> 淘氣的孩子，有辦法：／叫遊魚齧你的素足，／叫黃鸝啄你的指甲，／野薔薇牽你的衣角……——《淘氣》

前一節採取的是偶句押韻，「火」與「舞」在吳音中分別是「hu、vu」，第二例是押隨韻 ABAB 式，「法」與「甲」押「a」韻，「足」與「角」則是押方言韻「o」。此外，如選入《漢園集》，但沒有入選《雕蟲紀歷》的詩《工作的笑》，全詩爲商籟體，爲四四四二格式。押韻嚴格，前三節均是雙句押韻，最後二句押韻，一節變換一韻。其中第三節押的字爲「鞋」與「在」，韻腳爲（ai），

〔註75〕王力：《漢語詩律學》（增訂本），上海：上海教育出版社，1979年版，第873頁。

〔註76〕卞之琳：《雕蟲紀歷．自序》，北京：人民文學出版社，1984年版，第10頁。

這是典型的押方言韻。另外如「報頁」中「頁」的韻母讀爲「i」、「石階」中「階」的韻母讀爲「ai」……都出之於方言韻。總之，卞之琳一直強調新詩的語言基礎就是日常口語，與此相聯繫的是標舉新詩的「誦調」與舊詩的「吟調」之別，而新詩因以二字尾結束，調子傾向於說話式，即誦調，因此卞詩中無意中總是泄露出吳語方言音韻的尾巴。

三

緊跟著如何「化土」相關的問題是，詩人「化」得怎樣呢？如果說前者指的是途經與方式，後者則具體指向效果、影響如何的問題。

首先，從總體來看，卞之琳在「化土」上花的工夫是不少的，不管是土詞入詩，還是押土音韻，整體上化得自然、巧妙。對於吳方言本身而言，詩人一般是選用一些較爲流行範圍較大的，試著推敲詞語的大眾性質，特別「土」的局限在某一地域小部分人所說的話，很少吸納進來。此外，吳語方言和普通話都是從古漢語一脈相傳下來的，它們之間有很多共同之點，相同的基本詞語隨處可見。又由於幾十年「推普」工作，某些典型的吳方言辭彙也被普通話吸收，例如「垃圾」、「老闆」、「標致」、「象煞有介事」、「癟三」等。另外一點是，現代文學史上吳方言區出身的作家最多，人們或多或少閱讀過他們的作品以及作品的評論與注釋，因而逐漸模糊了這一區別。對於北京土白來說，則是批量地化入了普通話。二者合成一股綜合力量，一起推動卞之琳作品中「土語化」的隱匿與「消失」，給人一種化得不著痕迹之感。舉例來說，如吳語系統中的土詞「淘氣」、京語中的「深一腳，淺一腳」便令人難以察覺了。因此總的對今天的讀者而言，痕迹在這一「去方言化」的過程中消失掉了。與此相類似的還可以舉很多，如像普通常見的名詞「茶館」、「洋車」、「鋪子」、「灰土澡」、「瓦片兒」、「清道夫」、「住家」、「話匣」、「信面」、「老莊稼」、「鄰家」、「明日」、「小妮子」；動詞類如：「胡鬧」、「比勁」、「乘風涼」、「歡喜」、「串門兒」；形容詞類爲「象滿不在乎」、「開心」；語氣詞：「活該」、「怕莫」……這些詞語，由於日常生活中經常碰上，又由於時間的流逝，各地方言包括北京方言也執著於向普通話靠攏，以致不存在較大的誤讀與錯漏。

其次，土音押韻與詩人的音節、「頓」的詩學主張相關。卞之琳採取的建行模式、押韻方式最富創意，其押韻方式以追求複雜化爲上。一般很少一韻到底，常見的是韻隨意轉，換韻較爲頻繁；同時又密集地押中間韻、陰韻等。複雜、密集的押韻方式、手段，讓一般習慣認爲新詩不講究押韻的讀者不容易體會其中的良苦用心，或者在不注意音韻的閱讀中忽略過去。如《白螺殼》「套用了瓦雷里用過的一種韻腳排列上最複雜的詩體」，〔註 77〕《一個和尙》重複兩個腳韻，多用 ong（eng）韻來表現單調的鐘聲，給人厭倦的情調。《叫賣》一詩，在設計呈現一個鏡頭時就巧妙地嵌入了穿街走巷的小商販的北平土語：「小玩意兒，／好玩意兒！」，「小」與「好」連著後面的北京土白詞「玩意兒」押陰韻。除此以外，土音押韻還有「貧韻」作爲保護，如「協音」這一貧韻在卞詩中較爲多見。

另外，土話辭彙、句子，土音押韻在民國詩歌史上似乎也不占重要地位，密集討論的並不多見。對於卞之琳而言，即使是 30 年代中期卞之琳與李健吾、朱自清的往還討論，也一般侷限於意義晦澀、隱藏巧妙和趨於多解等方面。可見，卞之琳詩歌中方言因素的隱性存在，並沒有得到當時評論者的留意，也許是方言語境過於自然與強大，這一現象往往被忽略過去。下面不妨看一首完整的詩作，它從未被人指出其中的方言因素，但確實存在，詩的題目是《睡車》：

> 睡車，你載了一百個睡眠，／你同時還載了三十個失眠——／我就是一個，我開著眼睛。／撇下了身體的三個同廂客，／你們飛去了什麼地方？／喂，你杭州？你上海？你天津？／我彷彿脫下了旅衣的老江湖／此刻在這裡做了店小二。

從語彙來看，「睡車」、「撇下」是方言口語詞，「我就是一個」與開著眼睛的「開著」也十分口語化；其次是有明顯方言意味的句子：「你們飛去了什麼地方？／喂，你杭州？你上海？你天津？」除此容易瞭解的外，我認爲帶有某種方言特色的是莫過於「老江湖」與「店小二」兩詞。這兩個詞語在北方方言區的山東、河北等地較爲流行，近代漢語辭彙性質的詞典也稱之爲方言詞，並指出在元雜劇或明清白話小說中常用，意思分別是「長期在外闖蕩因而閱歷豐富的人」和「店肆夥計」。〔註 78〕「老江湖」與「店小二」這一對帶有地

〔註 77〕卞之琳：《雕蟲紀歷・自序》，北京：人民文學出版社，1984 年版，第 17 頁。

〔註 78〕「老江湖」詞條參見王世華等編著：《揚州方言語典》，南京：江蘇教育出版社，1996 年版，第 155 頁；「店小二」詞條參見錢曾怡編著：《濟南方言詞典》，南京：江蘇教育出版社，1997 年版，第 232 頁。

域性、漸趨老化的方言語彙，在《睡車》中被巧妙啓動，頓時像擦拭過後的銅器一樣，頗有古雅、詼諧的氣息。另有一層，「老江湖」與「店小二」是對稱性的猶如雙星照耀全詩，缺一不可。無論只單獨留下哪一個，都是不完整的，如單獨把「老江湖」換成「老顧客、老油頭」之類，或者單獨把「店小二」換成「服務員、服務生」之類，都極大地破壞了這一對方言語彙的和諧性與整體感。

在這一基礎上，再來分析一下詩句就會有新的發現。全詩前三行顯然是爲後五行設定戲劇性場景，使第四行開始的後半部分有迹可尋，不致太突兀。前三行相當於戲劇「情景說明」中的「道具佈置說明」，還不是戲劇正文。接下去，借助這個情景說明，在短短的五行中詩人展開了一場精緻的對比。借了夢的翅膀，三個同廂客「撇下了身體」，各自飛去，與此相對的是，「失眠的」我「開著眼睛」已無夢可做，也不想去尋夢，不是沒做過而是不再（不敢？）做。「我」得了一種超脫的力量。全詩篇幅不長，但一系列相對關係所構成的張力撐開了一個遼闊的尋思尋言空間，如動蕩不安、變幻莫測的江湖，與供人歇腳、日日如常的小店；東奔西跑、追尋夢想的「老江湖」與安分守己、平淡爲常的「店小二」。這些還僅僅是表面的聯想與對峙。再進一層，詩中把「老江湖」與「店小二」精彩地予以等同與轉換，從老江湖變成店小二，其間就隱秘地省略了一個前提，即「老江湖」的前身很可能是一個從店小二起步式的小人物，展現了一個小人物原先由不甘平淡、不甘做一個店小二而躍入江湖的尋夢之旅，在經過動蕩、艱辛、傳奇爲基調的江湖生涯後，再退出江湖重歸平淡，但最後的平淡與當初懵懂不諳世事不可同日而語，其間經歷了多少滄海桑田、物是人非的變遷，演繹的是洵爛之極歸於平淡的人生哲學。

從具體內容來看，這首詩最先結集於頗具愛情私密性的《裝飾集》，與有蘇州才女之稱的張氏有不解之緣，〔註 79〕是否還可挖掘其中的隱性內容呢？如「江湖」到底指什麼？脫下的是一件什麼顏色與情感基調的「旅衣」？曾

〔註 79〕據卞之琳所述，「在 1933 年初秋，例外也來了。在一般的兒女交往中有一個異乎尋常的初次結識，顯然彼此有相通的『一點』。由於我的矜持，由於對方的灑脫，看來一縱即逝的這一點，我以爲值得珍惜而只能任其消失的一顆朝露罷了。不料事隔三年多，我們彼此有緣重逢，就發現這竟是彼此無心或有意共同栽培的一粒種子，突然萌發，甚至含苞了。我開始做起了好夢，開始私下深切感受這方面的悲歡。」卞之琳：《雕蟲紀歷・自序》，北京：人民文學出版社，1984 年版，第 6 頁。

經做過而不再做的是什麼夢？是重作「店小二」還是另起爐竈躲開塵世，開始新的心靈之旅？我想對於讀過《無題》詩的讀者來說，留下的懸念也足夠多了吧！

四

卞之琳在新時期重評徐志摩的詩創作時，認爲他最大的藝術特色「是富於音樂性（節奏感以至旋律感），又不同於音樂（歌）而基於活的語言，主要是口語（不一定靠土白）。它們既不是直接爲了唱的（那還需要經過音樂家譜曲處理），也不是像舊詩一樣爲了哼的（所謂『吟』的，那也不等於有音樂修養的『徒唱』），也不是爲了像演戲一樣在舞臺上吼的，而是爲了用自然的說話調子來念的（比日常說話稍突出節奏的鮮明性）。……基本原因就是像他這樣運用白話（俚語以至方言）寫詩也可以『登大雅之堂』」〔註80〕「徐善操普通話（舊稱『官話』和『國語』），甚至試用些北京土白，雖然也還帶點吳方言土音」〔註81〕

其實這些謹慎、客觀而又精到的評語，用在卞之琳他自己身上也是非常恰當的。北京土白與吳方言土音，事實上曾多次自稱爲「南邊」人（其實這詞也是北京土白辭彙）的他，一輩子都在使用，在打交道，以口語入詩，適當融化一些方言、土語，吐出「活」的、乾脆利落的聲調，這是他卞之琳達到的境界，這是融古化歐之外「化土」所帶來的情趣與創新。像卞之琳把所受的廣泛而複雜的古典與西方影響，創造性地轉化到他的詩作中一樣，土語、方言這一語言資源所施加的影響，也在詩人獨具匠心中化入到他的詩作中。雖然可以對這些影響與痕迹加以抽離與分析，但彼此之間像維生素融入身體一樣，已化爲了血肉成爲有機的統一體。「化土」也像詩人爲人所稱道的「化古」、「化歐」一樣，樹立了一個成功的典範。

〔註80〕卞之琳：《〈徐志摩選集〉序》，《人與詩：憶舊說新》，北京：生活·讀書·新知三聯書店，1984年版，第33～34頁。

〔註81〕卞之琳：《〈馮文炳選集〉序》，《人與詩：憶舊說新》，北京：生活·讀書·新知三聯書店，1984年版，第47頁。此外，《徐志摩重讀志感》、《新詩與西方詩》等文也持類似觀點，均見《人與詩：憶舊說新》一書。

第三章　轉折與嬗變：救亡語境下的方言與現代詩（1937～1949）

民國史若以政府爲標誌大體可以劃分爲三個階段，一是南京臨時政府階段，二是北洋政府階段，三是南京政府階段。特別是後者，執政期間從 1927 年 4 月到 1949 年 9 月。在此期間，雖然派系鬥爭激烈，獨裁統治嚴懲，軍事戰爭頻繁，民主共和的功能不斷削弱，但基本上仍以民族國家統一、社會經濟發展、民生有所改善而獨立於亞洲東方。在此期間，戰事頻發的影響最大，特別是中日兩個國家之間的戰爭，以及捲入當時第二次世界大戰，都是改寫民族歷史、情感、精神的歷史大事件。日本 1931 年入侵並佔領中國東北，但祇是局部侵佔，忙於國共內戰的南京政府，也無暇多顧。後來，帶有劃時代標誌的「七・七」事變，於 1937 年 7 月爆發，它質變性地造成了前所未有的歷史大災難，犁開了積澱著無限苦難與悲愴的土地。在隨後的十多年時間裏，戰爭與和平、生存與死亡、獨立與解放、民主與自由既是社會歷史的偉大內容，也是文學藝術的永恒主題。

正是這樣殘酷血腥的歷史，正是這樣烽火遍地的年代，民國文學發生了歷史性巨變。具體到中國現代詩這一新生不久的文體，經受住了戰爭嚴酷的考驗；在救亡圖存與獨立解放目標的驅動下，不同流派的詩人都投入到時代的洪流中去。詩歌的大眾化，詩歌的民族形式因素，這些主張得到前所未有的重視。在如何面對需要啓蒙宣傳的、以農人兵士等爲主體的廣大受眾這一問題時，現代詩語言再一次大面積地散文化、母語化與口語化，夾雜各地民眾方言在內的日常口語，成爲戰爭語境下詩歌語言的常態。

第一節　驅趕與停留：戰爭語境下現代詩的地域置換及空間性

1937 年 7 月，蘆溝橋事變爆發。全民族的抗日戰爭由此全方位展開，經過八年浴血奮戰，中國人民終於在付出沉重代價後取得了全面勝利，但隨後幾年裏又發生了全國內戰，戰火一直燃燒到 1949 年中華人民共和國成立。十多年連綿起伏的全國性戰爭，讓整個國家、民族處於一個非常動蕩的歷史時期，經歷了從血火中走向新生的大轉折。

特殊的時代、歷史環境，內在地要求文學擔負起相應的歷史使命，戰爭深刻影響乃至左右詩人創作的心理、姿態、目的、方式，並在題材、主題、手法、風格等方面呈現出來。自抗戰開始到解放戰爭結束，現代詩開始適應戰爭語境這一外界因素的干擾與擠壓。無情血火中你死我活的生存體驗，被驅趕與停留相交錯的個體經歷，徹底改造了詩人敏感的心靈與神經，詩人的思維方式、審美心態與價值取向，也得以大面積地適應性更新。詩壇對峙的不同流派，或悄然隱失，或重新合流，服務於民族救亡、解放與勝利成爲詩歌中不可阻擋的主流。可以說，這一階段的開端、發展、演變，都是以前現代新詩所沒有經歷過的。和其他歷史時期不同的是，因戰爭形成的地緣政治文化，對詩歌的發展造成普遍的制約：既從物理時空上劃分爲國統區、解放區、淪陷區以及類似上海「孤島」現象的不同版塊，又從時間的線性演變上把這些區域變成一個屢經變遷的流動性概念。

正是這一背景，帶給詩人們的除了傳統來自於書面文字、傳媒的傷痛記憶外，最具體的莫過於因受戰火影響而不斷逃亡。個體生命不再有一個安逸、舒適而又穩定的生存環境，不論從物質上還是精神上。他們被成群地驅趕，逃亡於祖國不同地理位置上的中小城市，以及廣闊荒涼的山村曠野之中，從北平、上海、武漢，一路撤退到重慶、香港、桂林等大西南一隅，或是延安、三邊大西北某一角落。其間又有多少人剛剛安頓下來，在喘息未定中又準備再一次避難逃亡。輾轉逃亡中，他們有機會接觸以農民爲主體的底層社會，在與各地不同方言區域的民眾交流、生活中，空間維度上的撤退與延續，帶來了包括現代詩歌語言在內的空間性變異，戰爭、地域與詩的關係，生命、土地與人民的關係，語言、讀者與現代詩的關係，諸如此類新的課題，彼此縱橫交錯，現代詩的地域置換與空間性也由此敞開。

一

戰爭與現代詩關係的勾連，給現代詩的慣性運行加入了新的元素。典型的是前一歷史時期繽紛五彩的詩歌流派，出現了一齊向現實主義詩風匯流的趨勢。中國詩歌會雖然分化、解散了，但它所倡導、鼓吹的時代感與戰鬥性相結合的大眾化寫實詩風，成爲不同流派詩人共同的信仰，象徵派、新月詩派、現代派等流派，或是集體轉型、自我蛻變，或是茫然不知所措、悄悄隱失，現代詩歌的詩風突然變得現實、硬朗與整齊起來。

告別《二十歲人》的現代派詩人徐遲，在親歷戰爭之後發出了《最強音》（1941 年版），他曾說：「也許在逃亡道上，前所未見的山水風景使你叫絕，可是這次戰爭的範圍與程度之廣大而猛烈，再三再四地逼死了我們的抒情的興致。你總是覺得山水雖如此富於抒情意味，然而這一切是毫沒有道理的；所以轟炸區炸死了許多人，又炸死了抒情，而炸不死的詩，她負的責任是要描寫我們的炸不死的精神的。」〔註 1〕戰爭造成抒情的放逐，但緊隨著的問題是，怎樣來描寫剩下的「炸不死的精神」呢？雖然精神是「炸不死的」，但「炸」得詩人們隨著軍隊、難民邊戰邊退，直到佔據西南、西北之險來稍作停留則是事實。當時從沿海、從東南、從華北一線一路撤退或潰退，縱橫數千里直到大西南的川滇黔一帶，到了那裡也許還有不安全感。〔註 2〕如果來不及逃亡，也許等待自己的是被抓被毒打被野蠻血腥地處死，有僥倖者則隱名埋姓躲藏起來，前者如戴望舒，1941 年滯留香港時被日軍逮捕、投入監獄面對「災難的歲月」。後者如淪陷區詩人，到目前爲止還在資料、評價定位上存在許多未解之謎，也成爲民國詩歌史書寫忽視的某種理由。

另一方面，除了撤退到後方這一選擇外，許多詩人直接參加戰地服務團之類的組織，深入火線前沿和敵佔區，活躍在各抗日根據地和游擊區。〔註 3〕如臧克家、韓北屏、鄒荻帆在武漢戰區、大別山一帶輾轉流亡從事戰時文化工作；何其芳、卞之琳、曹葆華、柯仲平、蕭三、林山等人從不同途徑進入

〔註 1〕徐遲：《抒情的放逐》，《頂點》第 1 期，1939 年 7 月 10 日。

〔註 2〕如時爲重慶《新華日報》副刊主編的劉白羽給作者沙鷗的信：「萬一日寇到重慶，可否在鄉下山區找一暫避之處？」當時日軍侵入貴州，國民黨軍隊節節敗退，日軍大有直逼四川重慶陪都之勢。見晏明：《飄飄何所似　天地一沙鷗（上）》，《新文學史料》2001 年 2 期。

〔註 3〕可參見艾青：《中國新詩六十年》，海濤等編：《艾青專集》，南京：江蘇人民出版社，1982 年版。

解放區，在西北軍隊中或長或短地進行文化工作；鍾敬文、王亞平、柳倩等在第四、第九戰區工作，走遍了江浙湘贛等省；又如老舍、姚蓬子、王禮錫、楊騷等人參加戰地訪問團一類的活動，在前線，在各戰區從事文化宣傳等工作……這一切，充分說明後方與前方有時呈犬牙交錯狀態，詩人在行動，在體驗戰爭中的一切變化。在與來自不同地域的兵士、民眾相識、攀談過程中，在「看看報紙，研究著地圖，談論著戰事和各種問題」〔註 4〕過程中，不論是大後方還是前線、敵佔區，不論是相對穩定的學院派詩人還是隨軍隊流動而不斷遷移的詩人，都會具體親身體驗戰爭帶來的深刻變化。

在被驅趕、逃亡途中，在民國詩歌史上取得最高成就的莫過於被劃入七月派後又超脫出來的艾青，以及中國新詩派的代表詩人穆旦。下面舉例分別論述一二。對於艾青而言，在七七事變前夕 1941 年初這一時段中，戰爭像一條瘋狗似的驅趕他不停地逃難：從杭州到金華，從戰時文化中心武漢到山西臨汾，半個月後又因戰火蔓延到臨汾而返回武漢，在徐州失守情況下被迫離武漢去湖南衡山，滯留二三個月後向大後方的朋友寫信希望找一份「所得能維持生活就好」〔註 5〕的差事來安身立命，後來在桂林穩定了半年多又重返湖南新寧，再經長沙、宜昌去重慶，在重慶又因國民黨監視而化裝奔赴延安……以他的原話說「完全是逃難性的」，〔註 6〕常常是前腳剛走敵人後腳馬上跟來。國土大批失守，這一點似乎參照敵我形勢分析圖之類的書籍也可看到，雖然中間偶有拉鋸戰，但大多失守後便淪爲敵佔區。即使在後方，也面臨敵人不斷的轟炸，在喘息未定中又不得不籌劃還有哪一個更爲安全的地點。〔註 7〕詩人渴望能擁有一張平靜的書桌，但現實把它掀翻了。

與艾青相比，穆旦也有兩次獨特傳奇的經歷。一次是作爲流亡學生經歷了從北平到長沙、從長沙步行到昆明的三千里遠途遷徙，接觸了湘黔滇的底層民眾，歷練了戰火中的現實人生。當時主是感受是沿途所見所聞的新鮮、

〔註 4〕聞一多：《八年的回憶與感想》，《聞一多全集》（三），北京：生活·讀書·新知三聯書店，1982 年版，第 545 頁。

〔註 5〕艾青給 S（即胡明樹）的信：「你能否爲我在貴校設法一下？或者別的學校？望你能幫助我，所得能維持生活就好了。」轉引自周紅興：《艾青研究與訪問記》，北京：文化藝術出版社，1991 年版，第 272 頁。

〔註 6〕周紅興：《艾青的跋涉》，北京：文化藝術出版社，1988 年版，第 120 頁。

〔註 7〕如艾青好不容易到了重慶，剛剛在「文協」宿舍安頓下來，在一次日機對重慶的大轟炸中，人是躲藏在防空洞裏安然無恙，但回到住地已是一堆廢墟，不得不從瓦礫堆裏挖出被褥、衣服、書籍等用品，遷到遠離市區的北碚居住。

當地百姓生活的苦難、遷徙情緒的高昂、結伴而行的驚險勞頓等方面。〔註8〕另有一次穆旦直接參加中國遠征軍出征緬甸抗日戰場，親歷與日軍的戰鬥及隨後的逃亡大撤退。〔註9〕這一切，給穆旦帶來了詩風硬朗的現實品格，也帶來他重新思考生命、土地、語言存在的機會。這裡僅舉一例爲證：「後來到了昆明，我發現良錚的詩風變了。他是從長沙步行到昆明的，看到了中國內地的眞相，這就比我們另外走海道的同學更有現實感。他的詩裏有了一點泥土氣，語言也硬朗起來。」〔註10〕這也許是眾多變化中的冰山一角，這樣的經歷，對一個人的改變是致命性的，說來殘酷的是，也只有在這一背景下，中國新詩才誕生了具有大師氣象的詩人，才在他們手中湧現出一批優秀的詩作。

二

詩人肉身的驅逐與靈魂的逃亡，使現代詩摻和著地域的概念，與土地、生命、人民等宏大命題一一聯結起來。其中最直接的反映之一便是詩歌題材的變化。在戰爭這一母題背景下，相關的題材得以集中，現實性大爲加強，如逃難中的艾青，在抗戰開始前幾年寫出了他一生最好的作品，如《復活的土地》、《乞丐》、《雪落在中國的土地上》等；還有穆旦的詩，如《防空洞裏的抒情詩》、《出發》、《在寒冷的臘月的夜裏》、《讚美》等。現實的擠壓帶來題材的開拓、深化，爲新的美學風格的形成鋪墊了某種基礎。另一方面，由於詩人走出書齋，接觸了當時的現實與底層，廣大民眾、兵士的日常生活、情緒表達、情感原型等，都是觀照的對象。除此之外，爭取民主、自由、呼喚和平的詩篇；揭露社會腐敗、黑暗的詩篇；反映農民受兵役、苛捐雜稅的詩篇；反映市民不堪物價飛漲的詩篇，等等，都糅合著泥土味、煙火味。整體上看，純粹屬於個人低聲哀歎、纏綿往復的詩作，倒是很少見的，也是整個社會不願讀到的作品。

〔註8〕因資料原因，這裏以聞一多參加三千多里的另類「長征」爲參照，因爲穆旦當時也是其中成員之一，經歷有類似之處。參見劉烜：《聞一多評傳》，北京大學出版社，1983年版，第197～204頁；陳登憶：《回憶聞一多師在湘黔滇路上》，三聯書店編輯部編：《聞一多紀念文集》，北京：生活·讀書·新知三聯書店，1980年版，第275～280頁。

〔註9〕參見王佐良：《一個中國詩人》，穆旦：《穆旦詩集1939～1945》，北京：人民文學出版社，2000年版，第117～119頁。

〔註10〕王佐良：《穆旦：由來與歸宿》，杜運燮等編：《一個民族已經起來——懷念詩人、翻譯家穆旦》，南京：江蘇人民出版社，1987年版，第1頁。

隨著題材的變化，在藝術手法上也有相應的變動。純詩的寫法被懸置，抽象、象徵、哲學化、意識流等手法越來越失去吸引力，直抒胸臆、平鋪直敘、白描敘述、吶喊宣泄的手法則普遍蔓延開來。因爲要服務於戰爭，宣傳發動廣大民眾投身到戰爭中去的問題變得異常尖銳起來，這就要求文藝陣線上最具有適應性的詩，不能不具備宣傳鼓動助陣的戰時特徵。當時，詩歌的民族化、群眾化、大眾化等口號的提倡是最爲有力的，加之國共兩黨之間因不同階段所出現的合作現象，使得政治意識形態領域關於文學大眾化、民族形式等的討論全國化，這樣讓現代詩向民間、大眾靠攏。民間形式如小調、山歌、大鼓詞、皮簧、金錢板等傳統土生土長的藝術形式充分採掘，即使是不太適用的「舊瓶」，也裝上了「新酒」。詩壇不但有馮玉祥、陶行知那樣的詩人，也有像小說家老舍一樣的客串者。具體如老舍，他受戰爭宣傳影響，也鼓起勇氣去嘗試用大鼓調寫長詩《劍北篇》，他說：「大體上，我是用我所慣用的白話，但在必不得已時也借用舊體詩或通俗文藝中的辭彙，句法長短不定，但句句要有韻，句句要好聽，希望通體都能朗誦。」〔註 11〕現代詩能「朗誦」，在新的語境下再一次爆發，因爲追求詩歌的民族化、大眾化、群眾化，詩朗誦運動從精英化的「讀詩會」蛻變出來，變成「聽覺藝術」是自然的事。如在上海、南京失守之後，武漢三鎮成爲戰時文藝中心，高蘭、光未然、馮乃超、徐遲等人開始認真組織、嘗試詩朗誦活動，後來武漢也不幸失守，朗誦詩運動在大後方城市如重慶、成都、昆明、桂林等地，以及以延安爲代表的各解放區根據地，面向普通市民或工農兵爲主體的群眾，此起彼伏地開展過，並取得了較好的宣傳效果。〔註 12〕另外，像街頭詩、傳單詩、槍桿詩等便於宣傳鼓動的新形式，也湧現出來，它的短小、鮮明、形象，加大了現代詩朝「廣場」、「民間」的滲透與擴張能力，達成的共識是詩歌必須通俗、易懂、明白、昂揚。

其次，詩人的地域流動與分化，帶來地域空間視野中流派的重新集結，如

〔註 11〕老舍：《三年寫作自述》，《老舍生活與創作自述》，北京：人民文學出版社，1982 年版，第 68 頁。

〔註 12〕可舉一例，據徐遲回憶：「1944 年秋天起霧時，國民黨的貪污腐化已經發展到了極度。……馬凡陀寫了一首《責問他》的詩，我們在上清寺廣播大廈的朗誦會上朗誦了：『責問他！責問他！……揭發他！揭發他！國民黨受不住了，下了一道禁令：從此以後，不准舉行朗誦會。」見《重慶回憶（三）》，韓麗梅編著：《袁水拍研究資料》，北京：中國國際廣播出版社，2003 年版，第 174～175 頁。

七月詩派、中國新詩派、延安民謠體詩派等。眾所周知，七月詩派是在艾青影響下，在以理論家兼詩人胡風爲中心、以《七月》及以後的《希望》、《詩墾地》、《詩創作》、《泥土》、《呼吸》等雜誌爲基本陣地而形成的青年詩人群，其主要代表詩人有阿壟、魯藜、綠原、牛漢等，他們在國統區的武漢、重慶、成都等地不斷流動，團結成一個戰鬥整體。七月派詩人們張揚主觀戰鬥精神，正視現實突入生活，從客觀對象具體形態中開掘出深廣的歷史社會內容，創造出一批詩風沈鬱、開闊而又厚重的優秀詩作。比七月詩派稍後的是活躍在國統區西南一角——昆明的中國新詩派，他們生活在大後方最高學府西南聯大裏，告別流亡，在相當安靜的校園裏，與現實政治保持一定的距離與個人風格，「在現實與藝術間求得平衡，不讓藝術逃避現實，也不讓現實扼死藝術」，「詩作的極不相同的風格證明詩發展的多種可能的途徑」。〔註 13〕他們認爲詩與現實、政治有關，但也有相對的獨立性，應是一種高度綜合的藝術。中國新詩派詩人尖銳地意識到現實人生的種種矛盾與困惑，關注人的精神處境，是經過驅趕後「停留」的詩，寫出了對生命、戰爭、土地的不同認識。另外，以陝甘寧邊區爲中心的現代詩群也有自己的新質，不但在群眾性詩歌運動中湧現出一批純粹用民間文藝形式來寫作或演唱的農民詩人，而且還有一大批經過延安文藝座談會整風過後產生的知識份子詩人，他們創作出了革命氣息相當濃鬱的優秀作品，如田間的街頭詩，李季的《王貴與李香香》，阮章競的《漳河水》，張志民的《王九訴苦》、《死不著》等。這些作品，主要受眾是農民與兵士，採取他們喜聞樂見的傳統的民間文藝形式，已成爲當時一種普遍的模式。

三

從語言角度來說，這一時期的現代詩語言既有大的變化與轉折，又有新的進展與分化。「抗戰以前新詩的發展可以說是從散文化逐漸走向純詩化的路」，「抗戰以來的詩又走到散文化的路上。」〔註 14〕這一評價是籠統性的，不過指出從純詩化到散文化，一方面是日常語言的復活，一方面是面對民眾口語的現實吐納。向散文化發展，自由詩體再次崛起，成爲抗戰時期詩歌的

〔註 13〕袁可嘉：《詩的新方向》，《論新詩現代化》，北京：生活·讀書·新知三聯書店，1988 年版，第 219 頁。

〔註 14〕朱自清：《抗戰與詩》，《新詩雜話》，北京：生活·讀書·新知三聯書店，1984 年版，第 37～38 頁。

主流，這方面的具體表現，我們可以從「口語」主張上大致有所洞悉。與「口語化」主張相關的內容是有複雜微妙的層次的，主要方式起碼有以下可以再分下去的兩類：一是艾青、穆旦式的知識份子口語觀；一是解放區詩人及解放戰爭年代提倡的群眾口語觀。下面以此兩類作爲代表來稍作梳理。

艾青在40年代從創作與理論兩個方面，提出著名的「詩的散文美」主張，這是在現代派詩人戴望舒採用現代日常語言觀影響下提出的新思維，具有樸素、形象、簡約、明朗等美學特點。例如他在《詩論》中提出「最富於自然性的語言是口語。盡可能地用口語寫，盡可能地做到『深入淺出』。」〔註15〕「散文是先天的比韻文美。口語是美的，它存在於人的日常生活裏。它富有人間味。它使我們感到無比的親切。而口語是最散文的。」〔註16〕與此的論述還有一些，問題是，艾青經常提到的「口語」到底是什麼樣的貨色？縱觀艾青的相關表述，我們發現他既認爲初期白話詩是「採用了人民日常的口語」，又認爲戴望舒《我的記憶》一詩也是現代的日常口語，可見「口語」概念是比較模糊、靜態性而又富於包容性的概念，是白話基礎上最接近嘴巴上活的口語的東西，是某種大白話。作爲當時主流派自由詩體所能達到的歷史高度的代表，艾青的詩歌語言，講究口語基礎上的洗煉、純化，略有方言意味但並不太濃鬱。他詩歌的語言，與眞正嘴巴上活著的語言，構成一種互動關係，兩種是相互裹挾著向前流動的。

與艾青類似，人們對穆旦的語言風格也一般冠之以「口語」。穆旦拒絕文言，堅持「五四」現代白話詩的傳統，對他熟悉的批評家一方面說，「他的詩歌語言最無舊詩詞味道，同過去一樣是當代口語而去其蕪雜，是平常白話而又有形象的色彩和韻律的樂音」，〔註17〕走到了「現代漢語寫作的最前沿」。〔註18〕「穆旦的詩歌語言試驗的意義：幾乎不帶絲毫文言字詞、句法，完全用白話口語來表達唯現代人才有的現代詩緒和現代詩境。」〔註19〕一方

〔註15〕艾青：《詩論》，海濤等編：《艾青專集》，南京：江蘇人民出版社，1982年版，第133頁。

〔註16〕艾青：《詩的散文美》，海濤等編：《艾青專集》，南京：江蘇人民出版社，1982年版，第154頁。

〔註17〕王佐良：《穆旦：由來與歸宿》，杜運燮等編：《一個民族已經起來——懷念詩人、翻譯家穆旦》，南京：江蘇人民出版社，1987年版，第7頁。

〔註18〕曹元勇：《走在漢語寫作的最前沿》，杜運燮等編：《豐富和豐富的痛苦：穆旦逝世二十周年紀念文集》，北京：北京師範大學出版社，1997年版，第126頁。

〔註19〕錢理群：《追尋生存之根：我的退思錄》，桂林：廣西師範大學出版社，2005

面又說還有「不同程度的歐化傾向」。〔註 20〕在我看來，穆旦的語言對口語與書面語的結合、把握很出色，在歐化的語法指導下，強調的是意義的呈現。他充分發揮了日趨成熟的現代漢語的彈性、多義，通過詞語組合的張力與句式的繁複、錯落，來表達現代社會深刻的思想與詩情；同時又自覺地大量運用帶有歐化意味的關聯詞，以揭示抽象詞語、跳躍句子之間的邏輯關係。正如有人所論，「語詞和句子本身甚至是不重要的，重要的在於句子背後那些勇往直前的情緒之流。而這一切，都得力於那些數量眾多的意義抽象的詞語，得力於句子間的嚴密邏輯關係。」〔註 21〕在這一現代口語形式下，詩人的主體意識才可能得到自由的伸展、運動，才可能隨心所欲地支配語言文字，達到鄭敏所評述的那種「扭曲，多節，內涵幾乎要突破文字，滿載到幾乎超載」〔註 22〕的特殊審美效果，對傳統的語言形式而言，這無疑是一種典型的陌生化。

到了艾青、穆旦那兒，現代日常的口語並不純粹，而是對口語與書面語的雙重矯正與駕馭，在說話的國語與文學的國語之間，存在某種妥協、扭曲與相互剋制。同時因爲文學創作的語言終歸呈現出來的是某種書面語，因此都是推動這一書面語向前發展的，兩者之間有一定的並行性。帶點母語方言成色的鮮活口語，與邏輯意義上的散文化句式配合，來改造新詩的句子表達。「穆旦的這一番努力可以說充滿了對現代口語與現代書面語關係的嶄新發現，它並不是對口語要求的簡單『擺脫』，而是在一個新的高度重新肯定了口語和散文化，也賦予了書面語新的形態。」〔註 23〕

與上述口語觀相對立的是一以貫之的群眾口語觀，它主要以全國各地沒有書面文化知識的群眾口吻與語彙來寫詩，其中的方言成分非常突出。其地域分支遍佈全國各地，但以西北方言爲基礎的解放區新詩，以及以四川方言、粵語爲基礎的四川、廣東以及香港等地方言詩人爲主。前者主要是以陝北延安爲中心的詩人群體，一般在語言上追求樸實、易懂，大量採用口語、土語

年版，第 283 頁。

〔註 20〕袁可嘉：《九葉集・序》，辛笛等：《九葉集》，北京：作家出版社，2000 年版，第 13 頁。

〔註 21〕參閱李怡：《穆旦：黃昏裏那道奪目的閃電》，《現代：繁複的中國旋律》，北京：中央編譯出版社，2001 年版，第 208 頁。

〔註 22〕鄭敏：《詩人與矛盾》，杜運燮等編：《一個民族已經起來——懷念詩人、翻譯家穆旦》，南京：江蘇人民出版社，1987 年版，第 33 頁。

〔註 23〕李怡：《現代性：批判的批判》，北京：人民文學出版社，2006 年版，第 205 頁。

方言入詩，以普通不識字的工農兵能聽懂爲現代詩通俗化的標準，在句式上，儘量吸收、借鑒民謠的形象原型、體式、表現手法、韻律與語言，追求自然、自由而又富有節奏感的音樂效果。典型的是 1943 年艾青寫《吳滿有》與 1946 年李季的《王貴與李香香》，像艾青與穆旦的口語存在差異相似，這裡也存在內部差異性。艾青寫《吳滿有》時主要還是知識份子淺顯的口語，中間摻雜陝北方言，當時艾青寫完後念給農民吳滿有本人以及他村上人聽時，也祇是聽取內容眞僞上的意見予以修改，詩人總結的規律是：「一般地說，農民歡喜具體，歡喜與他直接相關的事，歡喜明快簡短的句子，歡喜實實在在的內容。」〔註 24〕而李季創作《王貴與李香香》，雖然在字面上也是群眾語言，但幾乎是稍經提煉過的陝北方言，土白、方言氣息相當突出，是一次面對詩歌題材、受眾的「土白化」轉向。後者如四川方言詩人沙鷗、野谷，〔註 25〕粵語區方言詩作者符公望、樓棲、丹木、黃寧嬰、林林、犁青等人，也是純粹的方言詩化，也有若干方言詩作問世。另外，圍繞上海、香港的《新詩歌》、《中國詩壇》等刊物，詩人們堅持現實主義道路寫政治諷刺詩，也側重歌謠、方言詩、敘事詩等的創作。〔註 26〕這一線索上的新詩，典型而又純粹的四川、粵語方言，知識份子自身的口語被掩蓋得較爲嚴實；值得一提的是在當時還引起了持續多年的方言文學、方言詩的論爭。其中的代表性意見是馮乃超、邵荃麟等人的總結報告〔註 27〕和郭沫若、茅盾等人的個人意見，前者總結認爲方言文學的提出是爲了文藝普及的需要，提倡方言文藝是從實際出發的，其服務對像是工農兵，從而建立人民的大眾文藝；發展方言文藝優勢明顯，與普通話是相互支撐的關係，「用普通話夾雜一些方言寫作，……這有助於方言的流通，也有助於普通話更豐富」；同時提醒注意一邊不要對方言文藝產生偏

〔註 24〕艾青：《吳滿有・附記》，《解放日報》，1943 年 3 月 9 日。

〔註 25〕當時詩刊所載「詩簡訊」中有「野谷在渝寫方言詩甚勤」之語，見《新詩歌》第 5 號，1947 年 6 月 15 日。

〔註 26〕《新詩歌》，沙鷗、李凌、薛汕編輯，1947 年 2 月創刊，1948 年轉移到香港重新出版。與稍後在廣州出版的《中國詩壇》在詩歌主張、詩人隊伍上有直接關聯，他們對華南詩歌運動影響甚大。參見薛汕：《四十年代的〈新詩歌〉》，《新文學史料》1988 年 1 期；陳頌聲、鄧國偉：《中國詩壇社與華南的新詩歌運動》，《學術研究》1984 年 3 期；犁青：《從「南來作家」到「香港作家」》，《新文學史料》1996 年 1 期；犁青：《四十年代後期的香港詩歌》，《新文學史料》2005 年 3 期。

〔註 27〕馮乃超，荃麟執筆：《方言文藝問題論爭總結》，見華嘉：《論方言文藝》，人間書屋，1949 年，第 46～58 頁。

見，一邊對方言的偏僻和原始也應有深入的認識，進行必要的加工和提煉。另外，指出這樣的事實，解放區文學作品的陸續出版對方言文藝是一個有力的刺激。後者如郭沫若茅盾鍾敬文等人先後著文參與華南文藝界的方言文學討論，郭氏認爲方言文學「和馬華化的問題有一脈相通之處，在我個人也是舉起雙手來贊成無條件地支持的。……假使是站在人民路線的立場，毫無問題，會無條件地支持方言文學的獨立性。」〔註 28〕茅盾則似乎唱出了以前不曾有過的調子，不但「對於這次論爭是把它當作『華南文藝工作者如何實踐大眾化』來瞭解的，而不是把它當作僅僅討論了『方言文學之應否建立』，或『如何運用方言』，『怎樣去發揚方言文學』」。〔註 29〕而且在隨後的長文中從方言文學與白話文學、方言文學與文學大眾化、大眾化與民間形式三方面強調方言文學的必要性與必然性，斷定「白話文學就是方言文學」。〔註 30〕從中可以看出當時主流批評對方言入詩、方言入文的重視程度。曾當過廣東方言研究會會長的鍾敬文不但在當時著有七八篇論方言文藝的文章，而且在八十年代回憶時明確定調爲「我們大力提倡方言文學運動，就是要把毛澤東同志『文藝大眾化』的主張應用到南中國的特殊方言區（廣東），從而教育、鼓舞更多人民爲當時的解放戰爭而奮力。」〔註 31〕

四

從抗戰開始到 40 年代末，中國現代詩一路經過綜合與深化的發展，走完了曲折起伏的歷史進程。詩人們對於戰爭年代的社會現實和人的處境的體驗深化，對應著不同的詩藝探索，有現實主義主流也有現代主義等支流，整體上是面向民眾、服務戰時需要的。

新中國成立後現代詩歌道路再一次經受歷史的大轉型，在新的政治意識形態下，執政的共產黨在國家層面既對民國詩歌歷史進行重新評估，又通過批判、出版等不同渠道爲當代詩歌確立新的規則，這樣重新在悖離中分流整合，絕大多數詩人融合新社會、新體制後被捲入頌歌的大合唱與狂歡中；另一方面，普

〔註 28〕郭沫若：《當前的文藝諸問題》，王錦厚等編：《郭沫若佚文集》（下冊），成都：四川大學出版社，1988 年版，第 211 頁。
〔註 29〕茅盾：《雜談「方言文學」》，《群眾》周刊第二卷第三期，1948 年 1 月 29 日。
〔註 30〕茅盾：《再談「方言文學」》，《大眾文藝叢刊》第一輯，1948 年 3 月。
〔註 31〕鍾敬文：《我與散文》，《芸香樓文藝論集》，北京：中國文聯出版公司，1996 年版，第 223 頁。

通話寫作的逐漸升溫，在語言取向上更爲集中與統一，一起服務於建立統一的民族國家想像共同體，中國現代新的一頁又以新的方式與想像翻開了。

第二節　上海方言與馬凡陀的山歌

在抗日戰爭勝利前後到解放戰爭期間，現代詩的民族化與大眾化走向繼續延伸，定格爲一個較爲主流的詩歌審美標準。依此標準，馬凡陀山歌最先納入視野的幾率，可以說是相當靠前的。它一度曾被指認爲是「詩歌深入人民，和人民結合」的「山歌的方向」，〔註32〕「新詩歌創作的一個新方向」。〔註33〕作爲國統區詩歌的代表，與戲劇方面的《陞官圖》、小說方面的《蝦球傳》一起，在第一次文代會上被茅盾總結爲表現一種「新的傾向」，即「打破了五四傳統形式的限制而力求向民族形式與大眾化的方向發展。〔註34〕後來還被整合到毛澤東的「文學新方向」之列，由此可見其當時影響之大。

事實上也是這樣，通過馬凡陀之手，習慣於自由自在地生長於大自然曠野的山歌，改寫了局囿鄉野、土頭土臉的形象，它從農村飛向都市，在都市民間文化形態中佔據了應有的一角。山歌聲響與形象的變遷，帶來一種重振旗鼓、高歌猛進的時代氣息，但遺憾的是，馬凡陀的山歌反而隨著全國解放後政權的更替而消失得無影無蹤，〔註35〕後來還隨著作者袁水拍在文革中的一些污點，受到了學術界的冷落，不但評論稀缺苛責，而且肯定的聲音也並不多見，這一點縱觀新時期以來的論著便可一覽無餘。在今天同樣需要馬凡陀山歌的時代，卻聽不到類似山歌的聲音。難道馬凡陀的山歌只能在特殊時期曇花一現？它的隱退是今天的讀者不需要，還是社會客觀條件的限制？另外，如何正確評價現代詩中的山歌道路，它固有的口語化、母語化、大眾化的運行模式，以及以針貶醜惡黑暗現實爲旨歸的價值取向，會成爲不屑一顧

〔註32〕默涵：《關於馬凡陀的山歌》，韓麗梅編著：《袁水拍研究資料》，北京：中國國際廣播出版社，2003年版，第254頁。

〔註33〕勞辛：《〈馬凡陀的山歌〉和臧克家的〈寶貝兒〉》，韓麗梅編著：《袁水拍研究資料》，北京：中國國際廣播出版社，2003年版，第263頁。

〔註34〕茅盾：《在反動派壓迫下鬥爭和發展的革命文藝——十年來國統區革命文藝運動報告提綱》，《茅盾全集》（第24卷），北京：人民文學出版社，1996年版，第52頁。

〔註35〕如自1950年後，以馬凡陀爲筆名的文章與詩作共僅六次，而且其內容、主題也大異其趣。

的歷史陳迹嗎？……這些問題，我認爲仍是值得深入思考的。

一

袁氏出生於江蘇吳縣（今蘇州市）遠郊，從小遷到蘇州城裏生活，一直生活到青年時外出謀生爲止。後來袁水拍一生主要是在香港、重慶、上海、北京等大城市生活。因此，詩人典型的母語是吳語，這一母舌因素對他的創作有著潛在的影響；另外因久居都市，對萬花筒般的都市生活這一整個生態，無疑相當熟悉。

馬凡陀是袁氏集中寫諷刺詩時的筆名，另外較爲通行的是他的另一筆名袁水拍，其本名和其餘數十多個筆名倒很少有人提到。「袁水拍」一名用途很廣，而「馬凡陀」卻幾乎僅用於山歌，這一筆名用例是意味深長的。詩人發表詩作，凡屬抒情詩創作一類時大多署名「袁水拍」，大唱山歌、專事諷刺詩時則以「馬凡陀」行世。前一筆名，係當初他客居香港、思念故土時改之，取南宋詩人梅堯臣一詩中「朱旗畫舸一百尺，五月長江水拍天」詩句之意；後者則是世界語 Movado 的音譯，意爲「永動」，Movado 的讀音與土音蘇州話「麻煩多」諧音，足足可見「麻煩多」與馬凡陀山歌的內在精神聯繫。

當時馬凡陀聲名遠播，地點變遷過程是從重慶到上海，時間跨度則主要爲 44 年到 48 年。他的山歌結集有《馬凡陀的山歌》（1946 年）、《馬凡陀的山歌》續集（1948 年）、《解放山歌》（1949 年）。集中所錄山歌係當時本地報章所載，這些山歌幾乎均作於戰時首都重慶與收復後的大城市上海，「在某種意義上，這實在是兩個具有代表性的重要地方，因爲表現這兩個地方，也就把中國的事情表現出大半了。」〔註 36〕「把中國的事情表現出大半了」似乎是誇大其辭，如具體縮小到中國市民階層的事情，倒比較符合實際。馬凡陀的山歌，在代表當時大中城市的市民意志上，佔據優勢，馬凡陀名字能深入下層市民中間，不能不說是現代詩發展大眾化進程上一個顯著標誌。

從語言資源上看，從重慶到上海意味著四川方言替換成上海方言，語境變遷對袁水拍寫作山歌來說可以形容爲如魚得水。上海話與蘇州話相近，同屬吳語區，與他從小熟稔的吳儂軟語又一次親密接觸，詩人針貶時弊、嘲諷揶揄等方面的創作才華再一次顯露出來。「馬凡陀山歌到了上海，回到詩人自

〔註 36〕李廣田：《馬凡陀的山歌》，韓麗梅編著：《袁水拍研究資料》，北京：中國國際廣播出版社，2003 年版，第 237 頁。

己的家鄉吳語地區，語言的運用更加自由了」。〔註37〕從馬凡陀山歌創作的數量與質量看，詩人自回到上海的1946年始，山歌確實唱得更爲嫻熟、地道，整體上達到了寫山歌的巔峰狀態。除上海方言外，他自發表處女作《我是一個田佬老》，是用熟悉的吳方言寫作外，因出外謀生所需，基本上操一口藍青官話。在香港重慶等地先後學了一些粵語與四川話，在山歌中偶有體現，但與他在上海得心應手地用上海方言相比，顯得份量太輕。

因此，馬凡陀代表性地提煉都市生活素材，在上海夾雜著大量的本地方言來書寫山歌，是有淵源可言的。同時，作爲市民階層民意的代表，他耳聞目睹了現實一幕接一幕的醜劇、鬧劇，爲山歌的創製鋪墊了一個良好的環境。首先，國共兩黨政治勢力的並存、競爭與消長，在當時形成鮮明的對照。作爲黑暗腐朽代名詞的國統區，湧現出無數的光怪陸離的社會現象，建國後人民文學出版社出版《馬凡陀的山歌》時有一段繪聲繪色帶有政治傾向性的簡要概括，從內容上看饒有意味，現略引如下：

> 「敵人的禍國殃民的罪行、荒淫無恥的勾當，在作者的筆下，被諷刺得淋漓盡致。其中有囤積居奇、大發國難財、在美國存款三億美金的貪官污吏；有烏煙瘴氣、相互傾軋的『國民參政會』以及蔣匪幫豢養的僞造民意的反動社團；有滿胸脯金質銀質勳章、行李箱籠堆成山的『抗日建國英雄』和接收大員，他們一面高喊『還政於民』、一面以武力鎮壓工人運動和學生運動、一面又搖尾乞憐向美國主子伸手要錢；還有打著『遣送日俘、任務未畢』的幌子，在上海等地街頭橫衝直撞、任意殺人的美國軍隊；有漢奸帶著銅床在牢裏養神；有美帝國主義僞裝正人君子『調停內戰』、國民黨的停戰陰謀；還有那一個臭名遠揚、愚弄人民的『新生活運動』；還有醜態百出的僞國民大會競選狂想曲；還有半吞半吐、小罵大捧的僞善的報紙；還有那些所謂第三方面的『英雄』們的嘴臉；等等，不勝列舉。」〔註38〕

這「不勝列舉」的社會醜聞，弄得民生凋敝、民怨沸騰。袁水拍曾用「沸騰的

〔註37〕徐遲：《重慶回憶（三）》，韓麗梅編著：《袁水拍研究資料》，北京：中國國際廣播出版社，2003年版，第176～177頁。

〔註38〕人民文學出版社編輯部：《馬凡陀山歌・出版說明》，北京：人民文學出版社，1958年版。

歲月」來命名這一時期（他指的是 1942～1946 年，其實還可後延幾年）。〔註 39〕這一個意義上，山歌應聲而起，擔當了民意代表。其次，作者的山歌情結也是不可忽略的一環。詩人青少年時期曾特別喜好蘇州評彈，對吳地民謠、山歌有著特別的感情，按他自己的說法叫「偏心」；〔註 40〕正因如此興趣，他還翻譯過霍斯曼、彭斯的詩，這兩位域外詩人的詩歌風格均接近明白易懂的民謠體。不過，雖然他隱約感覺到「這是民謠復興的時代」，〔註 41〕但最關鍵的莫過於輾轉流傳到國統區的《在延安文藝座談會上的講話》的牽引。1944 年胡喬木從延安到重慶，向黨員作家袁水拍介紹毛澤東《講話》的基本精神；另外《新華日報》以及詩人周圍的文友，綜合性營造了一種批判、諷刺詩風，在詩與政治、文藝如何爲人民服務等大的方向上，積極地發揮了導向作用。

二

現代詩逐漸深入市民階層，在這一陣營裏引起共鳴、激起心靈的回響，客觀地說，在馬凡陀的山歌之前還不曾做到，到馬凡陀手裏卻慢慢地實現了一部分。一向流傳不廣的現代詩與廣大市民取得某種聯繫，山歌這一形式無疑在兩者之間架起了一座橋梁。

當代學者陳思和曾提出「民間文化形態」〔註 42〕這一概念來梳理從抗戰到「文革」這一段文學史中「民間」的浮沉，其中從小說入手闡釋了現代都市文化與民間形態的關係。這裡姑且借用過來概括馬凡陀山歌與都市民間的內在聯繫。在人們習慣性的理解中，在城鄉對峙的格局中，民間一般指向廣

〔註 39〕袁水拍：《沸騰的歲月·後記》，新群出版社 1947 年版。

〔註 40〕袁水拍：《冬天·冬天》的《前記》，桂林遠方書店 1944 年版。

〔註 41〕袁水拍：《祝福詩歌前程》，轉引自遊友基著的《中國現代詩潮與詩派》，桂林：廣西師範大學出版社，1993 年版，第 185 頁。

〔註 42〕據陳思和介紹，他部分地吸收西方「民間社會」討論者的觀點，提出民間與民間文化形態概念，它是與國家相對的一個概念，民間文化形態是指在國家權力中心控制範圍的邊緣區域形成的文化空間。其特點有三：一、它是在國家權力控制相對薄弱的領域產生的，保存了相對自由活潑的形式，能夠比較眞實地表達出民間社會生活的面貌和下層人民的情緒世界；雖然在政治權力面前民間總是以弱勢的形態出現，但總是在一定限度內被接納，並與國家權力相互滲透。二、自由自在是它最基本的審美風格。三、它既然擁有民間宗教、哲學、文學藝術的傳統背景，用政治術語說，民主性的精華與封建性的糟粕交雜在一起，構成了它獨特的藏污納垢的形態。參見陳思和：《中國新文學整體觀》，上海：上海文藝出版社，2001 年版。

大農村，其實不然，在各大中城市裏，下層市民也會形成一個類似的都市民間，孕育著都市情調的民間文化形態。除了陳思和指出的虛擬性等共性之外，都市民間還有世俗性、依存性、漂浮性等特點。對嚴重依存於都市的市民們而言，他們知識比農民豐富、處世比農民靈活。作爲市民，有他最本眞的世俗保守的一面，也有改變現狀、希望社會進步的一面。他們像農民掛念天氣一樣關心對工資與物價的漲跌，在滿足了油鹽柴米等日常生活之需外，業餘時間的娛樂消遣，便打發在包括對時局發展、國家大事的議論等社會性活動中。都市民間文化，在龐雜性、世俗化中還有它自由活潑的審美性，在與國家權力、意識形態相抗衡的過程中，有妥協也有反抗。龐大的市民階層，其喜怒哀樂也會影響到社會的變革與進程。

綜觀袁水拍的所有詩作，我們可以發現它們對都市下層市民讀者群的關注是相當典型的；其山歌能引起轟動、爭議，也得力於這一群體的推動與介入。1944 年以前，袁水拍寫過零星的山歌體諷刺詩，如《一個「政治家」的祈禱》，後轉向集中力量寫山歌、唱山歌的開頭，山歌調子還不太流暢，後來則漸入佳境。到 1946 年，他越寫越妙，簡直達到了最好的民歌手的出神入化之境。〔註 43〕他「漸入佳境」、「越寫越妙」，一方面是手法技巧的提高進步，一方面則是對市民日常生活詩意化的把握也在提高進步。馬凡陀山歌的讀者，從知識份子隊伍擴大到以工人、公務員，以及店員、學徒、家政等一般服務性從業人員等組成的市民階層中，透過他們的普通生活向形而下看，把他們日常離不開的事情與社會深層的實質性問題聯繫起來，達到揭露社會本質的目的。舉凡內戰、通貨膨脹、選舉、稅收、就業、工資、購物、上學等事，都是山歌的素材。正如馬凡陀的《感謝讀者》所言：「大家想說就說出來。／如果藏在肚子裏，／天下無話只有屁！」，避雅就俗，以俗取勝，馬凡陀唱出了市民們心中想唱的山歌，把各種「麻煩多」的事物凝聚在一起，構建了都市民間文化的一部分。

自然，這些與吳歌類似的現代詩，不論題材內容，還是表達方式，都與市民社會密切相關。尤其在時代即將面臨巨變的過渡階段，市民社會的山歌題材層出不窮。大至國家大事、時局態勢，小至油鹽柴米、鄰舍糾紛，都在源源不斷地充實這一源泉。詩人作爲市民階層的民意代表，凡爲市民隱約中

〔註 43〕徐遲：《袁水拍詩歌選・序》（徐遲編），北京：人民文學出版社，1985 年版，第 4 頁。

感覺到的一切不合理的事象，都在他的筆下呈現出來。這種對漂浮著的民意的及時捕捉，體現了馬凡陀從生活中來，到生活中去的現實主義優勢。原來司空見慣的事象，一旦藝術性地表現出來，便顯得格外形象、鮮明。實踐證明，只有從市民的生活入手，留心其生活、體味其情緒，再行譏諷嘲弄、嬉笑怒罵之實，才是有的放矢，才能挑動起市民們所本真的情感，詩人的心才能在此平臺上與市民們的心一同跳動。——至於馬凡陀偏向於挑選其中稀奇古怪的醜聞與滑稽劇等，加以諷刺與批判，這裡就涉及到意識形態偏至、題材去留與價值取向的問題。「這些山歌無情地解剖、暴露和抨擊國民黨和美帝國主義兇惡暴行和無恥讕言」，〔註 44〕是「現實的體溫表」，〔註 45〕這一類的論述從某一方面概括，自然是站在馬凡陀同樣立場上得出的結論，現實也需要這種結論。

另外，都市民間文化形態一般起步於都市底層，並在這一層面由下至上流傳構建。對應於這一點，馬凡陀的山歌，最先也是不登大雅之堂的。它們起先並不在大刊物上發表，更多的是在小報、晚報的報屁股角落裏出現。作爲市民業餘的速食式閱讀，有助於市民讀者群找來平衡失調的心態，在提高判斷是非的能力上，或有助於認識社會眞象等層面上，起了一些作用。隨著馬凡陀山歌差不多每日在報上刊載，影響漸深，竟成了一個品牌，它不但是市民們飯餘茶後的談資，還在文藝晚會、遊行示威等活動中顯露出山歌的力量來。像《責問他》、《王小二歷險記》、《毛巾選舉》、《發票印在印花上》、《新丈夫去當兵》、《朱警察查戶口》等作品，在城市各級文藝晚會的朗誦節目裏赫然在目；有的甫一發表被市民爭相傳誦後，就被借用到遊行隊伍的旗幟上，若干山歌還在當時譜成曲子，變成流行歌曲廣泛傳唱，一步步地深入都市民間文化的腹地中去。

另一方面，馬凡陀的山歌在市民階層中聲譽日隆之時，在詩歌界卻引起了非議與爭論。〔註 46〕現就幾個相關點再闡述一下：其一是馬凡陀山歌是

〔註 44〕徐遲：《袁水拍詩歌選・序》（徐遲編），北京：人民文學出版社，1985 年版，第 4 頁。

〔註 45〕李廣田：《馬凡陀的山歌》，韓麗梅編著：《袁水拍研究資料》，北京：中國國際廣播出版社，2003 年版，第 237 頁。

〔註 46〕韓麗梅：《一位山歌作者的足迹》，韓麗梅編著：《袁水拍研究資料》，北京：中國國際廣播出版社，2003 年版，第 26～31 頁。此外可參考潘頌德一書的相關章節，潘頌德：《中國現代新詩理論批評史》，上海：學林出版社，2002 年版，第 680～683 頁。

詩還是非詩的問題。針對當時人們對山歌是否是詩的質疑，大多數論文在籠統地引出有人懷疑馬凡陀的詩不能算是詩等看法之後，均堅持「山歌即詩」的觀點。代表性的如方遠的《怎樣看馬凡陀》、李廣田的《馬凡陀的山歌》，〔註 47〕其中李廣田進而認爲「其爲詩，也正如三百篇中國風之爲詩，這正是今天的國風」。〔註 48〕把民歌風格的詩，喻之爲《詩經》中之「國風」，是中國詩史上一以貫之的譬喻，也是對此路詩風的積極肯定。現代詩走民謠山歌的道路，包括從民謠山歌上汲取新的生命，不論取材、結構，還是技巧、文字，都應融而化之。與這一思路更激進的是，也有人認爲山歌是現代詩惟一的道路，這一極端化的主張，也得到了當時論者的反駁與矯正。

其次是包括語言在內的民間資源問題。馬凡陀的山歌大量調用下層民眾熟悉的歌謠小調，或襲用或改編，群眾喜聞樂見的民間文藝形式大面積地復活了，此外在語彙上大量活用上海方言（當時以民間語彙或口語化稱之）。也許因作者開始借用時還存在生疏僵硬、生吞活剝甚至削足適履等情況，因此反對者以此爲由，唱反調以示反對。如潔泯先後二次提筆，批評馬凡陀祇是襲用既有的俚謠、民歌的外衣；祇是在山歌中加了政治的「作料」，缺乏主觀精神與創造性，等等。與此相反，默涵、馮乃超等人看重的是馬凡陀山歌與人民結合的程度和戰鬥性品格，他們把山歌擴大到市民階層看成是民族形式的生長與自然延伸。「馬凡陀把小市民的模糊不清的不平不滿，心中的怨望和煩惱，提高到政治覺悟的相當的高度，教他們嘲笑貪官污吏，教他們認識自己的可憐的地位，引導他們去反對反動的獨裁統治」，〔註 49〕這其中的政治隱喻意義是顯而易見的。至於其中民歌民謠形式的襲取、市民活的口語資源的利用，在「唯我所用」論旗幟下則是枝節性、技巧性的問題。可見由「山歌」現象引發的詩歌功能上的「方向之爭」與「雅俗之爭」，論爭雙方的出發點與論述重點並不完全一致。

山歌是廣大底層民眾的精神食糧，靠工薪生活的底層市民，他們有自己的藝術口味，民謠小調、打油詩、順口溜都與他們的趣味相鄰。只要言爲心聲，唱出自己的所思所想所感，文藝的形式是不拘一格的，而內容的現實品

〔註 47〕這一方面的論文及以下各點提及到的論文，均見韓麗梅編著《袁水拍研究資料》一書，北京：中國國際廣播出版社，2003 年版。

〔註 48〕李廣田：《馬凡陀山歌》，韓麗梅編著：《袁水拍研究資料》，北京：中國國際廣播出版社，2003 年版，第 241 頁。

〔註 49〕馮乃超：《戰鬥的詩歌方向》，《大眾文藝叢刊》第一輯，1948 年。

格，才是首選。所以，馬凡陀的山歌，以山歌為形式，客觀地反映了都市民間的生態之一角，這一貢獻無疑是獨特而深遠的。

三

前面曾一筆帶過上海方言與馬凡陀山歌的聯繫，這部分試圖具體詳細考察兩者的互動關係。在分析馬凡陀對原生態山歌大量借鑒的基礎上，重點從語言角度來分析馬凡陀山歌的獨特韻味。

馬凡陀山歌最鮮明的特徵就是對民間形式的充分借鑒。從源頭來看，詩人廣泛採用了民歌、民謠、順口溜、兒歌、小調等為底層群眾熟悉的形式，不管是鄉村的還是城鎮的，只要挪用襲取得上，就大膽拿來。如用「王大娘補缸調」來寫《抗戰八年勝利到》，用「調寄『朱大嫂送雞蛋』」寫《朱警察查戶口》，仿賀綠汀「游擊隊歌」調子來寫《登記狗》、《下江人歌》，仿黎錦暉的情歌「妹妹，我愛你」調來寫《黃金，我愛你》。從技巧性上看，大多追求形象化、個性化，詩人化抽象為具象，圍繞一個中心層層剝繭抽絲，把揭露、抨擊編織到嘻笑怒罵之中。從結構來看，或者是以評書、講故事方式引申開來，如《三萬萬美金的神話》；或是強化設問形式、通過一問一答來結構全篇，如《擠電車》、《文藝節之歌》；或者重視復遝迴環，反覆加深讀者印象，如《張百萬》、《副官自歎》……至於語言模式，既有四句山歌體、五七言體，也有四言六言體、自由體。形式上變化多樣，音節上大多押韻，符合「上口」的藝術標準，有鮮明的山歌風味。

這裡不妨具體來看一首詩——《人咬狗》，來細察民眾口頭流傳的歌謠與馬凡陀糅合改編的山歌的區別與聯繫：

（一）忽聽門外人咬狗，／拿起門來開開手，／拾起狗來打磚頭，／又被磚頭咬了手。〔註 50〕

（二）忽聽門外人咬狗，／拿起門來開開手，／拾起狗來打磚頭，／反被磚頭咬一口！／／忽見腦袋打木棍，／木棍打傷幾十根，／抓住腦袋上法庭／氣得木棍發了昏！

前面一首是民間以「拗口令」形式流行的歌謠，其長處在於顛倒主客關係而產生某種荒誕感，帶有遊戲意味。馬凡陀耳聞目睹當時國民黨特務在人民的

〔註 50〕引自孟植德記錄的《河北歌謠》，題為《人咬狗》，見《歌謠》周刊，二卷八期，1936 年 5 月 23 日。

集會上大打出手，反動警察反而把被打受傷的學生送上法庭這樣的荒誕不經之事。他創造性地襲用了原有歌謠的表現手法，不但前一節基本相似，而且後一節也是照樣畫葫蘆。這樣一番「舊瓶裝新酒」，卻形象深刻地把這一生活中發生的荒謬透頂的事，藝術性地揭露出來。以「人咬狗」取譬，把「木棍與腦袋」之間的主客顛倒，由此對比生發去影射當局醜行，可以說獨出心裁。由「抓住腦袋上法庭」的客觀事實，逆向聯結到「腦袋打木棍」之類的幻覺，反映出怪誕與眞實的有機統一，不言而喻此詩眞正的批判鋒芒，是指向反動統治者的，他們是眞正「發了昏」的暴徒和顛倒黑白的禽獸。

民間各類藝術形式與技巧的充分借鑒和靈活運用，是馬凡陀山歌的第二個特點。馬凡陀在具體構思時，或拼貼雜糅、或文白摻雜，大多能構成形象化的有利因素。縱覽馬凡陀山歌，我們可以發現它們有的以對比見長（《凍結》、《主人要辭職》、《上海的感覺》、《今年這頓年夜飯》），有的靠誇張、反諷取勝（《「親啓」》、《一個秘密》、《加薪秘史》），有的強化拼貼類比的功效（《一隻貓》、《四不像》、《民國三十五年的回顧和民國三十六年的展望》），有的講究虛構、情節（《克寧奶粉罐銘》、《王小二歷險記》、《王小二檢舉不肖房東記》），有的抓住逆向思維不放（《報載妓女應穿制服》、《上海之戰》、《發票印在印花上》、《萬稅》）……詩人或直抒胸臆，或旁敲側擊；或勾勒鋪陳，或大膽誇飾；或莊諧並出，或調侃挖苦。總之，它們帶給讀者一種在荒唐中驚覺、在迷茫中清醒、在深思後振作的審美效果。

馬凡陀山歌的又一個顯著特點是語言取向上的「口語化（方言化）」傾向。「馬凡陀的又一個特點，是用通俗、易解的民間語彙來寫詩」「馬凡陀的山歌的方向，就是用了通俗的民間的語彙，和歌謠的形式來表現人民（在他主要是市民）所最關心的事物，來歌唱廣大人民的感情和情緒」，是使詩歌深入人民，和人民結合的方向。〔註 51〕民間語彙，換言之便是提煉過的上海方言。其表現有以下幾點：一是出之以大白話，直接取自市民語言，哪怕是「醜的字句」入詩。市民方言，不論粗鄙與否，反正只要是嘴上可說的，皆可以寫入山歌中，如「拉屎」、「撒泡尿」、「脫褲子放屁」、「踏進毛房」之類。除此之外，有許多習慣說法，不一定規範或正確，也通過拆解、組合來造成一種陌生的詩意，如承接「民主一點」而說「運氣一點」，在「高高在上」之後來

〔註 51〕默涵：《關於馬凡陀的山歌》，韓麗梅編著：《袁水拍研究資料》，北京：中國國際廣播出版社，2003 年版，第 253～254 頁。

一個「低低在下」，在說闊人只圖「快活」後馬上對上一句不管窮人「死活」；或者根據口語至上原則，把一些習慣的短語、詞組拆散成新的表達法，如「橫衝又直撞」、「最最好」、「頂呱呱」，把「瓜代」分成「什麼瓜，什麼代」之類。或者詩人還乾脆雜取報刊上刊載的某要人發言的隻言片語，稍加剪裁便插入詩中，如「手執鋼鞭將你打」（《今年什麼頂時髦》）、「人無分老幼，／地無分南北」（《施奶》）。這些語料是現實所在，也是引發詩意的觸媒，拈來入詩便於加強諷刺的針對性，如此等等，都說明馬凡陀山歌的語料來源之廣與雜。這樣，大大強化山歌的現實品格與批判力量。

其次是不避典型的方言特徵辭彙，大膽運用最本土化的方言土語和最先在上海流行的外來語等時髦話。解放後由三聯書店出版的《馬凡陀的山歌》，據作者自注的方言詞語較多，約有數十處。拋開典型的四川方言如「硬是」、「死硬」、「硬是要得」等語彙，以及摻雜粵語的「方桌改成圓臺面，／稀飯吃在乾飯先」（《改革歌》）等辭彙與句式外，最普遍的是上海話。上海方言的普遍程度，到了召之即來的地步，既有摻雜在詩行中如「勿」、「紙頭」、「豬玀」、「清道夫」、「垃極」、「尷尬」、「假光火」、「白相」、「豁虎跳」、「打中覺」、「不坍班」、「事體」、「娘姨」、「亭子間」、「弄堂」、「柴爿」、「今朝」、「朝晨」、「拆濫汙」、「吃生活」、「慢慢交」（即「慢些」）、「睏扁頭」（即「太糊塗」）等上海方言特徵詞，也有《大膽老面皮》、《拆洋爛汙》、《活弗起》、《紙頭老虎》等直接用來作標題的方言辭彙。另外，在上海流行開來的外來語舶來品，如一些帶「洋」字開頭以及「派司」等音譯詞、「經理、老闆、茶房、出頂、認帳」等商業性詞語，也在馬凡陀的山歌中較爲常見。下面再略舉二例：學費，學費，／貴勒邪氣！／阿拉繳弗起，／儂亦繳弗起。／賣脫狄件袍子，／賣脫儂格大衣，／還差十七萬七千幾。（《學費》）踏進毛房去拉屎，／忽然忘記帶草紙。／袋裏摸出百元鈔，／擦擦屁股蠻合式。（《踏進毛房去拉屎》）這兩首短詩中的上海方言是比較多的，前一首不論是從辭彙，還是句式，都是儘量方言化，它類比一個上海市民發牢騷的言語，來抱怨學費太貴，暗示當時靠工薪過活的市民低下的消費能力。後一首在語言上則有提煉的痕迹，但方言詞語也有三四處。它字面意義很俗，但俗得有力，通過「百元鈔」與草紙的互換，毫不留情地嘲諷了紙幣貶値，最終嘲弄發行紙幣的反動當局。與此題材相關的還有《關金票》、《大鈔在否認發行聲中出世》等十多首，足以可見鈔票在市民生活中的份量。

上面所述是從方言語彙而言的。從方言音韻來看，押方言韻的也不少，如《送舊迎新》中，「會」與「愛」、「談」與「快」、「拍」與「完」、「萬」與「來」押韻，從全詩韻腳看，是押「ai」韻。「淚」與「害」押韻，「財」與「幹」、「權」與「罪」、「災」與「暗」、「辦」與「來」押，從韻腳看，也主要押「ai」韻，明顯可見「ai」與「an」韻不分，有時與「ei」韻也分得不清。因此可以推論出馬凡陀山歌對言前韻與懷來韻、灰堆韻在方音中分不清楚。另外一個通例是大多數人辰韻與中東韻不分，鼻音不清晰。

四

1949 年 5 月上海解放，馬凡陀從避難地香港又回到短暫離開的上海，尚未開始工作便去北京參加第一次文代會，後一直在京工作並擔任一些文藝界的領導職務。於是他放棄了「馬凡陀」這一筆名，也許他的生活中找不到「麻煩多」的事體了吧。代替山歌的是他曾放下過一段長時間的抒情詩，另外一些政治諷刺詩也是針對國際題材而言。這樣，馬凡陀的山歌便隱失在新中國的頌歌聲中了。

雖然馬凡陀的山歌成了歷史的陳迹，但是，現代詩中的山歌道路仍是敞開的，其口語化、方言化、大眾化的運行軌道，以及針貶現實的品性，仍然作出召喚的姿態。

第三節　自我突圍與母語自覺：論沙鷗的四川方言詩創作

四十年代中後期的重慶詩壇，有一位詩風獨特、影響甚著的本地母語詩人——沙鷗。書評家止菴係沙鷗之子，曾這樣整體評價他是「探索一生、不斷突破的詩人，他的詩在每一次突破後，風格都非常鮮明，在藝術上都達到一個新的境界」。〔註 52〕這自然是針對他整個一生的創作而言，沙鷗一生寫詩，確實經歷過不同的階段，每一階段都具有轉型意義。本節這裡無意於全部觀照，衹是就四十年代的沙鷗與四川方言詩作一分析與評價。四十年代的沙鷗已有十餘年詩齡，發表作品無數，在編輯詩歌刊物或出版詩歌叢刊方面異常活躍，其中出版的個人詩集共有五部，〔註 53〕除《百醜圖》是雜有方言

〔註 52〕止菴：《沙鷗簡傳》，《佳木斯大學學報》1998 年 2 期。

〔註 53〕分別是《農村的歌》（春草社出版，1945 年）、《化雪夜》（同前，1946 年）、《林

性的諷刺詩集外，其餘四部全部是純粹的四川方言詩集。——這在民國詩歌史上是獨一無二的，詩人執著於家鄉川語的詩歌創作，貫穿了整個四十年代。本文以三本四川方言詩集爲主（因《燒村》沒有尋獲）來分析沙鷗到底是如何通過抓住四川方言來尋找自己作詩的特色與聲音；其次是站在整個民國詩歌史上方言入詩的流變中，審視沙鷗究竟如何自足性地把握與呈現方言詩，他抒情的方式、手法與他的創作目的、原則是否相吻合。

一

四十年代的農家青年沙鷗，在家境貧寒、舊學與新學都無多少家學的背景下，能迅速走上詩壇並以方言詩引起轟動、稱著一時，這一過程本身並不容易。總體來看，以下幾個方面的因素起了關鍵作用。首先，一個人的出生背景與成長經歷，往往影響他以後的人生道路與價值取向。從沙鷗的大致經歷來看，這一點首當其衝。沙鷗原名王世達（沙鷗之名係 1940 發表詩作時所用筆名，來自杜甫律詩《旅夜書懷》詩句「飄飄何所似，天地一沙鷗」，後主要以此筆名存世。爲論述方便，下文統稱沙鷗），1922 年 4 月出生於重慶巴縣蹇家橋一戶窮苦家庭。父親爲當地一中醫，不幸六歲喪父，哥哥王世均長兄作父，在生活、讀書、工作等方面對沙鷗幫助甚大，特別在沙鷗因受一愛好詩歌、文藝的同學引領與激勵下學會塗抹並發表第一首詩以後，王世均讚賞有加，不僅繼續在經濟上慷慨相助，而且帶他走進了在重慶小有名氣與資源的編輯、作家等朋友圈子，爲他迅速走上詩壇做了較好的鋪墊。

時爲青年小夥子的沙鷗在政治意識形態上也有鮮明突出的特徵。他在高中讀書時便參加抗日救亡運動，「從死讀書的小屋中卷了出來」「詩歌成了武器」，即積極投身政治運動，或編壁報、寫宣傳詩、上街遊行、參加當時帶有「反抗性」的文藝界活動；或參加共產黨的周邊組織，接受黨組織指派的農村調查工作等等，並以當時高中生的身份，在 16 歲時加入了共產黨。正因如此，他所具有的思想上的苦悶與憤激、對時局的牢騷與指責都甚於同齡人，辦詩歌刊物結社與文朋詩友的膽量與熱情也甚於同齡人。巧合的是，沙鷗開始把筆尖流貫出的新詩作爲投槍射向國民黨政府時，這一姿態與立場也恰好

桂清》（同前，1947 年）、《燒村》（香港新詩歌社，1948 年）、《百醜圖》（同前，1948 年）。這裏我要向止菴先生、龍揚志先生致謝，他們向我提供了其中一些資料。

和有共產黨喉舌之稱的《新華日報》合拍。沙鷗的四川方言詩，最初幾乎全在重慶《新華日報》副刊上以「失名」的筆名發表（因提防國民黨迫害而未用眞名）。這一類詩大多在主題、立意上尖銳揭露國統區農村的黑暗與殘敗。當時《新華日報》副刊編輯們十分重視具有這一價值立場的詩作與詩人，如劉白羽、何其芳自延安帶著宣講「在延安文藝座談會上的講話」精神的目的來重慶後，敏銳地像伯樂一樣培植了四川方言詩這一株幼苗。編輯們與沙鷗建立了密切而互信的編讀關係，如及時而又大量的通信、發稿等等。以國統區農村爲對象、題材的四川方言詩，正是因特殊的題材、主題與語言，與共產黨宣傳方面的意識形態背景一拍即合，導致了四川方言詩被迅速推上強勢傳媒渠道，輕鬆地走出四川而面向全國輻射開去。

沙鷗選擇四川方言詩爲自己的大本營、爲自己的創作新路標，也與他在起步後經過長期的徘徊而勇於自我突圍相關。這方面的經歷可以形象地概括爲從「艾味」到「川味」。「艾味」指的是「艾青味」，「川味」指的是「四川方言味」；換言之，即由模倣艾青「轉型」到用四川農民的語言（方言）來寫農民的苦難生活，並獲得成功。沙鷗最先寫詩從模倣起步，對艾青的作品達到愛不釋手的地步，艾青詩的語言、想像、感情基調、自由詩體形式都潛移默化地吸引、影響了他。「他成了『艾青迷』，常常朗誦艾青的一些名句，以抒發自己內心的感情。他早期發表的詩，也帶有『艾味』。」〔註 54〕這裡舉一首詩爲證，如艾青有一首詩叫《願春天早點來》（1944 年艾青還在桂林出版《原春天早點來》的詩集），沙鷗也有一首倣仿之作，連標題都一樣。〔註 55〕但模

〔註 54〕晏明：《飄飄何所似　天地一沙鷗（上）》，《新文學史料》2001 年 2 期。

〔註 55〕艾青的《願春天早點來》全詩如下：「我走出用紙糊滿窗格的房子／站立在陰暗的屋檐下／看著田野／／黃色的路／從門前經過／一直伸到天邊／／畏縮這嚴寒／對於遠方的旅行／我躊躇了／／而且／池沼依然凝結著冰層／山上依然閃著殘雪的白光／／而且／天依然是低沈／——明天恐怕還要下雪呢／／於是，從我的心頭／感到了／使我瑟縮的涼意／／爲了我的煩憂／我希望：／春天／它早點來／／等路旁吐出一點綠芽時／我將穿上芒鞋／去尋覓溫暖」。此處選自《艾青詩選》，北京：人民文學出版社，1955 年版。沙鷗的《願春天早些來》，全詩如下：「嚴寒使周身都僵凍了，／春天——／我願你早些來。／／昨夜，／天空流著眼淚，／我推開窗門，／一股冷風撲熄了我的燈，／我在冷得開裂的黑夜裏，／讓這死色的季節／在我心尖淋上滴滴的痛苦，／／你春天呀！／爲了我的夢能刷上金粉，／爲了我冰涼的靈魂／能得一次溫熱，／你早些帶著百花的使者，／跨過隆冬的門檻，／向我走來呵！」選自《文學》2 卷 2 期。

倣艾青並不容易，只能在表面詞句上往返，不可能有實質性超越。詩人自己感覺到最大的問題是「沒有特色」，沒有「自己的個性」。〔註 56〕隨之而來的問題是，寫什麼，怎樣寫，不來一個突圍顯然深入不下去，但又向何處突圍，突破口在哪裡呢？這些相互牽連的問題因沒有及時、有力地得到解決而極大地困擾著青年詩人沙鷗。後來機會終於來了，詩人是這樣描述與回憶的：

> 一九四四年的暑假，我去離重慶不遠的馬王坪農村舅父家裏。這年和第二年的寒假，又去了萬縣白羊坪的山區農村。農民的窮苦生活和悲慘命運，把我帶到一個全新的題材的天地。我開始用四川農民的語言來寫農民的苦難。我一方面深入瞭解當地佃農和貧農的生活，一方面把寫的詩念給他們聽，聽他們的意見。我寫的有短的抒情詩和小敘事詩，有的也受到四川及西南民歌的影響。
>
> 這些詩最初是在《新華日報》發表，並引起廣泛注意。四川方言詩在當時可以說是一種創新。
>
> 從寫自己的空虛與苦悶，變爲用農民的語言寫農民的苦難，對我寫詩來說，是一個十分重要的轉折。我突破了自己的禁錮。我很快覺察到，不僅這個新的天地有寫不盡的題材，自己的詩風也變化了。
>
> 〔註 57〕

正因這一次突圍，沙鷗在現代詩的創作、發表、影響，乃至個人風格的形成等諸方面，都發生了深刻而又顯著的變遷。四川農村題材與四川方言的結合，便是沙鷗緊緊抓牢的兩個基點。四十年代中期與後期，均是這樣，直到建國後中國社會發生翻天覆地的大河改道式巨變，才被迫放下。此外值得一提的是，沙鷗的四川方言詩在《新華日報》及重慶當地進步文學期刊與報紙刊載以後，引起了激烈的爭論與異乎尋常的關注，結果因《新華日報》等力量的肯定與讚賞而得到大面積的扶持與倡導，於是「在沙鷗的帶動與影響下，一批更年輕的四川詩人也寫起四川方言詩來。一時間掀起了四川方言詩的熱潮。沙鷗——方言詩；方言詩——沙鷗，幾乎成爲同義詞。」〔註 58〕

〔註 56〕沙鷗：《關於我寫詩》，《沙鷗談詩》，止菴編，北京：首都師範大學出版社，1996 年版，第 91 頁。

〔註 57〕沙鷗：《關於我寫詩》，《沙鷗談詩》，止菴編，北京：首都師範大學出版社，1996 年版，第 92 頁。

〔註 58〕晏明：《飄飄何所似　天地一沙鷗（上）》，《新文學史料》2001 年 2 期。

整個過程大致如此，但沙鷗到底是如何具體展開的呢？他在國統區農村訪貧問苦時，他主要從學習農民的語言著手，這似乎是毛澤東同志在延安文藝座談會上講話精神的體現。後來沙鷗在關於理論資源與武器的回憶時，連接上了這一點，他認定方言詩「是一個大眾化的問題」，「什麼叫大眾化呢？就是我們的文藝工作者自己的思想情緒，與工農兵大眾的思想情緒打成一片。應從學習群眾的言語開始……方言詩正是用群眾的語言，使詩歌從知識份子的手中，還給廣大的群眾、與群眾取得結合的開始。」〔註 59〕和群眾結合的最好方式是向農民學習，把他們的生活詩意性地記載下來。沙鷗先後搜集當地許多農民方言，一句一條記在筆記本上，四川方言豐富、生動而又形象的特質，讓詩人感覺到它是一個抒情達意的好工具。儘管沙鷗在貧寒農家長大，童年時也偶有失學、缺衣少食之虞，但相比之下畢竟缺乏川東農村如此苦大仇深的人生體驗。在川東農村與當地佃農、貧農打交道時，他們的悲慘命運與非人遭遇，特別是與當地農民密切相關的極其繁重的徵租、送糧，草菅人命式的抽丁、拉夫，尖銳對峙的階級衝突、貧富分化，諸如此類，把詩人帶到了別一世界。

二

沙鷗選擇用四川農民的語言來寫國統區黑暗殘敗之農村，在突圍與執著中開闢了前人沒有開墾過的領地，下面從內容、語言、形式等方面分別論述。

在論述之前，補充一個問題，就是《農村的歌》、《化雪夜》、《林桂清》三本方言詩集的篇目數問題，從詩集目錄上看，依次爲 15 首、7 首和 13 首，實際上目錄上有許多是以組詩的名義列出的，實際篇數分別爲 67 首、7 首和 32 首。因有許多工具性著作均以上一組數位統計，這裡根據詩集具體統計後加以更正，免得以訛傳訛。此外，沙鷗在當時報刊上到處發表這類四川方言詩，就我所見也還有一些沒有及時收到他自己的集子，由於現在也難以全部收集齊，因此主要限於這百餘首方言詩。

這批四川方言詩，從主題、題材上看是從多層面、多角度立體寫大後方農村、農民的現實生活，其中雖然不乏充滿活潑、歡快等亮色的詩作，但主要的是以呈現灰色、暗淡、悲慘的生活與遭遇爲基調的。這是沙鷗作爲知識份子到農村中去「詩歌下鄉」〔註 60〕後得到的收穫，在民國詩歌史上並不多

〔註 59〕沙鷗：《關於方言詩》，《新詩歌》第 2 號，1947 年 3 月 15 日。
〔註 60〕參見失名（即沙鷗）：《關於詩歌下鄉》，《新華日報》，1945 年 4 月 14 日，第

見。國統區的舊農村，農民們生活在僻遠的鄉下，他們面朝黃土汗流滿面、遇水而居、看天吃飯，有自己生活的圈子與習慣，這一切在沙鷗方言詩中有所體現。除純粹描摹山鄉晨霧村景的一二首詩外，題材範圍有以下幾方面，或是偏向於反映農忙、搶收、砍柴、燒飯、看牛等日常農事，或是以青年男女戀愛、進城拉車謀生、祈神算命、上茶館請人解決家庭糾紛爲素材，同時也不忘把筆伸向過年過節趕場等節慶時村民上街貿易購銷農產品、吃爛牛肉湯鍋、聚眾賭錢、上墳許願等帶有民俗性質的生活細節。這類以反映普通農家日常瑣事爲主的方言詩占總數的二成左右，它們呈現著農家的生活情趣、鄉土氣息，其中雖然不乏艱辛的畫面，但基本上保持了在大自然、農村面前的寧靜、安祥與歡快的基調。

其次，三本方言詩集作品集中涉及到了天災人禍給農民帶來的悲苦與困厄，給讀者以民生唯艱、唏噓長歎之慨。其中有因借債度日以助農事或做垮莊稼而陷入困頓的（《茶館裏》、《空屋》、《除夕》、《討飯》、《生活》），有因雨雪失度、過多而導致農作物歉收的（《雨》、《麥苗》），也有因人畜得病死亡而陷入絕境的（《化雪夜》、《死》、《豬》、《死牛》、《岩洞》、《那人》），還有因家境清寒失學而陷入迷茫的（《保國民校》、《上學》）……正應了「天災人禍、禍不單行」那句老話，較爲典型地反映了在赤貧線下掙扎的農民生活，顯然不能以「悲慘」兩字來全部歸納。

如果說上面所舉的天災人禍還衹是活得異常艱難、極其不易的話，那麼殘酷的階級壓榨更是把他們往絕路上逼，如地主老爺在荒年對佃農的加租退佃、姦淫民婦、殘害農人之舉，國民黨政府不顧民意而悍然發起內戰導致的大量「捕抓」壯丁等政府行爲，這些非自然因素把水深火熱中的大後方農村，變成了眞正意義上的人間地獄。加之執行政策的鄉公所、保甲長等機構或個人，或無所顧忌徇私舞弊、或顛倒黑白公報私仇，導演了多少無助農家家破人亡的悲劇。這一部分在整體方言詩中占多數，具有數量多、份量重、體驗深刻、控訴性最強等特點。地主對佃農敲骨吸髓式的殘酷榨取，在貧農們中也差不了多少，所有的一點土地、家產，也在不可調和的階級對立與衝突中喪失乾淨。地主、老爺、保甲長相互勾結、橫行鄉里，他們動輒以加租退佃相威脅，時時以巧取豪奪相迫害，如《逼債上弔》寫的是郭華堂過年前因還不了帳而上弔自殺，《債》寫的是張老漢因被逼免債而親手拿刀殺死三歲的親

四版。

生娃，《是誰逼死了他們》述說是佃農李家因莊稼做垮而被逼租只好全家自殺，《池塘》一詩裏烈士家屬劉麼嫂因交不起鄉丁催交糧穀而投水自盡……窮人走投無路時，除了冒險去偷臘肉，去當強盜、攔路搶劫之外，就只有投水、上吊、吃毒藥自盡這一條老路，他們都是以不正常死亡來尖銳地揭露、抨擊社會黑暗冷酷，來昭示、警告世道人心。

與此形成鮮明對比的是，地主、統治階級的生活卻又是那麼荒淫、無聊、空虛。如以財主生活爲題材的《陳大老爺》一詩，內容細節便是陳大老爺一邊雲吞霧吐吃雲土不斷，一邊在妻妾成群中每頓吃大魚大肉，簡直養得像窩肥豬似的；他一邊隨性收租、加租、發行高利貸，橫行鄉里而暴富，一邊又狡詐、刻薄又以假哭窮著名。又如對比富人與窮人過年的《火炮》；有錢人買到臨時參議員頭銜而炫耀鄉里的《臨時參議員》；相互傾軋奪權之事的《鄉長》，揭露兄弟通姦醜事的《大戶的子女》；父子兩輩輪流偷著去煙館抽鴉片的《父與子》……均從各個方面典型地反映了剝削階級腐朽墮落的生活側面。至於以「政府名義」收取錢財、收刮民脂民膏的更是無奇不有：如亂抓壯丁而陷人於難的有《保長》，私吞壯丁安家費、亂派捐稅、欺凌孤兒寡母的有《安家費》、《孤兒》、《不敷費》（即鄉公所辦公費不夠開支而徵收的一種捐稅）、《又在拉人了》、《瞎子》、《聲音》等。這裡具體細化到與壯丁相關的詩，這一類詩大概有近三十首，涉及到與日軍作戰即打國戰時的徵夫與打內戰時的徵夫兩種，其中以後一類爲主。詩中寫的是農人不願打內戰，以免成爲被活活拖死的冤大頭等事，他們躲避抓夫的方式及造成的後果形形色色，如宣傳自己人搞不得、不要去冤枉替死的《教我從那說起——哭內戰陣亡「國軍」》、《場上》，自己刺瞎眼睛、砍傷手腳想因致殘而躲避壯丁的《他自己宰錯了手》、《一個老故事》、《母子遭殃》，在新婚之日自殺身亡的《這裡的日子莫有亮》……諸如此類，曲折地在意識形態影響下寫出了大後方農民的人心向背。另一方面，可貴而又令人欣喜的是，除了那些或自殘或投水或自盡的悲劇外，詩作還嘗試性地寫出了農民的反抗、奮起與鬥爭。除了《餓》一首寫一家人鋌而走險、攔路搶劫等係盲目行爲之外，以下諸篇都晃動著向壓迫者生死抗爭的身影：如《火把》、《空屋》詩中寫農民上山當土匪夜搶地主家產的故事；《這裡的日子莫有亮》中新娘在新婚丈夫上吊後拿刀殺死了直接元兇李保長，最後自己也以死了之；《寒夜難挨的日子》寫佃農劉老麼因妻子被保長強姦後而和兩個孩子自盡，他憤而用刀殺死保長完報家仇。這批方言詩，詩風純樸、筆觸細膩，給人印象也特別深，正如時人評論所說「寫得最動人的有農民與牛的關係」，「拉壯丁的悲劇，也寫得最動人」。〔註 61〕

三

上面分析了沙鷗用「四川農民語言來寫農村、農民的生活與遭遇」的一個方面，即農村農民的生活與遭遇，這一部分來看「四川農民的語言」這一方面。四川農民的語言即四川方言，在沙鷗的筆下得到了大量而靈活的運用與表現。他當時搜集川東地區的許多農民方言，包括口語、諺語、俗講，還包括四川民歌等語料。他還把寫好的方言詩念給會講四川話的朋友聽，念給當地農民聽，哪怕是目不識丁的農民，徵取他們的意見：一是求得音節上的順口，以「聽得懂」爲上；二是爭取婦孺皆知，在題材與語言上都與農人打成一片。因爲農民 95%不識字，聽是第一位的，看倒是屬於第二的。〔註 62〕

他的詩作「以客觀描寫爲主，語言口語化，並以方言入詩，有意識地探索詩歌的大眾化」。〔註 63〕敘事詩創作上「以方言俚語入詩，敘事帶有說唱文學的特點。」〔註 64〕他的方言特色體現在什麼地方呢？這裡嘗試著從以下幾方面來分析：一是方言辭彙、表達法；二是以一種四川方言句式來予以剖析；三是比喻、擬人所體現的特色。

方言辭彙往往是最爲醒目的標簽，在沙鷗四川方言詩中，這一部分川語中特有的辭彙比比皆是。從人稱方面來看，稱呼一家的男主人爲「老闆」（地主則稱老爺；另外生僻辭彙在隨後括弧內注明普通話中有類似意思的辭彙），女人則爲「XX嫂、娘子」，小孩子則是「細人」、「娃娃」、「細娃」、「奶毛頭」。排行最小的冠以「麼」字，如詩中出現的「麼麻子、麼娃子、麼嫂子、趙老麼、陳麼爺」；以「頭、子」作爲名詞尾碼的構詞法：「茶館頭、提兜頭、田頭、心裏頭、外頭、城頭、奶毛頭（嬰兒）、後頭（後來）、門外頭、屋頭、肚子頭、月黑頭、縫縫頭、院子頭、老輩子屋頭、墳頭；李胖子、小毛子、黑娃子、小婆子（姨太太）、名子（姓名）、雞子、空位子、蒼蠅子、穀草煙子（煙霧）」；以及詞素

〔註 61〕邵子南：《沙鷗的詩》，《新華日報》，1946 年 8 月 19 日，第四版。
〔註 62〕失名（即沙鷗）：《關於詩歌下鄉》，《新華日報》，1945 年 4 月 14 日，第四版。
〔註 63〕對《農村的歌》方言詩集的簡評，見陸耀東等編著：《中國現代文學大辭典》，北京：高等教育出版社，1998 年版，第 150 頁。
〔註 64〕對《化雪夜》方言詩集的簡評，見陸耀東等編著：《中國現代文學大辭典》，北京：高等教育出版社，1998 年版，第 131 頁。

重疊構成名詞的，如「兜兜（袋子）、土堆堆（土墳）、坪坪上、白殼殼（秕穀）」。另外除了「朗個辦、朗個活」、「腦殼」、「啥子」、「笑扯扯的」、「陰慘慘的」、「擺龍門陣」、「莫得」、「曉不得」、「怕不要」、「硬是」、「包穀」、「門角角」、「腳杆」、「縮起手」等外，還隨處可見以下方言辭彙：「籮兜（籮筐）」、「小耗子」、「害人死的」、「轉個灣（轉身）」、「年辰」、「天老爺」、「二指姆（食指）」、「落坡」、「牯牛」、「精精靈靈的（聰明、伶俐）」、「陰慘慘的」、「堰塘（池塘）」、「括毒（刻薄）」、「皺皺（皺紋）」、「上坡（上山做事）」、「頸項（脖子）」、「打抖抖」、「光腳板」、「看眼（看一下）」、「破朽朽的（破爛）」、「幾向（幾間）」、「鬧熱（熱鬧）」、「跑脫（跑掉）」、「歇房（臥室）、莊稼「做塝」、「撻穀」、「開斗」、「想法子」、「大太陽天」、「仗火（戰爭）」、「眼睛水（眼淚）」、「曬穀」、「鄉頭」、「刀頭（敬神的豬肉）」、「心子（心臟，良心）」、「死人子」、「刷粉亮（天剛亮、黎明」、「犯娃子（小偷）」、「今朝子（今日）」、「老雞婆（老母雞）」、「告化子」、「撈柴」、「宵夜」、「螞蟻子」……總而言之，沙鷗的方言詩，幾乎不避原生態的方言語彙，只要是四川農村百姓會說能說和正在說的，都採取「拿來主義」的態度，統統大膽地植入詩行之間。

另外一層便是一些四川方言中帶有地域性的句子與習慣說法，在他的詩中也相當集中，下面不妨舉若干例子來具體分析：

①莫氣我，你娘是吃眼睛水過日子。（《上學》）

②鄉公所是把言語拿順了的，／若縣府派人來，送路費的就在這地點。（《煙館》）

③橫順是一個乾人，出不起錢的。（《不敷費》）

④像逃荒一般又忙又亂，／小娃兒也拿起括子和掃把，／把胡豆和麥子裝進籮兜裏。（《曬壩》）

⑤在山坡坡的小路上，／女人梳個光光頭在前走，／男的提個送情兜兜跟在後頭。（《拜年》）

從①到⑤所引的詩句來看，一是都不乏上述所及的四川方言語彙，像「莫、眼睛水」、「言語、拿順了的」、「橫順、乾人」、「小娃兒、括子、籮兜」、「山坡坡、光光頭」之類便是，這些詞語基本上屬於方言特徵詞，但因四川方言屬於官話子系統，一般根據上下文可以推測、揣摩其意義，沒有理解上的障礙。在這基礎上，上面的每一句詩，都是口語性的，相當貼近嘴唇上流動的原生態活語狀態。它寫的是農民、農村的生活，思維方式、情感態度、人生觀念等也都是農民本身所具有的，那種樸素純淨、無奈粗野的格調，浸潤在鄉土人情的勾勒與描摹中。另外，從方言句法角度舉例來予以直接呈現：

（一）就指望這些菜呀！／把一家人的命從餓死中撈起。（《偷菜》）

（二）這場，賭攤有八處了，／像螞蟻子搬蛆一樣的擠起。（《賭攤》）

（三）吃一碗，板凳一空下又有人坐起。（《湯鍋》）

（四）刀一幌，過路人的荷包便伸進老二的手，／常常有遭殺死的人在路邊擺起。（《夜路》）

（五）他哭橫了心一下衝出了房門，／他是向堰塘撲起去，／他用眼睛水淋著田坎。（《是誰逼死了他們》）

（六）雪風把大門都封起（《村莊》）

（七）清鼻子在鬍子上吊起（《冬日》）

（八）那曉得自己人一下又搞起（《教我從那說起》）

這裡僅集中引用了帶「起」的四川方言特殊語法，重慶方言（當時屬於四川）中，用在謂詞後的口語常用字「起」，在方言語法中被劃爲語氣詞、助詞，它有以下四種作用：〔註 65〕表示動作、性狀處於某種狀態或動作正在進行，如例（二）（三）；表示動作的完成和趨向，如例（六）（八）；表示動作、性狀的延續，如例（四）（七）；可以連接述語和補語，如例（五）。這些方言性質的表達法，在普通話中沒有類似豐富的說法與含義，其內部結構和表現形式與普通話有或大或小的差異，如表示動作、性狀正在進行的「起」，大致相當於北京話的動態助詞「著」，但也不盡然；又如普通話的復合趨向動詞系統中，「起來」沒有「起去」跟它配對，四川話中有「起來」也有「起去」，如「V起來」、「V起去」以及更複雜的「V起XY」句式。總之，其間的微妙之處，是其餘方言區民眾難以察覺出來而四川民眾習焉不察的。

沙鷗方言詩，在比喻、擬人等修辭手法層面，也體現出鮮明的地域特點與方言意味。如比喻的本體與喻體之間的想像方式與聯繫點，如擬人、誇張的對象性因素，都是西南農村較爲常見的，符合底層百姓具體化、形象化、日常化的理解與表達習慣。它與農村的現實生活存在對應關係，如「風從門縫裏伸進手來」（《燈》），「王大爺說這期銀子緊，／弄錢像莫得燈籠趕夜路一樣不容易」（《茶館裏》），「太陽紅得不打一個隂，／田坎上有挑穀的去曬壩了。」

〔註 65〕參見喻遂生：《重慶方言的「倒」和「起」》，《方言》1990年3期；參見張一舟等：《成都方言語法研究》，成都：巴蜀書社，2001年版，398～410頁。

(《收割》)，「風吹在臉上像刀刀在刮」(《一個老故事》)，「像磨盤背在背上」(《債》)，「像躲煞一樣躲壯丁」(《望太平》)，「是不是玉皇娘娘打潑了胭脂粉，／你看，半邊天都紅了」(《火燒天》)，「像甩梭子」、「像洄水沱的水」(《趕場天》)，等等。這些舉不勝舉的詩句，或擬人、或譬喻，都是農村習見的生活事象，思維跳躍的幅度不大，抽象的強度也較弱，理解起來是相當容易、親切的，雖然少了幾分含蓄。

下面再看三首這一方面的完整短詩：

> 大牯牛滾水回來了，／它的尾巴把太陽掃落土了。／／外婆坐在門前的竹凳上，／一隻手搓麻線，／一隻手還抓穀頭喂雞子。／／蚊蟲嗡嗡地朝起王來，／隔壁的麼嫂子又在喊宵夜了。——《黃昏》〔註66〕

> 有凶人用槍把子打門，／用繩子捆走年輕人。／／有人用刀剁甲長，／有的用扁擔砍死鄉丁。／／夜晚又回到一年前的老樣子，／連狗也得不到安寧。——《夜》

> 一間黑屋點起燈，／屋頭有做莊稼的，有兵有甲長。／／不曉得是那一個一刀剁在甲長背上，／刀一彎，刀尖斷在肉頭了，／甲長一聲怪叫，像殺條牛，／亂滾在地上閉起眼睛喊娘老子。／／殺人的遭捆起了，／做莊稼的還是遭捆起手，／鄉公所的兵問甲長朗個做，／甲長已人世不醒的痛昏過去了……——《甲長》

這裡所引用的三首詩，不論是從語言上還是從思想內容上，都是粗略一看便知是寫西南農村生活的，除第一首看不出具體的時代語境外，後面兩首明顯有「王保長傳奇」一類的時代信息，因都是寫保甲長的事，與戰爭、農村勢力等方面便有勾連。第一首帶有農村牧歌的味道，類似於西方寫實派《拾穗者》式的油畫，詩人截取農家生活的黃昏一角，來呈現鄉村祥和、安靜的生活。後面二首顯然打破了這種寧靜與祥和，蕩漾著暴力反抗反動當局的血腥氣息，有人物、有畫面、也有情節，詩人「我」隱在畫面後面，似乎沒有情感的宣泄，但在敘述、描繪的心理節拍中似乎可以聽到不滿與憤恨的聲音。這幾首詩，在語言思維上也非常通俗，不論是字詞還是句子，它幾乎沒有多少深奧難懂的抽象句子，取譬淺顯，但彌漫著一種農民式的情緒。在形式上

〔註66〕四川鄉下稱蚊蟲在黃昏時叫爲朝王。

看也難以劃分出是抒情詩還是敘事詩，它們或是恬靜的鄉曲，或是素描中的寫意，或是故事中的述說，都在短小的篇幅中寄託了某種客觀性的人性關懷。另外，整體上排列均較爲整齊，帶有民間歌謠、時調、小曲等特點，即使是敘事，情節也沒有多少曲折、波瀾，看上去淺，但一琢磨，意味還是深長雋永的，其中的四川方言味也相當濃厚。

四

總而言之，《農村的歌》、《化雪夜》、《林桂清》實際指向同一個主題，即都是「四川農村一曲無聲的悲歌」。詩人沙鷗用他自己的母語，代替四川農民發出自己的聲音：在寫出他們的悲歡離合時抓住典型，突出撇開「歡」與「合」來寫「悲」與「離」，帶有控訴、代言的色彩。

深入民間、直面慘澹的人生，體察民情、爲民生多艱代言，在這一點上，沙鷗完成了一次突圍，這是他以自己的母語方言作爲突破口所帶來的；其全局意義在於，這既是他自我風格、特色形成的關鍵所在，也是現代詩與母語這一領域大有可爲的一個積極信號。

第四節　叩問經典：陝北方言和《王貴與李香香》

李季的敘事長詩《王貴與李香香》，自 1946 年 9 月在延安的《解放日報》副刊連載發表以來，一時洛陽紙貴，成爲解放區詩歌版圖上不同凡響的一頁。〔註 67〕發表當時，就配編輯評論在副刊第四版頭條刊載，隨後得到了共產黨中央宣傳高層部門及時的肯定，同時以中英文兩種文字，由新華社第一次用電訊向國內外全文廣播。另一方面，就受眾而言，它不但在知識份子讀者中引起強烈反響與討論，而且還迅速在陝甘寧邊區農村口耳相傳，並馬上擴展到國統區，還改編成歌劇等各種藝術形式，備受以農民爲主體的基層讀者的歡迎與稱讚。可以說，幾十年來，《王貴與李香香》被視之爲現代詩民歌化、大眾化方向的範例。

不可否認的是，以「自帶的籍貫登記表」即操著「滿口濃重的河南鄉音」

〔註 67〕《解放日報》，1946 年 9 月 22、23、24 日。因《王貴與李香香》發表後，在不同時代、條件下陸續出版、印刷時有較多的修改現象，本節論述時所作引用均依最初發表本，即《解放日報》版本爲準。同時參考了李季：《王貴與李香香》，北京：人民文學出版社，1959 年第 2 版等不同版本。

〔註 68〕的詩人李季，在陝北生活不到四、五年，既能純熟地編唱陝北民歌，熟練地掌握陝北方言，還能以陝北方言入詩，寫出不可多得的成名作。他是憑直接的親身體驗和生活實感來寫作，照他的話是「從心裏愛著一個地方，把你自己變成一個不折不扣的當地人」，「類乎『本色演員』的角色」。〔註 69〕方言與詩歌特別是和民歌體詩歌聯姻，充分展示了作爲某一地域母語的頑強生命力。作爲豐厚的地域文化、民俗風情的載體，方言以自己入詩的方式、姿態，給尋求民謠體詩歌道路的詩人們帶來了信心，也給更多不同地域方言入詩的嘗試與探索帶來期待。勿庸諱言，以純熟、地道的陝北方言捧出的名篇——《王貴與李香香》，呈現出經典的另一副面孔。方言與詩歌的磨合，終於以自己獨特的方式書寫自己的歷史，它叩問、重塑經典的方式、手段、風格，顯然富有不可輕視的借鑒意義。

一

從語言角度來梳理、審視《王貴與李香香》，首先遇到了一個不可迴避的問題。詩人自己與評論群體，在論述此作的語言成分及技巧時，除了以出色、純熟等不帶內涵的形容詞概括外，都沒有提及到「方言」字樣。陝北土白、陝北方言之類的稱呼，也從沒有跳進人們的眼界之中，而代之以「群眾語言」、「民間辭彙」之類的名字。「方言」這一名稱不自覺的消失，蘊涵著某種時代信息。

在延安，黨報《解放日報》無疑具有某種喉舌與權威性質，這也影響到報紙副刊的用稿標準，具有某種規約性與牽引性。《王貴與李香香》全詩共分三部，分三天刊載完畢，發表時改自然來稿標題《太陽會從西邊出來嗎？》爲《王貴與李香香——三邊民間革命歷史故事》。發表該詩第一部的當天，作爲編輯的黎辛以「解清」的筆名著文介紹說，它除了極生動極有地方特色的爲我們刻繪了一幅邊區土地革命時農民鬥爭圖畫外，還有以下兩點與語言、風格相關：一是「它的最大最主要的特徵即在於它的形式的自由而生動，是以民間的口語和形象，來表現人民思想及生活的各個方面。在邊區工作及生活過的人，很容易或多或少的看出作者在這篇千行的敘事詩裏採用了不少民間『順天遊』的原句子

〔註 68〕李季：《鄉音》，《李季文集》（第四卷），上海：上海文藝出版社，1986 年，第 369～374 頁。

〔註 69〕分別見李季：《我和三邊、玉門》、《〈李季詩選〉編後小記》，《李季文集》（第四卷），上海：上海文藝出版社，1986 年，第 284～286 頁、501 頁。

和原節；但是，這絕不能說它就不是創作，相反的，這樣更增加了作品奪目的光彩。」二是「《王貴與李香香》的創作，又一次說明民間藝術寶藏的無限豐富，值得我們文藝工作者去虛心地學習，這樣才能使我們的作品增加一些新的手法，新的意境及新的血液。」〔註 70〕隨後四天，在延安負責宣傳工作的中宣部部長陸定一也著文予以好評，在介紹自「文藝座談會」以來表現出成績的依次是戲劇、木刻、小說與說書以後，陸定一按捺不住內心的激動，說：「比較來得更遲的，就是詩人。《王貴與李香香》，就是這樣的新詩。用豐富的民間語彙來做詩，內容形式都好的，在外面有袁水拍先生，現在我們這裡也有了。」〔註 71〕此外，在國統區的郭沫若則譽之爲「文藝翻身」的「響亮的信號」；身在香港的周而復稱讚：「一顆光輝奪目的星星，從西北高原上出現，它照耀著今天和明天的文壇。」〔註 72〕在這裡，「民間的口語」、「民間語彙」等字眼，說的是什麼呢？肯定的是，它折射了當時語境下，向人民群眾學習，包括學習他們的語言成爲一種普遍的現象。顯然，這一提法與「方言」這一說法是有較遠的距離：它重視的是「民間」「群眾」的價值、立場，在此基礎上的口語化，本質上是要把包括詩歌在內的文藝還給廣大群眾。換言之，要想不脫離群眾，就得既在作品中讓他們活著，還得讓受眾即服務對象牢牢地框定在這一特殊而又龐大的群體中。因此，與「民間辭彙」相聯繫的是「群眾語言」。文藝作品，不但要讓群眾聽得懂，看得明白，還得千方百計滿足這一要求。正如李季後來所說，因爲我們的詩是爲廣大工農兵群眾寫的，不能怪群眾水平太低，怎樣解決呢？「解決的方法，就是學習群眾語言，學習用群眾語言來寫詩。」「把詩的語言和群眾日常的語言，劃個等號，這當然是不完全妥當的，還得要提煉、精選。但提煉、精選的基礎、原料是什麼呢？主要的還是群眾語言。」〔註 73〕正是在「民間口語」與「群眾語言」兩者之間來回巡邏，詩的語言問題就不是一個單純的技術問題，而是立場、方向等根本問題。簡言之，詩人在創作時樹立的衡量標準就是，一切從群眾中來，到群眾中去：既要讓群眾看得懂、聽得慣，用他

〔註 70〕解清：《從〈王貴與李香香〉談起》，《解放日報》1946 年 9 月 22 日，第 4 版。

〔註 71〕陸定一：《讀了一首詩》，《解放日報》1946 年 9 月 28 日，第 4 版。

〔註 72〕郭沫若：《序〈王貴與李香香〉》，《華商報·熱風》1947 年 3 月 12 日。周而複：《寫在〈王貴與李香香〉詩後》，引自周韋編：《論〈王貴與李香香〉》，上海雜誌公司，1950 年版，第 8 頁。

〔註 73〕李季：《蘭州詩話》，《李季文集》（第四卷），上海：上海文藝出版社，1986 年版，第 432 頁。

們的語言來寫，主題鮮明、故事曲折、階級分明、個性突出便是應有的題中之義。〔註 74〕

其次，在當時閉塞貧窮而又自由熱烈的陝甘寧邊區，廣大群眾當家作主的意識，通過邊區政府依靠邊區人民而立足的思路與實踐，以及還政於民的方式得到了較爲健全的培育與鞏固。在敵我以及國共雙方力量懸殊的特定背景下，群眾的政治地位在現實生活中從各個方面予以確立和保證，其中語言也成爲一個標誌。正因如此，民間語彙，群眾口語之類的名詞、說法，壓過了帶有地域侷限的方言這一提法，歧視性的概念，歷史地戴上了名正言順的桂冠式帽子。似乎可以作爲旁證的是，全國解放後在「去方言化」的討論中，提倡去方言化的一方不敢提「去群眾口語化」的口號。「民間口語」或「群眾語言」與各地群眾的「方言」本來是同一事物，卻因政治、意識形態等原因造成兩者之間具有一種分裂性，而這種分裂性，與特定的時代語境密切相關。其中最爲關鍵的莫過於毛澤東《在延安文藝座談會上的講話》成爲整個整風運動的文件與指南，以及由此提倡的現代詩民族化、群眾化、大眾化道路的開闢。

二

像《小二黑結婚》、《白毛女》、《兄妹開荒》等優秀作品一樣，《王貴與李香香》也是在毛澤東《在延安文藝座談會上的講話》思想指引下產生的詩歌代表作，不但當時與後來的評論者在褒貶不一的評論中與之聯繫起來進行考察，就是詩人李季自己也是這樣自我體認，藉此強調自己的寫作動機、目的及創作價值的。〔註 75〕文藝座談會上的講話，帶著如何領導文藝工作，怎樣創造出適合本階級利益要求的嶄新的文藝這一目的，劃定文藝是隸屬於整個革命機器的一個組成部分，集中回答革命文藝爲群眾和如何爲群眾這兩個中心問題。答案即是：一、明確具體地提出文藝服務的對像是工農兵；二、文藝工作者在「如何爲群眾服務」這一問題時應改造自己，在世界觀與思想情感上向工農兵靠攏，落在眼前的歷史任務是「必須長期地無條件地全心全意

〔註 74〕當時有論者認爲詩人是「道地的民謠作家」，「不僅在許多地方巧妙地運用了現成的民謠，更值得注意的，是他自己創作的絕大部分，各方面都跟自然的民謠那樣神形畢肖。」見鍾敬文：《談〈王貴與李香香〉——從民謠角度的考察》，《芸香樓文藝論集》，北京：中國文聯出版公司，1996 年版，第 471～472 頁。

〔註 75〕李季：《我是怎樣學習民歌的》，《李季文集》（第四卷），上海：上海文藝出版社，1986 年版，405～412 頁。

地到群眾中去，到唯一的最廣大最豐富的源泉中去，觀察、體驗、分析、研究一切人，一切階級，一切群眾，一切生動的生活形式和鬥爭形式，一切文學和藝術的原始材料，然後才有可能進入創作過程。」〔註 76〕和工農兵結合打成一片，改造自己以便爲群眾服務，創造出群眾喜聞樂見的文藝作品，是文藝工作者的責任。熟悉李季的朋友和詩人李季自己也是這樣領會與理解的：「對於一個眞正屬於人民和時代的詩人來說，他是通過屬於人民和時代的這個『我』，去表現『我』所屬於的人民和時代的。小我與大我，主觀與客觀，應當是統一的。而先決條件是詩人和時代同呼吸，和人民共命運。」〔註 77〕「我覺得，口語化，也就是用人民群眾喜聞樂見的生動活潑的語言、形式來寫詩，不論在什麼時候，什麼地方，應當都是每一個寫詩的人的嚴重任務。」〔註 78〕正因如此，《王貴與李香香》才在大量吸收民歌營養的基礎上，通過特定的主題、思想、美學風格和具體的表現手段來身體力行地實現這一目的。

其次是民歌道路。眾所周知，《王貴與李香香》一詩最大的特色就在於對陝北民歌「順天遊」這一民間文藝形式的借鑒與創造，在順天遊這一「舊瓶」中裝進了「革命+戀愛」並且大團圓這一新酒。全詩數百行，無論是具體的敘事內容，還是一以貫之的敘事技巧，無論是結構框架與情感取向，還是詩歌本身的語言形式，處處浸潤著深厚的民歌味、鄉土味。陝北特產「順天遊」，千百年來流行於晉、陝與內蒙古等周邊地區。作爲一種地域性的民歌樣式，其特點是兩句一節、長短不拘、押韻自由、連綿不斷，並具有慣用比興、結構靈活等優勢。從內容上看，或詠歎農事之艱，或傾訴私情之苦，承載著陝北一地之民情風俗。而且自陝北作爲革命的聖地後，它還能表現革命、土改、翻身等時代母題，既有高亢嘹亮、眞率粗樸、熱情豪邁的一面，也有哀怨纏綿、沉吟低訴、舒展自如的一面。作爲在三邊（指當時邊區的定邊、靖邊、安邊等三縣所轄之地）基層工作過多年的詩人，李季對采集、整理、琢磨「順天遊」發生了強烈的興趣，並前後輯錄了三千多首，後有兩千多首出版問世（現據《李季文集》（第四卷）裏所附錄的說明及全部作品爲準，後文所引的原生態順天遊與《王

〔註 76〕毛澤東：《在延安文藝座談會上的講話》，此處引自《毛澤東選集》（第三卷），北京：人民出版社，1966 年版，第 817～818 頁。

〔註 77〕賀敬之：《李季文集・序》（第一卷），上海：上海文藝出版社，1986 年版，第 3～4 頁。

〔註 78〕李季：《蘭州詩話》，《李季文集》（第四卷），上海：上海文藝出版社，1986 年版，第 456 頁。

貴與李香香》一詩有所參照，均據此）他說：「對於『順天遊』，由於對三邊人民生活、語言接觸較多、感受較深，我不僅是一個單純的收集記錄者，我甚至能同農村工作幹部、和同路相伴趕毛驢的腳戶們，以及那些在崖畔上，沙灘裏放牧羊群的放羊老漢，即興地編唱新詞問路、交談。」〔註79〕（與此對比，寫《菊花石》時則因困難頗多，一是對於湖南民歌一無所知；二是對許多湘方言中地方方言、土語弄不明白）在此基礎上，李季對民歌資源的利用與創化，也達到了出神入化的地步。在《王貴與李香香》全詩中，即有現成的「順天遊」的襲用與改進，又有推陳出新的佳句妙語。在移植中甄別、提煉，在借用中糅合、打磨，在仿傚中改造、創新。下面逐一展開予以闡釋。

一、在移植中甄別、提煉。《王貴與李香香》共七百多行，原文不動地移植進來的詩行還是比較多的，對照他自己收錄的順天遊二千首，大概有數十行之多，如「大米乾飯羊腥湯，／主意打在你身上。」「滿天星星沒月亮，／小心踏在狗身上。」當然這一移植也還是比較謹慎、仔細的。如上舉第二例，與此夜裏來拉話而小心狗兒咬叫意思相近的有以下幾首：「大黑狗兒門道裡臥，／哥哥來時小心著。」「哄狗饃饃懷裏揣，／狗吃乾糧你再來。」此外還有「腳步放輕氣壓定，／好像狸貓蹈牆跟。」等若干首表達夜裏男女約會時女方囑咐如何處理的順天遊。但李季還是剔除了不正當的「打夥計」常用的詩句，通過設計滿天星子，沒有月亮的夜裏來烘托王貴與李香香正當而帶有浪漫氣息的戀愛情景，與不正當的偷情行爲有本質區別。同時也曲折地刻畫了李香香害羞、心細而又期待追求自由戀愛的純潔心情。由此可見，詩人在襲取、套用中還是牢牢不忘自己的取捨標準。

二是在借用中糅合、打磨，這一部分比前者更多，大概有百多處之多。下面舉例來說明吧（「|」前詩句錄自《王貴與李香香》，「|」後詩句爲李季采集到的意思相近的順天遊）：

A：

風吹大樹嘶啦啦響，／崔二爺有錢當保長。|風刮樹葉嘶啦啦響，／夢也不夢你扛鋼槍。

拔起黃蒿帶起根，／崔二爺做事太狠心|拔起黃蒿帶起根，／丟下娃娃出遠門。

〔註79〕李季：《〈菊花石〉重版後記》，《李季文集》（第四卷），上海：上海文藝出版社，1986年，第498頁。

羊肚子手巾包冰糖，／雖然人窮好心腸。|叫一聲哥哥好心腸，／羊肚子手巾包冰糖。

七碟子八碗擺酒席，／看下的日子臘月二十一。|天天頓頓擺酒筵，／七碟子八碗吃不完。

有朝一日遂了我心願，／小刀子扎你沒深淺！|有朝一日天睜眼，／小刀子紮你沒深淺！

B：

二道糜子碾三遍，／香香自小就愛莊稼漢。|二道糜子碾三遍，／我自小就愛莊稼漢。

小曲好唱口難開，／櫻桃好吃樹難栽；|櫻桃好吃樹難栽，／朋友好交口難開。

山丹丹花來背窪窪開，／有那些心思慢慢來。|山丹丹花背凹凹開，／有那些心思慢慢來。

煙洞裏捲煙房梁上灰，／我回去叫他小子受兩天罪！|煙筒裏捲煙房梁上灰，／我叫你小子當兩天鬼。

手扒著榆樹搖幾搖，／你給我搭個順心橋！|手把上榆樹搖幾搖，／你給我搭個順心橋。

這裡以A、B兩類的方式呈現，A類主要是借用、糅合順天遊二句中的一句，或前一句或後一句，並沒有一定規律；B類主要是把原盛行在民間的順天遊略作改動。詩人為什麼這樣處理？依我看，主要是民歌資源的豐富性與淹沒性，前者在表達方式很有力、生動，後者主要是淹沒了詩人的主體性，可以以「拿來主義」的方式達到妥貼安插的目的。這兩者都體現了陝北民歌順天遊本身的自足與豐盈。詩人在創作時可以忘懷自己，一任自己淹沒在民歌的海洋中，給人一種拈手即來的感覺。其次，從內容來看，當時三邊地區流行的順天遊，主要是兩類，一類是頌揚紅軍、劉志丹、毛主席的，另一類是大量的私情歌，李季所收集並出版的二千首中，均為兩者所共有，且兩者比例大致為一比五。巧合的是，《王貴與李香香》中的兩個母題與此暗相吻合，因此在這方面大量挪用、抽取、糅合成為可能。

三、在仿傚中改造、創新。在全詩上，不但故事內容因添加革命內容而有所變化，而且整個故事，體現了詩人的獨創性。因為信天遊長於抒情、短於敘事，形式短小、連綴不長，雖然能不斷頭，但主要是以主題轉換與重複見長，不見得能敘述這樣一個曲折的故事。在這一部分，也就是大部分體現了詩人的獨創功夫。這一創作性發揮是不可忽視的全詩主幹，具有不可重複的審美價值。此外，值得一提的是，王貴與李香香新婚後，由於王貴去參加部隊而經常離家，在描寫、形容離別兩人戀戀不捨的情景時有一段捏泥人的細節，這一細節既是地道順天遊的擴展性鋪墊，也汲取了中國古代民歌資源。在李季收集的順天遊裏只有這樣二句：「情郎是水妹是土，／和來捏做一個人。」而到了全詩中，是擴展爲 5 節 10 行，盡顯鋪陳之能事。〔註 80〕譬比新穎，構思巧妙、含蓄，把二人新婚小別時如膠似漆的纏綿戀情表達得很細膩傳神。

三

《王貴與李香香》採取的是陝北民歌「順天遊」這一民族形式。正如上述，它是用陝北方言來記錄、吟唱陝北人們的現實生活的，帶有鮮明的地域特色，也承載著陝北民俗的烙印。陝西北部，今天主要包括延安、榆林兩個地區，與當時的整個邊區有所區別，但從方言區屬來看，大致比較穩定地隸屬於北方方言的西北官話區，雖然也有方言內部的些微差別。下面純從方言辭彙角度與地域民俗文化方面略作分析。

從陝北方言角度進行靜態語言分析，一眼便可看出此詩有押方言韻現象，也有一些不經解釋也能意會到的習慣語法用詞或慣用語，但最主要的莫過於特具地域文化韻味的方言辭彙。首先，全詩中有屢見不鮮的當地說法與命名方式，或者儘管與普通話辭彙相同，但詞義範圍大小也不盡雷同。如名詞類民間語彙就有：稱牛犢爲「牛不老」，小孩爲「娃娃」，父親爲「大」，小羊爲「羊羔子」，白毛巾爲「羊肚子手巾」，妹妹爲「妹子」，年輕小夥子爲「後生」，牲畜爲「牲靈」，井邊爲「井畔」，土豆爲「山藥蛋」，夜裏爲「黑裏」，公雞爲「雞子」，角落爲「圪崂」，山嶺爲「嶮畔」等等；動詞、形容詞、副詞類民間語彙如稱做活爲「攬工」，欠錢爲「短錢」，說話爲「拉話」，談戀愛爲「交好」，胡作非爲爲

〔註 80〕除了受這二句影響外，可能還與明代民歌《汴省時曲．鎖南枝》（原見《南宮詞紀》卷六）的影響。全詩爲「傻俊角，我的哥！和塊黃泥兒捏咱兩個。捏一個兒你，捏一個兒我，捏的來一似活托；捏的來同在床上歇臥。將泥人兒摔破，著水兒重和過，再捏一個你，再捏一個我；哥哥身上也有妹妹，妹妹身上也有哥哥。」轉引自游國恩等主編：《中國文學史．四》，北京：人民文學出版社，1964 年版，131 頁。

「胡日弄」，那時爲「那達」，很快爲「快裏馬撒」，放心爲「安生」，勁頭足爲「心勁一滿高」，而今爲「爾刻」……此外王貴罵崔二爺爲「老狗日」，以及崔二爺比喻窮苦百姓爲「糞爬牛」、「窮鬼」，後來被捉而「渾身軟不塌塌」。這些都與眾所周知的陝北「婆姨」、「藍格英英」之類的本地辭彙一樣，盡顯地域特色。此外，有些習慣說法，如「瞎子摸黑路難上難」、「手指頭五個不一般長」、「打聽誰個隨了共產黨」、「老王八你不要灌米湯」、「狗咬巴屎你不是人敬的」、「三搶二搶奪不到手」、「不見我妹妹在那裡盛（『住、閒呆著』之意）〔註 81〕……這些類似句子也可以說散佈全詩，貫穿首尾，都屬於方言、口語句子，方言因素存在較爲豐富，很難一一具體指陳。

其次，抽象地從辭彙構成的附加法而言，除了北方方言構詞中一般加詞頭「老、阿、第」，或加詞尾「子、兒、頭」，還有加「格、圪」等無意義的字，構成詞義有些微變化的新詞。另外，最突出的則莫過於豐富的疊字疊詞。陝北方言字、詞重疊，意思不變，但詞的感情色彩有些微妙的差異，一般可以概括爲「小兒用語的成人化借用」。這樣使得語氣變得親切、柔和，不乏親昵、欣悅的情緒流變，成人一下子在語言上變成滿嘴「兒童話」而呈現出幼稚、可愛和「小」的意味。從詞性上看，一般是名詞、形容詞、量詞、動詞、擬聲詞爲主，如窩窩、苗苗，瓣瓣、陣陣，蓁蓁、滾滾，咩咩、喳喳。這些詞藻，還抽象爲具象，不論是作爲本體，還是作爲喻體，都能勝任，顯然帶有初民社會的思維特點。從方式看，單音節詞可以化成雙音節詞，而本身爲雙音節詞的，其中兩個音節則可以任意各自重疊，如山崖——山山崖，光塌——光塌塌，磨面——磨面面。其中包括大量的表示山水草木、鳥獸蟲魚這類自然物象的詞，如「巧口口說些哄人話」、「山丹丹開花紅姣姣」、「一陣陣黃風一陣陣沙」，分別指櫻桃小口的甜美，身材的嬌好，或自然風沙之大與崔二爺的毒辣無情。此外，是表音字「來」隨意插入詞語中，把兩個短句組合成一個並列句，豐富了句子的粘合能力。

最後，再舉一具體的方言語法現象，在陝北方言中幾個特殊的語氣詞，如「價」、「哩」等便是。這裡以「哩」爲例，陝北方言中沒有「呢」，而有「哩」，

〔註 81〕「盛」在介紹陝西方言的有些書裏記作「幸」。當時關中方言這種京畿之地的語言，在中國很長一段歷史時期，作爲中國的官方語言存在。「幸」字在人們印象中用於宮庭之中，會不會是天子所用的詞流傳到了民間，還是民間的語彙進入宮中，已不可考，不過這也是周朝「雅言」的活化石見證。見田長山、連曾秀：《方言誤讀》，西安：陝西人民出版社，2003 年版，第 101～102 頁。

其作用完全同於普通話的「呢」，功能是用於陳述句，表肯定；用於疑問句，表示疑問。在全詩中一共有十餘句帶「哩」的詩句，確實沒有一處帶「呢」的句子。如「繡花手磨壞怎個哩？」這句子裏的「哩」在語氣上表疑問，同時與起興的第一句最末一字「提」相叶。

除以上進行語言闡釋外，《王貴與李香香》在民俗文化方面也承載著豐富而獨特的地域文化。陝北地理上處於中國東部與西部的結合地帶，草原、沙漠和黃土高原交錯相間，停留在游牧文化與農耕文化之間，其文化形態，也由此而定。不論是地質地貌、村舍院落、居室佈局，還是服飾打扮、飲食起居、民俗風習，都積澱、演繹著一系列文化信息。

在地質地貌方面，陝北地處黃土高原，風沙、黃土、灘地、山崖、溝壑、圪嶗，以及遍地的苦菜、沙柳，大小不一的羊群，養育了陝北人純樸、粗獷的個性。一代代陝北人適應著惡劣環境的侵襲，靠地吃飯，加上廣爲人知的延河水、楊家嶺、棗園等革命搖籃的熏陶，民風強悍的陝北人把陝北變成了革命與鬥爭相結合、農耕與游牧相結合的一方聖地。在村舍院落方面，則是貼著大紅剪紙、掛滿玉米紅椒的窯洞，貯藏糧食的地窖、用斗繩汲水的井……這些在《王貴與李香香》裏都有或多或少的描述，爲敘事詩裡人物的性格、心理以及情節的演變創造了一個典型環境。至於當地百姓的服飾打扮、飲食起居、民俗風習等，則與前者密不可分，是進入地域文化層次的躍動的音符。陝北人們一般習慣冬穿棉襖羊皮襖，夏著土布衣褂，頭蒙羊肚子手巾，飲食則以玉米蕎面糜子等雜糧與羊肉、羊雜碎等爲主，出行則以騾子毛驢爲運輸工具，「文娛生活」大概以唱順天遊等民歌來發泄、寄託各種內心躍動的情思。具體到《王貴與李香香》一詩中，如「羊肚子手巾纏頭上」的王貴，由在灘地上身穿破羊皮的放羊娃，變成了「肩膀上背著無煙鋼」的游擊隊員，通過融入集體與所屬階級而獲得力量，獲得自由與幸福，他既報了崔二爺活活打死親大（即父親）的私仇，又痛快地捍衛了窮苦人的婚姻。雖然其中有波折、有血淚，但基本上可以說是有驚無險。另一女主公李香香則集陝北女子勤苦、賢慧、聰明、忠貞於一身。她從掏苦菜唱曲等習見的民風中與苦命兒王貴相識相知，在崔二爺與王貴的現實選擇與情感判斷中表白了「貧女」高尚美好的內心。其間既經受住了地主老爺的威脅利誘，又艱難地度過了家破人亡、被逼做妾的絕境，最後和王貴一樣，把自己的命運與游擊隊等革命事業深深地聯繫在一起，雙雙迎來了打敗白軍與地主勢力的最後勝利與個人幸福。在這一類似宏大敘事的敘述中，處處夾雜著三邊地區的民情民俗，方言因素也非常濃鬱，這裡僅舉一例作爲代表，由此可窺一斑。在三邊死羊灣鬧革命的時代風雲中，爲形容勞苦大眾自動起來造反、斗爭地主時有這樣一節詩：「紫紅犍牛自帶耬，／鬧革命的心思人人有。」前一句是興，由興帶出人物的活動，由「自帶耬」引申出鬧革命心思的自發性、自主性。其中還反映了豐富的地域文化：耬是西北地區農民播種用的農具，由牲畜在前牽引同時進行開溝與下種的農活，播種時一般由一人在前牽著牲畜慢走，後面一人扶著耬搖動；而訓練有素的牲畜則不需人牽繫，只需扶耬的人在後邊吆喝，牲畜則能聽懂農人的話，這樣節省了一個人力。這自然是下地幹活的得力幫手，惹人喜愛的。至於爲什麼選擇「紫紅」色，爲什麼偏偏又是犍牛，答案是前者以毛色漂亮受陝北莊稼人歡迎，後者指犍牛一般具有氣力大、性情溫馴而爲農人所喜。可見短短二句順天遊，卻包含如此豐富的地域文化信息。

總而言之，像陝北三邊的黃土高坡以盛產陝北民歌、陝北腰鼓著稱一樣，王貴與李香香這一對陝北三邊的優秀兒女，把男女戀情貫通於階級革命之中，具有廣泛而獨特的文化地域性，成爲充溢著地域文化情結的文化符號。與趕性靈的腳戶們的吟唱，騾子毛驢的清脆鈴聲相似的是，《王貴與李香香》用陝北方音，再一次闡釋了另一種「米脂婆姨綏德漢」的故事，生動而形象地向世人展示了陝北地域文化的面貌與魅力。

四

《王貴與李香香》是民國詩歌史上的方言入詩經典，不論是主題的鮮明、典型，形式的自由、活潑，還是整個構思時結構的嚴謹、細密，情節的曲折、傳奇，以及語言的洗煉、方言化，都融爲一體。幾十年來，雖然也有隨著時代思潮的變化而有否定的聲音，如有論者稱李季的詩「理過其辭，淡乎寡味」，「永遠跟在主題的後面，看不出構思的主動性；其形式則始終未能從民間歌謠和說唱文學的狹隘性中超越出來。」〔註 82〕但我認爲，帶著對民歌資源的偏見，無視時代的具體背景，對作品作類似分析都有粗暴而又簡單之嫌。

整理、加工盛傳於民間的戀愛故事，加入革命內容以達到介入現實生活的目的，並採取「革命加戀愛」的模式，本身沒有什麼可以指責。「不是鬧革

〔註 82〕尤家仲：《理過其辭，淡乎寡味——論李季的詩》，《河池師專學報》1994 年 4 期。

命窮人翻不了身，／不是鬧革命咱倆也結不了婚」，和「咱們鬧革命，革命也是爲了咱」的時代主題，也沒有過不過時的問題。全詩通過顛覆現代文學史上曾有的「革命」與「戀愛」不可兼得的模式，以一種嶄新的眼光來處理革命與戀愛的關係，顯得相當出色。同時，人物形象適當臉譜化，如反面人物崔二爺漫畫化等，也是符合底層群眾的審美趣味與習慣的。勞動生活（放牧與掏苦菜）、階級鬥爭（地主與農民，白軍與紅軍）、自由戀愛（忠貞不渝、安於貧賤）這幾類主題的處理也富有詩意並得到了昇華。

縱觀民國詩歌史上的敘事長詩，能與《王貴與李香香》比肩者並不多見。如當時湧出的少量作品，如張志民的《王九訴苦》、《死不著》，田間的《戎冠秀》、《趕車傳》（第一部）、阮章竟的《圈套》、《漳河水》等，在方言、土語入詩方面均有類似的特點，但整體達到的藝術水準還要遜色一些。事實上，紮根於陝北方言與陝北民歌基礎上的範例《王貴與李香香》，仍是民國詩歌史上不可替代的經典名篇。